JN260154

調査と権力

世界銀行と「調査の失敗」

松本 悟

東京大学出版会

Investigation and Power:
World Bank and Its "Failure of Investigation"
Satoru Matsumoto
University of Tokyo Press, 2014
ISBN 978-4-13-040268-2

はじめに

　20年以上前の忘れられない「調査の失敗」がある．

　筆者は1992年から4年余り，東南アジアのラオスで草の根の開発協力団体（NGO）のスタッフとして農村の生活改善活動を支援していた．「調査の失敗」は，当時ラオス最大の水力発電ダムとして建設されたトゥン・ヒンブンダムをめぐって起きた．このダムは，ベトナム国境からラオス中部を流れてメコン河に注ぐ支流のトゥン川中流域に建設された．大きな貯水池を造らない流れ込み式ダムだが，高さ27 mの堰を建設するため上流では水かさが増す．そこから毎秒110 m^{3}の水を導水トンネルに転流し，高低差235 mを活かして220 MW（22万kW）の発電をする．発電後の水はヒンブン川というメコン河支流の別の川に流すという構造だった．

　筆者が所属していたNGOはこのヒンブン川沿いのいくつかの村で活動していた．一帯がしばしば洪水に見舞われるため，ラオスの女性団体を通じてコメの共済制度を支援していたのである．そのようなヒンブン川に，別の川から発電後の大量の水を流すと聞いて耳を疑った．さらなる氾濫を恐れただけではない．ヒンブン川はメコン河本流や他の支流と同様に，乾季はかなり水位が低下して川岸が露れるため，川沿いの人々は肥沃な川岸で自家用や販売用に野菜などを栽培していることがフィールドワークでわかっていた．乾季の生計手段として無視できない規模だった．また，ヒンブン川には回遊性の川魚が数多く生息しており，村人たちの貴重なたんぱく源や収入源になっていた．大量の導水によって川の流れや乾季の水位が変われば，乾季の川岸での畑作や淡水捕獲漁業に深刻な悪影響が起きるのではないか．現地を調査した専門家なら当然検討すると思っていた．

　ところが，このダムに資金援助した国際開発機関のアジア開発銀行（ADB）が融資審査に使った環境社会影響調査の報告書はこうしたマイナスの影響をほとんど考慮していなかった．むしろ，水位の上昇によって漁獲高が改善し，住民は利益を得るとプラスの影響が記述されていたのである．また，川岸での畑作への悪影響を認めつつも現地では例外的な営みにすぎないと評価し

ていた (Norconsult 1994).

　この調査報告書は，欧米，日本，タイなどの NGO からだけでなく，調査の資金を提供したノルウェー政府内部からもプラスの効果が過大評価されていると厳しく非難された (The Ecologist 1996). 結局ノルウェーの政府開発援助 (ODA) の実施機関である NORAD (ノルウェー開発協力事業団) は 100 万ドルの追加資金を投じて調査のやり直しを決めた (松本1997). そして，この再調査は最初の調査とは全く異なる結果を示したのである．例えば，漁獲高についてはプラスの効果を示した最初の調査から一転して大幅な減少がありうると評価した．また，川岸の畑についても「例外的」ではなく住民の重要な栄養源となっていることを認め，大きな悪影響を及ぼす可能性を指摘した．これ以外にも，住民移転の可能性や動植物など生態系への影響，さらに住民との協議の実態についても最初の調査とは真逆ともいえる調査結果を盛り込んでいた (Norplan 1995).

　全く異なる結論だったにもかかわらず，この再調査の結果は ADB の融資やトゥン・ヒンブンダムの建設には影響を与えなかった．ADB は，最初の調査を正式なものとして審査しており，それに基づいて下した融資判断を覆すことはなかった．ところがそれから 4 年後，ADB は自らの「特別評価」でトゥン・ヒンブンダムが深刻な環境・社会被害をもたらしたことを明らかにした (ADB 1999). 援助供与の決定につながった最初の調査が現状を的確に把握せず，将来への影響を適切に評価していなかったことを 4 年も経ってから認めたのである．序章以降でもう少し厳密に議論するが，さしあたりここでは調査がその目的である実態の把握を的確に行なうことができず，調査を実施した当事者もそれを認めた場合に「調査の失敗」とよぶことにする．

　トゥン・ヒンブンダムの問題を受けて，国際 NGO は住民との協議を強化することや，現地の生活様式に詳しい専門家を調査団に加えることなど「調査の改善」を ADB に求めた．調査の方法や調査者の専門性などに失敗の原因があると捉えていたのである．しかし，「調査の失敗」はトゥン・ヒンブンダムのケースに留まらなかった．「調査の改善」を繰り返しながら住民協議を制度化し，人類学者など開発途上国の実情を把握できる専門家を積極的に雇用した世界最大の国際開発機関である世界銀行ですら，「調査の失敗」を繰り返してい

る．こうした「調査の改善」が失敗の解消につながらないのはなぜなのか．本書では，この問いに取り組むため，調査が果たしている機能に着目する．調査がその目的である実態の把握に失敗するのは，目的とは直接関係しない何かを結果的に維持しているからではないか，換言すれば，調査が結果として果たしている機能にあるのではないかと考えた．

調査の機能という点からトゥン・ヒンブンダムのケースを振り返ると，これまで調査についてあまり検討されてこなかったいくつかの視点が浮き彫りになる．第一に，最終的に ADB が認めた現地の環境や住民生活への悪影響は，事前に NGO や魚類学者，さらにはノルウェー政府の再調査が指摘していたという点である．「調査の失敗」は「想定外」ではなかった．調査報告書は「わかっていること」の全てではなくその一部を選択して記述しており，実態を把握する方法や切り口は幾通りもありうることをこのケースは示している．そうだとすれば，「わかっていること」はどのように選択されて調査報告書に書かれるのだろうか．そこには，選択を左右するある種の「権力」が存在するのではないだろうか．本書において調査と「権力」の関係に着目する1つの理由はここにある．

第二に，最初の調査が的確に把握できなかったのは，回遊魚の生態や川岸の畑作など現地の実態の「ある側面」だったという点である．調査報告書で無視された「側面」は住民の生活に深く関わっている一方で，数量的なデータが整っていない．いつ，どこで，どのような魚が回遊しているのか，川岸の畑作がどの程度生活にとって重要であるかは住民の経験知に基づくものが多く，専門的かつ数量的な裏づけは十分とはいえなかった．自家用の魚や野菜がどれだけとれたかを数えたりはかったりしないし統計も整備されていない．その必要性がないからである．「調査の失敗」は経験知や専門知，あるいは「数える」「はかる」といった知のあり方と関係しているのではないか，これが本書のもう1つの視点である．

第三に，融資によってプロジェクトを推進した ADB が，ダムの完成後しばらくしてからそれまでの非を認めて改善策を打ち出している点である．もちろん，一般論としては，事前に実態を把握できなかったために生じた問題を事後的に改善すること自体は悪いことではない．しかし，影響を受ける住民にとっ

てはどうだろうか．トゥン・ヒンブンダムのケースでいえば，川魚は自然が与えてくれる恵みであり，そこに住む人々は川の水位変動に合わせた捕獲技術を熟知していた．ところがダムによってそれまでの川魚がいなくなり，長年培った技術が通用しなくなった．その代償として養殖や水深の深い川での漁労を推奨されても，住民は馴染みのない新たな技術を習得しなければならず，それに適応できない人が少なからず現れる．初めのうちこそ代償として物理的な補償がなされるが，いったん新たな生計手段を受け入れた後にうまくいかなければ「自己責任」と言われるだけである．事前の調査で見過ごした点を事後的な対策で解消することは机上では等価値で互換的に見えるが，影響を受ける人にとっては同じではない．3つ目の視点は，事後的な対策との親和性によって「調査の失敗」が相殺される可能性である．

こうした視点を意識しながら，本書は，「調査の改善」が行なわれているにもかかわらず実態の把握という調査の目的の達成に失敗する理由を分析し，その背景に潜む調査の機能をあぶり出したいと考えている．

では，なぜ開発途上国への支援を分析の対象にするのか．序章で詳しく述べるように，調査は大きく区分して，一般化や概念化を目指す学術的な調査と，社会改良など実践的要求に応じて行なわれる調査に分類される．そのうち後者を本書の分析の対象としている．開発途上国への支援は貧困など社会問題の解決を目的に行なわれており，現代においては社会改良の典型的な調査を含んでいるといえる．

また，なぜ世界銀行を分析の対象にするのかといえば，世界銀行が数千人の専門家を抱える「知識銀行」であり，1970年代から調査の質を高めるための政策改善を続けてきたからである．開発分野で世界のトップレベルの専門家を抱え，資金規模でも世界最大の国際開発機関である．十分な専門性と資金を兼ね備えた世界銀行ですら「調査の失敗」を引き起こしているからには，調査の手法や専門家の資質だけが失敗の原因ではないと考えるべきである．それらをいったん棚上げにして，背景にある調査の機能に目を向けるのに最も適しているのが世界銀行だと考えた．

仮説的ではあるが，結論を少しだけ先取りすれば，実践的な目的で行なわれる調査は，「失敗」すら取り込んで異なる知を巧みに活用し，関係する組織と

専門家を維持している．その過程で，調査をさせる側・させられる側といった見かけの権力関係は再構築され，実態を把握するために行なわれているはずの調査がむしろ実態を作り上げるという逆転現象が起きている．その結果，調査は人々が特定の生き方を自ら選んでいるかのように仕向ける機能を果たしているのではないだろうか．調査の機能についてのそうしたやや遠大な見通しを頭の片隅に置きながら本書を読み進めていただきたい．本書は，調査の方法など技術的な改善を目的に書かれたものではない．不十分だったり，誤ったりしている調査を糾弾して，十分な，正確な調査を求めようとするものでもない．誰もが必要性を疑わない調査がどのような社会を作り上げているのか，その一端を明らかにし，調査を批判的に捉える新たな視座を示したい．

謝　辞

　本書収録の写真のうち世界銀行独立審査委員会への申立案件に関するものは同委員会事務局より，また国家排水プロジェクト（パキスタン）の写真は「環境・持続社会」研究センター（JACSES）の田辺有輝氏よりご提供頂いた．お礼を申し上げたい．

　本書を世に出すことができたのは多くの方々のおかげである．ここに全てのお名前を記すことはできないが，東京大学東洋文化研究所の佐藤仁教授には心から感謝の気持ちをお伝えしたい．佐藤教授のご助言がなければ，本書を貫く切り口を見出すことはできなかったに違いない．また，東京大学出版会の後藤健介氏には，所属大学等の業務に追われる中で本書の執筆を後回しにしがちな筆者を折に触れて励まし続けて頂いた．お二人の忍耐強い激励なくして本書を完成させることはできなかった．出版をもって恩返しとさせて頂きたい．

目　次

はじめに　i

序章　調査・権力・開発協力——「はかり」と専門家への着眼——……………1
　第1節　歴史的・社会的所産としての調査………………………………1
　第2節　問い——開発協力における調査……………………………………7
　第3節　仮説——調査の「はかり」と「担い手」………………………15
　第4節　本書の構成………………………………………………………30

第1章　調査の研究——内容・方法・文脈・担い手のリンク——……………33
　第1節　権力の多様な概念………………………………………………33
　第2節　調査に関する研究の整理………………………………………37
　第3節　本書の方向性——調査の文脈と内容の接点…………………56

第2章　調査の目的とルール——世界銀行の政策改定小史——……………63
　第1節　世界銀行を分析対象とする理由 ………………………………63
　第2節　改定を重ねた政策と調査………………………………………68
　第3節　調査を調査する仕組み…………………………………………90
　第4節　政策不遵守の指摘が多い「成熟した」政策……………………97
　第5節　政策不遵守を研究する意味 …………………………………104

第3章　環境影響と調査——取捨選択される自然——……………………107
　第1節　環境アセスメント政策の不遵守………………………………107
　第2節　15カ国14プロジェクトの事例研究……………………………112
　第3節　環境影響の事前評価と政策改善のずれ………………………166
　第4節　環境影響の調査をめぐる「改善の罠」………………………176

第4章 社会影響と調査——断片化される人々と生活——……179
- 第1節 社会配慮政策の不遵守 ……179
- 第2節 13カ国13プロジェクトの事例研究 ……187
- 第3節 社会影響の事前評価と政策改善のずれ ……235
- 第4節 社会影響の調査をめぐる「改善の罠」 ……246

第5章 「調査の失敗」の必要条件
——「合意された事実」と対立の分析—— ……251
- 第1節 調査の論点 ……251
- 第2節 専門家の経験知 ……252
- 第3節 調査のタイミング ……254
- 第4節 調査する側の「はかり」 ……258
- 第5節 所与の条件 ……261
- 第6節 調査の有無をめぐる対立 ……263
- 第7節 実施されなかった調査 ……265
- 第8節 調査が目的を達成しない5つの理由 ……269

第6章 調査の媒介効果——異なる専門家と組織—— ……271
- 第1節 世界銀行の専門家を分析する意味 ……271
- 第2節 開発パラダイムを推進する経済学者 ……273
- 第3節 「社会科学者」によるセーフガード政策の策定 ……280
- 第4節 変質する「社会科学者」 ……285
- 第5節 組織と専門家の共犯関係 ……288

第7章 調査に内在する権力——何が維持されているのか—— ……293
- 第1節 問いへの答え ……293
- 第2節 知の階層化 ……294
- 第3節 権力の反転 ……297
- 第4節 調査の媒介効果 ……299

第 5 節　調査と統治 …………………………………………………301
第 6 節　罠に陥らない調査の改善 …………………………………303

参考文献　307

索引（人名・事項）　317

序章　調査・権力・開発協力
——「はかり」と専門家への着眼——

第1節　歴史的・社会的所産としての調査

　現代において調査は欠かせない存在である．世論調査，経済動向調査，環境調査，学力調査など，巷間に調査はあふれている．新聞をめくると，各面に1件くらいはそうした調査に基づく記事がある．社会は調査によってしばしば数値化され，私たちは，調査結果を通じて，直接自分自身の経験だけでは捉えられない社会の現状を認識している．また，組織や社会で何か問題が生じると，特別な委員会を設置したり外部の専門家に委託したりして原因究明の調査が行なわれる．それ以外にも，特定の事業を行なうかどうか，あるいは行政の1つ1つの政策にも，その裏づけとなる調査が求められる．さらに，一連の調査結果を否定したり，変更したりする場合にも新たな調査が必要とされる．何事も調査なくしては前に進めず後ろに引き返すこともできない社会になりつつある．社会の現状やそれを取り巻く諸問題は，調査によって位置づけられ，調査によってその将来を左右されるようになった．現代は「調査社会」といっても過言ではない．

　その一方で，夥しい数の調査を前に，近年，調査に対する批判的な指摘も少なくない．人々の意識，世論，生活実態などを数値で表すような調査に対して，その方法や調査対象者の選び方をめぐる疑問が投げかけられ，調査結果を読み取る力[1]の必要性が唱えられるようになった（例えば，谷岡 2000；大谷 2002；Iarossi 2006）．また，事業実施の根拠となる調査データや安全性をはかる検査データが改ざんされる事件が相次いで起き，調査の信憑性が議論の俎上に載せられるようになってきた[2]．ときには，同じ問題に対して異なる複数の調査結果が

---

1)　谷岡（2000）は調査が提供する情報の偏向を見抜く能力を，基本的な読み書きの力（リテラシー）になぞらえて「リサーチリテラシー」とよんでいる．

提示されることもある．科学的だとされる調査は必ずしも現実の姿を「ありのまま」映し出す絶対的な手段ではない．

しかし，本書の目的は調査そのものを否定したり非難したりすることではない．実際に，調査によって問題が解決されたり，より賢明な選択が行なわれたりすることがあることを否定するつもりもないし，調査が行なわれなかったがために問題が生じたケースも少なからず存在する．そもそも調査やデータをめぐる不正や疑問自体が，別の調査によって明らかになっている以上，それをもって調査自体を否定することには矛盾がある．本書を通じて明らかにしたいのは，社会に立ち現れる様々な現象の把握や原因の究明などにとってこれほどまでに重要な存在となった調査が社会に及ぼしている影響である．何が今日の「調査社会」を支え，それによって社会はどのように切り取られ方向づけられているのかを考えていきたい．

こうしたことを考えるきっかけは筆者自身の経験にある．筆者は1992年以来，東南アジアの半島部において特に日本や国際的な援助機関が支援した開発事業のモニタリング活動を行なう中で，いくつかの道路やダムなどの大規模インフラ事業に伴う住民生活への影響調査に疑問を抱き，問題点を提起してきた．そのたびに援助機関の調査実施者や事業関係者からは，「では，どのように調査を改善すればいいのか」と尋ねられた．筆者なりに様々なコメントをし，調査や事業の実施者もそれを尊重しようとするのだが，しばらくすると新たな問題点が顕在化し，それに対してさらなる調査が行なわれることがほとんどだった．結果として調査ばかりが増え，なかなか事業の根本的な改善につながらなかった（松本1997）．インドネシアをフィールドに，過去2世紀にわたる生活条件の改善を目的に掲げた種々のプログラムを研究したT.リーは，改善しようという意志の強さは改善それ自体の失敗や欠陥に寄生する性質がある．すなわち改善したものがうまくいかないとさらに強い改善の意志が生じると分析している（Li 2007）．こうした「改善の罠」から脱却するには，いったん「調査

---

2) 例えば東京電力が2007年3月1日に発表した報告書（東京電力2007）によると，同社の発電設備における法定検査のデータ改ざんは，自ら確認しただけでも原子力と火力がそれぞれ8事案，水力が6事案の合計22事案に及んだ．水力発電所の6事案のうち3事案は使用承認時のデータ改ざんである．具体的には，原子力発電所における海水の取水・放水の温度，ダムの堤防の変形具合や水位に関するデータなどが改ざんされていた．

第1節　歴史的・社会的所産としての調査　　　　　3

をいかに改善するか」という実務的な問いを脇に置き，調査とはいかなる機能を備え，それが実際の調査対象や調査自体にどのような影響を与えているのかを解きほぐす必要があると考えた．上述したような開発途上国の開発現場における問題意識をふまえて，本書では国際的な開発援助機関が開発途上国に供与する開発資金協力に関わる調査を事例とする．

　ところで，そもそも調査とは何であろうか．『広辞苑』によれば，「ある事項を明確にするためにしらべること」とある[3]．現代では当たり前と考えられるこの定義を押さえておくことには意味がある．なぜならば，わからないことがあれば調べるという姿勢は，決して普遍的な行動様式ではなく，歴史的・社会的な所産だからである．例えば，日本では今でも無実の罪を「濡れ衣」という．これは古代，容疑者に濡れた服を着させて，乾けば無罪，乾かなければ有罪としたことに由来するといわれている（中原 1957）．9世紀のカロリング帝国時代のフランス北部では，容疑者に燃える薪の上を歩かせて2日後に傷が残っていれば有罪，あるいは右手を左足と縛って水中に投げ込んで溺れなければ有罪，といった「神明裁判」が行なわれていた（フーコー 2000）．このように，歴史を繙けば，何かを明確にするために，ある試練を与えてその結果によって事実かどうかを判断していた時代があった．そこから本書につながる含意は，調査の信憑性を検証して「正しい調査」の方法を探ることというよりは，「濡れ衣」や「神明裁判」がその時代の社会を反映しているように，調査が現代社会の何を代表し，どのような役割を果たしているのかに目を向けることである．

　本書で研究の対象とする「調査」の範囲について明確にしておく．「調査」が研究の対象となったのは20世紀に入ってからのことである．その背景には，

---

[3] 『新字鑑』（1939年，鹽谷溫編）によれば，「調査」の語源は漢書の註にある「以求事物之實情，日調査」である（p. 1799）．明治期の日本において，欧米にならって様々な統計データが収集されるようになったが，当初は「調査」と並んで「取調」という語が頻繁に使われていた．例えば，近代日本の統計調査の開拓者である杉亨二が1879（明治12）年に行なった甲斐国の人口調査は「山梨県人別取調」（中原1957）とよばれた．他方，早くも1876（明治9）年に生じた調査の重複をめぐる各省間の対立を収めるための太政官40号通達では「調査」という語が使われている（松田編1980）．なお，1907（明治40）年に『辭林』として刊行された今日の『廣辞林』（三省堂）を繙くと，「調査」という項目が初めて登場するのは第2版に相当する1925（大正14）年発行の『廣辞林』で，「或る物事を明確にするために，志らべただすこと．とり志らべ」とある．1934（昭和9）年発行の『廣辞林新訂版』でも同様の記述がなされている．

欧米における大規模な都市化や工業化が社会に及ぼす悪影響（特に貧困や労働問題）への懸念から，社会問題を究明する多くのフィールド調査が行なわれたことが挙げられる（Bulmer et al. 1991）．社会事象に関する調査は，当初，social research, social survey, social investigation, social inquiry など様々な用語が使われていた．アメリカの社会学者 P. ヤングはこれらの用語を，特定の地域の社会問題を科学的方法によって調査する social survey,「違反」（irregularities）を調査するために警察・司法や教育機関など主として公的機関が行なう social investigation, それに一般化や概念化を目的として行なう social research の3つに分類した（Young 1939）．第二次世界大戦前後の日本では，ヤングの3分類のうち，social survey と social investigation を1つにまとめて社会改良を目的とする実践的な調査とし，残りの social research は一般的な法則を見つける目的で行なわれる学術研究的な調査として区分していた（戸田 1933）[4]．すでに半世紀以上が経過したが，こうした区分に大きな変化はない（小林 1981）．本書では，学術研究分野に留まらず社会における調査の機能について研究することを意図していることから，前者の「実践的な調査」を分析の対象とする．喜多野（1948：167）のことばを借りれば「政治・経済・社会その他の政策や社会事業等の実践的要求に応じてそれに資料を提供する調査」である．

調査そのものが研究対象となり始めた20世紀初頭には，欧米諸国の都市化や工業化によって生じたそれぞれの国の貧困・労働問題に関して，数多の実践的な調査が行なわれた．それらの問題は，今日に置き換えれば，第三世界や開発途上国とよばれてきた地域の「貧困問題」に相当する．第二次世界大戦後に始まる国際的な規模での開発途上国への開発援助は，貧困問題の処方箋を見つけ，それを実践するために様々な調査を実施してきた．こうした調査は，まさ

[4) 日本における社会調査研究の草分け的存在である戸田貞三（1933）によれば，日本語の「社会調査」という語は，social survey と social research 双方の訳として社会改良事業に関わる人々に使われるようになったという．社会改良事業すなわち貧困問題や生活困難の問題に取り組む人々が，最初はいかにして困窮する人々を救済するかということにとらわれていたが，次第に，求められるままに救済するだけでは問題解決につながらないと考えるようになり，救済を必要とする人々の実態や，そこに至るまでの生活過程を詳細に調べる必要性を認識し，「社会調査」という語を使用するようになった．

に喜多野のいうところの「政治・経済・社会その他の政策や社会事業等の実践的要求」に応じたものであり，20世紀後半以降の実践的な調査の典型ということができる．

　実践的な調査を研究の対象とし，その調査方法よりも社会における働きや機能に着目して研究を行なう場合，注意を払わなければならないのは目的と結果の関係だと考えられる．一般に，特定の行為や組織が本来果たすべき目的を達成したときに，その行為や組織が「機能した」と表現することがある．しかし，それでは機能が目的と同義ということになり，社会における機能とは，それが果たすべき目的となってしまう．R. マートン（1961）は，目的や動機は主観的な概念であり，機能という結果と区別すべきだと論じている[5]．人が結婚して子どもを持つ動機は極めて個人的なものだが，そうした慣行が築きあげる「家族」という制度が社会の中で果たす機能は，個人的な動機と同一とは限らない．本書が研究対象とする調査に置き換えて考えれば，その目的である「政策や社会事業等の実践的要求」の充足は，必ずしも調査が果たしている機能と同じではない．だとすれば，目的を果たしていないような調査の方が，目的に惑わされることなく結果としての機能に光を当てやすい．むしろその方が，達成されなかった目的を果たすにはどうしたらいいのかという「改善の罠」にはまらず，その「改善の罠」自体の機能にも目を向けることが可能となる．換言すれば，目的が達成されていないにもかかわらず同様の調査が続けられているときに，その機能を捉えやすいと考えられる．

　目的を果たしていない，すなわち実践的要求を満たさない顕著な例は「使われない調査」である．政策の策定や改善を目的としているはずの政策研究が，実際には政策の形成に活用されていないといった現状が，政策科学を扱った論文でしばしば取り上げられてきた．多くの研究は「なぜ使われないのか」「どうしたら使われるようになるか」を分析しているものだが，その中には「活用されないにもかかわらずなぜ政策分析が行なわれるのか」を明らかにしようとした研究も見られる．そうした研究の知見は本書の問題意識を展開する手がか

---

[5]　筆者が本書で「機能」という語を使うのは，R. マートンが指摘するように結果に着目するためである．半面，マートンの機能論のように，システムを維持する順機能とその反対の逆機能に区別する意図はない．

りを与えてくれる．例えば，官僚機構の政策分析官を研究したM.フェルドマンは，その理由として，分析者の生活と社会的地位の維持，政策を立案したり改善したりするという目的そのものに内包される社会的意義ややりがい，また，政策に影響を与える可能性がある唯一の方法であること，などを挙げている (Feldman 1989)．職業としての社会調査 (professional social inquiries) を研究したC. リンドブロムとD. コーヘンは，調べることが組織維持になっているのだから，調査の実施は，調査結果が活用されるかどうかとは関係ないと指摘している (Lindblom and Cohen 1979)．

当初の目的とは無関係に官僚機構や組織の維持につながるような副次作用をJ.ファーガソンは「媒介効果」(instrument-effect) と名づけて重視している (Ferguson 1994)．なぜなら，それらは意図とは直接関係していないが，結果として「権力の行使」(ibid.: 255) として立ち現れる作用だからである[6]．「使われない調査」をめぐる政策科学の知見は，「媒介効果」を通じた調査と権力の隠れた関係が，社会における調査の機能を繙く糸口であることを示唆している．加えて，調査とは事実を明らかにし，場合によっては何らかの対策を要請することにつながるものである以上，もともと権力関係を内包しているといえよう．したがって，「媒介効果」のみならず，そうした顕示的な権力関係が調査の機能とどのように関係しているかも，本書で取り組んでいく．

上記のような問題意識と切り口をもとに，本書では3つの課題を明らかにすることを目的としている．第一の課題は，調査の機能を以下の2つの側面に着目しながら事例研究を通じて明らかにすることである．1つの側面は，調査の目的とは直接結びついていないものの，調査それ自体や調査を実施する組織の維持につながるような媒介的な作用である．もう1つの側面は，調査の目的が達成されないことで引き起こされる作用である．調査の分類で述べたように，実践的な調査とは，単なる資料収集の場合であっても元来社会改良という目的を抱えている．調査がその目的に必要な情報やデータを提供できないことは，調査の対象となっている社会に深刻な影響を及ぼす可能性がある．したがって，

---

[6] 権力については第1章で詳しく検討する．ここではさしあたって，Aにその意図があるなしに関わりなく，Bがしないような何かをAがさせる限りにおいて，AはBに権力を有すると定義しておく．

本書では，調査の維持と調査目的の不達成の2つの側面に目を向けながら，調査の機能を権力との関係から分析する．

　第二の課題は，調査の機能と調査方法の関係を明らかにすることである．これまで調査方法に関する議論は，データ収集や分析をいかに科学的に行なうかという，いわば細かい技術論に終始していたし，それによって調査が現実をより正確に投影するようになることを目的としてきた．本書では「正確な調査方法」を議論するのではなく，調査が果たしている機能が，調査方法のいかなる側面と親和性があるのかを明らかにする．

　第三の課題は，調査の機能を明らかにするためにとりあえず棚上げにしておいた実務的な含意について探究することである．実務的な含意とは，実践の改善につながる調査への洞察である．ただし「改善の罠」に陥らないために，必ずしも調査方法の改善という技術的な方策を提示することを意味しない．調査がその実務的な要求を充足しないとき，どのような改善策が提示されるのかを事例を通じて明らかにすることで，「改善の罠」のメカニズムを具体化させる．それによって，「改善の罠」をもふまえて，調査の実践的な要求を充足させるための新たな視点を提示する．

第2節　問い――開発協力における調査

　具体的な実践的調査を事例にして，調査の機能を権力に着目しながら明らかにするためには，どのような条件で行なわれている調査を研究対象とすれば，より多くの知見を与えてくれるだろうか．前節では，所期の目的を達成していない調査の方が，機能が見えやすいと述べた．既述したように，実践的調査の目的は，調査を必要とした問題を解決し社会改良に資することにある．しかし，調査を必要とした問題の解決や社会改良は，調査によってのみ直接的に達成されるものではない．調査の結果をもとに講じられた問題解決や社会改良に向けた方策の適切な実施も問題解決や社会改良という点からは極めて重要な要件である．では，実践的調査それ自体の目的は何であろうか．

　戸田は，社会改良に資する実践的な調査を「狭義の社會調査」と分類した上で，「享受生活上の保證の乏しいためにやゝもすれば一般の傾向から離れ，社

會生活に何等かの不安を齎し易い人々の生活條件の調査」(戸田 1933：4) と定義している[7]．社会改良を目的とした嚆矢的な調査として挙げられる J. ハワード，F. ルプレイ，それに C. ブースの調査は，それぞれヨーロッパの複数国の監獄の状態や労働者世帯の家計，あるいはロンドンの労働者の生活実態を明らかにしている (小林 1981)．18 世紀から 19 世紀に行なわれたこれら先駆的な実践的調査から明らかなのは，調査を実施する目的は社会改良にあるとはいえ，調査それ自体の目的は社会改良につなげるための実態把握だといえる．したがって，本書では，所期の目的を達成していない調査を，「社会改良を必要とする人たちの実態を把握できなかった調査」と捉え，そうした調査を研究対象とすることで，社会における調査の機能をよりはっきりと観察できるものと考えた．なお，「実態を把握できなかった調査」かどうかは，事後的に実態との乖離が明らかにされることによって特定することが可能になる．具体的にどのような調査を意味するのかについては，本節の後半で述べる．

　研究対象の選択基準として本書が掲げるもう 1 つの点は，調査の実施・監督を遂行する能力である．調査がそれ自体の目的である「困難を抱える人たちの実態把握」をできなかった場合，しばしばその原因を調査の方法や実施能力に求め，技術的な欠陥やその改善を議論の中心に置きがちである．その結果，構造的な視点から調査が果たしている機能や働きにあまり目が向かないのではないかと考えられる．無論，困難を抱えている人たちの実態の多様性を考慮すると，調査によって全ての側面を完全に把握することは不可能ではあるが，少なくとも相対的には極めて高い水準の調査能力を備えた主体が実施した調査であれば，技術的な欠陥や改善を棚上げにして調査の働きに着目しやすい．

　そうした主体を事例に取り上げながら，本書では，社会改良を目的とする実践的な調査において，なぜ困難を抱える人たちの実態の把握という調査自体の目的を達成できないのか，という問いに取り組む．言い換えれば，目的を達成していない調査の中で構造的に何が維持されているのか，を問うことである．これらの問いに対する答えを探究しながら，前節で挙げた研究課題を明らかにしていきたい．

---

[7]　一方，広義の社会調査は，生活不安とは無関係に，社会を形成する人々の生活条件の調査だと定義している (戸田 1933：3)．

その方法として，本書では以下の2つの理由から，開発途上国に対する公的な開発資金協力を事例研究とする．第一に，世界銀行などの国際開発金融機関は，自らが資金協力を検討している開発事業の事前調査の質を向上させるため，度重なる政策改定を行なってきたことが挙げられる．近年，日本の援助機関も同様の政策改定を積極的に行なっている（松本 2003）．このため援助機関が支援している開発事業の事前調査は，その方法や手続きの面で国際的に極めて高い水準にあり，もしそうした調査が目的を達成していないのであれば，そこには目的とは異なる調査の機能を見てとれると考えたからである．第二に，資金を提供する側とそれを受け取る側の間に顕示的な権力関係が存在することが挙げられる．国際開発金融機関や二国間の援助機関は，自らの政策に則って調査が実施されることを開発途上国政府など被援助機関に求める．主権国家間の協力であれば相手国に無理強いはできないし，世界銀行などは政治的な関与は設立協定（Articles of Agreement）で禁じられている．その代わり，仮に援助機関の政策に沿った調査を相手国政府が実施しなければ，それ以上の資金提供を控えることは可能である．すなわち，調査を終えた後の開発事業そのものへの資金協力が見送られることもありうる．したがって，開発事業に結びつく可能性がある調査においては，一定の権力関係が顕在し，調査と権力の結びつきを考察する適当な事例を提供すると考えたからである[8]．

ところで，開発事業の事前調査に投じられる援助資金にはどのようなものがあり，調査に充てられる資金の規模はどの程度であろうか．表 0.1 は，主要な国際開発金融機関である世界銀行とアジア開発銀行（ADB），それに加え日本の国際協力機構（JICA）が支援している事前調査のための資金をまとめたものである．各機関とも，事業準備のための事前調査という費目で資金規模を集

---

[8] 権力関係という意味では，公的な開発資金協力においても他の調査と同様に調査を発注する側と受注する側の間にも権力関係は存在しうる．公的な開発資金協力では，受注者は通常民間のコンサルタント会社などであるのに対して，発注者は国際開発金融機関や二国間援助機関の場合もあれば，資金供与を受ける開発途上国政府などの場合もある．しかし，いずれの場合も，調査それ自体の目的（＝社会改良に向けた実態の把握）を定めるのは国際開発金融機関や二国間援助機関の側である．受注者が誰であれ，調査が目的を満たしているかどうかを判断するのは援助機関であり，その判断の結果は開発途上国への資金供与という形で表れる．したがって，本書ではこの両者の権力関係に着目する．

表 0.1 開発資金協力機関の事業準備調査

機　関	世界銀行	アジア開発銀行（ADB）	国際協力機構（JICA）
金　額	5671万ドル（2007年）	6100万ドル（2006年）	250〜270億円（2005年）
総事業	約244億ドル	約122億ドル	約1兆1000億円
内　訳	日本開発政策・人材育成基金（PHRD）のうちプロジェクト準備のグラント．	プロジェクト準備技術協力（PPTA）．ただし地域技術協力（RETA）は含まれていない．	旧開発調査．これ以外に，金額が公表されていない案件形成促進調査が数億〜十数億円ある．

出所：World Bank & Government of Japan（2008），ADB-OED（2007），外務省（2007）より筆者作成

計していないので，表中の金額は，「内訳」を根拠に筆者が独自にまとめたものである．

　表0.1に示すように，3つの援助機関だけでも毎年400億円近い資金を事業準備や政策立案の調査のためだけに援助している．さらにいえば，この表に挙げたのは各機関が調査資金として金額を公表しているものだけで，これ以外に例えば世界銀行は，金額は不明だが技術協力の資金を使って案件形成を行なっている（外務省2007）．また，ADBの場合は年間7800万ドル（2006年）の助言型技術協力（ADTA）の一部が政策形成調査に，また1億ドル（2006年）を超える地域技術協力（RETA）のうち数千万ドルが複数国にまたがる開発事業の準備調査に使われている．開発途上国で行なわれる開発調査には，これだけの公的な援助資金が投じられているのである．

　先に実践的な要求を満たさない一例として，「使われない調査」に対する政策科学の既存研究について触れた．そこで，開発途上国への公的な開発資金協力の場合，これらの事前調査がどの程度実際の事業に結びついているかを検証し，この分析視角の本書における妥当性を探る．

　世界銀行のPHRDプロジェクト準備グラントとADBのプロジェクト準備技術協力（PPTA）は，もともと事業への融資を前提にした調査であるせいか，調査がどの程度事業に結びついたかというデータの蓄積がない．ただし，世界銀行は2006年度からPHRD技術協力終了後の評価を始めており，表0.2は3年間の評価報告書をもとに集計したものである．

　表0.2に示す通り，融資を前提にしていた調査だったにもかかわらず，10％前後の調査が，実際のプロジェクトへの融資につながっていない．その理由に

表 0.2 世界銀行 PHRD プロジェクト準備グラント

年　度	件数	融資承認済*		融資検討中*		融資に至らず	
2006 年度	109	84	77.1%	17	15.6%	8	7.3%
2007 年度	96**	66	68.8%	10	10.4%	20	20.8%
2008 年度	87	68	78.2%	9	10.3%	10	11.5%

出所：World Bank & Government of Japan (2007), World Bank & Government of Japan (2008), World Bank (2009) をもとに筆者作成
　＊　融資承認済および融資検討中は各年度の評価時点での現況
＊＊　プロジェクト準備グラント件数は 99 件だが，関連する世銀プロジェクトは 96 件

ついて世界銀行は，開発途上国政府の政策転換，世界銀行の方針転換，支援手段の変更，調査資金を受けた側が調査で示された改革の受け入れを望まない，などの理由を挙げている．

　ADB に関しては，調査の事業化率のデータを見つけることができなかったが，2007 年に行なわれた技術協力の特別評価報告書によれば，ADTA に基づく政策改善提案のうち，行動に移されたのは 37% だった．また，同報告書は「技術協力は一般的には融資とつながるのが望ましいという ADB 憲章の原則や業務マニュアルに反し，ADTA や RETA の案件数と準備中もしくは実施中の融資事業数の間には，明確な関係どころか補完的な関係もない」（ADB-OED 2007：29）と厳しく分析している．

　JICA は 2008 年 10 月に旧 JBIC（国際協力銀行）の一部と統合し，それまで JBIC が実施していた円借款事業の全てと，外務省が実施していた無償資金協力事業の大半を担当するようになった．したがって，統合前に JICA が行なっていたプロジェクト形成調査と開発調査に加えて，無償資金協力の事前の調査と円借款につながる案件形成促進調査を実施している（2014 年 7 月時点では，協力準備調査と開発調査型技術協力の 2 種類に整理・統合されている）．このうち，1990 年代には 350 億円前後を毎年供与していた開発調査の活用状況に関しては，06 年度に外務省が委託した第三者評価が参考になる（外務省 2007）．それによると，95 年度から 04 年度までの 10 年間に終了した 785 件の開発調査のうち，349 件（約 44.5%）は調査結果の実施に必要な資金調達がなされていない．日本の円借款につながった率は，すでに 30 年が経過し件数があまり多くなかった 70 年代の事業で 39%，80 年代の事業で 24%，最も件数が多い

90年代の事業で17.3%となっている．資金源を比較すると相対的に開発途上国政府の自己資金による事業化の割合が高い．ただし，開発調査が事業につながったかどうかの判断は，日本国内の開発コンサルタント会社や開発途上国政府機関へのアンケート調査に基づいており，JICA自身が直接現地政府などに事実確認を行なったわけではない．特に海外のアンケート調査の回収率は40%台であり，正確な動向を分析するには限界があるとこの第三者評価は指摘している．

　この第三者評価が実施された背景は，「開発調査により策定された計画が必ずしも事業化に至らない場合や，途上国自身の計画や政策に十分に活用されない場合もあるとの批判が聞かれる」点にある (ibid.: 1)[9]．しかし，この評価の結果だけから，開発協力において，援助機関が支援した事前調査があまり活用されていないと言い切ることはできない．データの不十分さとともに，何をもって活用されたとするかの判断が難しいからである．例えば，ここで取り上げている調査の1つに，開発事業の実施可能性調査（F/S調査）がある．文字通り個別の事業を実施するかどうかの判断材料となる資料である．したがって，調査の結果として，経済性や環境面で実施可能性（feasibility）がないと判断することは十分ありうるし，もしそうだとすれば，事業化されなかったということは，調査が「初めに事業ありき」のつじつま合わせではなかった可能性もあり，資金が確保され事業化されなかったのは，むしろ調査が使われた結果だったと考えることもできる．

　その是非を判断したくとも，事後評価は簡単なアンケートに留まり，事業化や政策の実施状況を詳細には確認していない．したがって，開発途上国に対する公的な開発資金協力を事例研究とするにあたり，本書では，調査が「活用されたかどうか」を「事業に結びついたかどうか」というレベルで捉えて事例を選択するのでは十分ではない．調査の具体的な中身に踏み込んで，実態の把握という調査それ自体の目的が達成されているかどうかを分析できる事例を求め

---

[9] 日本の開発援助において「調査が活用されていない」との批判は，調査が事業化につながらなかったという指摘以外にも，「調査が報告書に活かされていない」という批判もある（国際協力機構 2005）．後者に関しては定量的なデータはないが，調査結果が報告書に盛り込まれないという指摘は本書の事例研究でも指摘されている．

第 2 節　問い——開発協力における調査　　　　　　　　　13

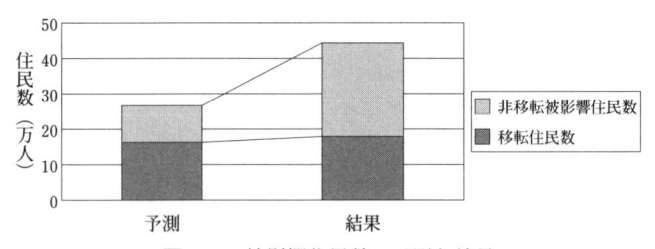

図 0.1　被影響住民数の予測と結果
出所：ADB-OED（2006）をもとに筆者作成

る必要がある．

　中身に踏み込んだ一例が，図 0.1 に示した ADB の評価（ADB-OED 2006）である．これは，ADB が融資した開発事業において，立ち退きや生計手段の喪失など負の影響[10]を受けるであろうと事前の調査段階で予測していた住民数と，事後評価で判明した実際の被影響住民の数を表したものである．対象となっているのは 1994 年から 2005 年の 12 年間に承認されたインフラ事業のうち，中国，インド，フィリピン，ベトナムの 4 カ国の事業である．ADB によると，実際に移転した住民の数（図中の「移転住民数」）が当初の予測より 10% 多かったのに対して，移転は必要ないものの土地の利用や資産などに影響があった住民の数（図中の「非移転被影響住民数」）は予測の 2.5 倍もいた．つまり，開発事業によっていったい何人の住民が負の影響を受けるのかを事前に把握できていないことが，ADB 自身の評価によって明らかになっている[11]．この期

---

[10]　ADB が政策上例示している非自発的住民移転に伴う「負の影響」には以下のものが含まれている．生産システムの破壊，生産財や収入源の喪失による貧困化，自分たちの生産技術が今までのように使えないような移転先の環境，資源の競合の激化，地域社会の結びつきの弱化，親族の分散，文化的アイデンティティや伝統的な権威や相互扶助の弱化もしくは喪失，である．

[11]　同様の問題は，他の援助機関でも見られる．世界銀行が 1996 年に発表した内部評価報告書によれば，例えばトルコのイズミール上下水プロジェクトでは被影響住民数が当初の予測 3700 人から 1 万 3000 人に，マダガスカルのタナ平原プロジェクトでは 3500 人が 1 万 1000 人に修正されているなど，事前の予測と実際の被影響住民の数に大きな違いがある（World Bank 1996）．また，2004 年に当時円借款 ODA を担当していた国際協力銀行が委託した調査でも，事前調査時点と実施段階で移転住民数が大きく食い違う事例が報告されている（片平エンジニアリングインターナショナル&オーバーシーズ・プロジェクトマネージメント・コンサルタンツ 2004）．したがって，ここで取り上げた ADB の事例は，決して例外的な現象ではない．一方で，ここに挙げた世界銀行の内部評価報告書が扱っている事例が 86 年から 93 年と古く，また国際協力銀行の委託調査報告書は事例数が少なかったため，06 年の ADB の報告書を本書では取り上げた．

間に ADB が承認した事業によって負の影響を受けた住民は，融資承認の時点で少なくとも 177 万人に達しており，仮に同様の傾向が他の国の事業でも生じていれば，その数は 300 万人近くになる．

この ADB の評価では，被影響住民数の食い違いの原因について，かつては移転が必要ない影響への関心が低かったことや，道路や鉄道などの事業ではプロジェクトに必要な土地面積を世帯当たりの平均的な土地所有面積で割って被影響住民を算出したため，過小評価につながったと分析している（ibid.：22）．しかし，原因分析に割かれているのは 160 ページの評価報告書のわずか半ページにすぎず，十分な分析とはいえない．

開発事業が住民の生活や自然環境に負の影響をもたらさないようにするための政策を，開発協力の分野ではセーフガード（環境社会配慮）とよぶ．この環境社会配慮政策は，1980 年代から世界銀行を筆頭に主要な国際開発機関が次々と導入し，より高い水準に向かって相互に影響し合いながら改定を重ねてきたものである．また，そうした政策を実施するための人的な体制を整備し，調査方法や調査結果を政策に照らし合わせて審査・改善する能力を向上させてきた．それにもかかわらず，影響を受ける住民数という，社会配慮の目的を達成する上で最も基本的と考えられるような数すら事前調査で適切に把握できない，というよりは大きく読み違えてしまうのはなぜなのだろうか．20 年以上にわたって行なわれてきた環境社会配慮のための政策や調査の改善と，被影響住民数の把握に必要な要素との間に，どのような「ずれ」[12] が生じているのだろうか．本書では，公的な開発資金協力における環境社会配慮のための調査を事例に，「社会改良を目的とする実践的な調査において，なぜ困難を抱える人たちの実態の把握という調査自体の目的を達成できないのか」という問いを探究していく．

---

12) 本書では目的と結果が異なる場合に，「食い違い」や「読み違い」ということば以外に，「ずれ」という語を使うことがある．その含意は，目的を達成しなかったことに目を向けるのではなく，何か別の機能を果たしていることに目を向けることにある．

第3節　仮説——調査の「はかり」と「担い手」

1　問いに対する仮説

　前節で提示した本書の問い，すなわち「度重なる調査の方法や手続きの改善にもかかわらず，なぜ調査が所期の目的の達成につながらないのか」に対して，筆者は調査それ自体の目的である実態の把握に使用する「はかり」の違い，突き詰めて考えれば「知のあり方」の違いが影響しているという仮説を提示する．

　仮説の根拠を論じる前に，本書にとって重要な用語である「はかり」について説明しておく．「はかり」とは「はかる道具」であり，わかりやすい例でいえば枡がそれに当たる．枡を使うことで液体や粉のような細かい固体の容積を量ることは可能だが，ピンポン玉の体積を量ることはできない．「はかり」は同時に「何をはかる対象にするか」を規定していると筆者は考える．本書の射程である開発途上国の開発に照らしてみると，プロジェクトによって立ち退きを迫られる住民への影響を調査する場合，住民が失う機会として「職業」という「はかり」を用意する．その結果として，政府統計上の「職業」欄の記載が「はかる対象」となるだろう．しかし，開発途上国の農村部では自給的な農漁業，小規模な商売，手工芸など様々な生業をトータルに生計に活かしていることが少なくない．「職業」という「はかり」の選択は，何をはかる対象にし，何をはかる対象から外すかを暗黙のうちに決め，人々の生活の「全体性」から目を背けることにつながる可能性がある．

　「はかり」の違いを仮説と考えた理由を，図0.1に挙げたアジア開発銀行（ADB）のケースを例に，個別の事業によって立ち退きが必要になる戸数がどのように特定されているのかを考えることから示す．一般的に推測されるのは，地図と住民登録の記録を使う方法である．住民登録が不存在または不完全な場合は，地理的に特定した範囲にある家を1軒ずつ確認することもありうる．ADBのケースでは，立ち退きが必要な住民数について，事前調査と結果との間の食い違いは10%程度だった．その一方で，居住地が影響範囲に入っていないために立ち退く必要はないものの，農地を含めた土地や資産などに影響を

受ける人の数は，ADB自身による内部評価の結果でさえ事前調査の2.5倍に達した．ここで疑問が生じるのは，移転住民数に比べて，影響を受ける人たちの数になぜこれほどの違いが生じたのかという点である．地図や住民登録記録，あるいは家の軒数という誰もが同じ結論に到達できる，いわば普遍性があると考えられているような「はかり」は，居住者数を比較的正確に導き出すのには有用であろう．しかし，線引きされた地理的な影響範囲に存在する土地などの資源を，誰がどのように使っているかを特定することは，伝統的・慣習的な土地利用などが残る開発途上国では難しい．開発途上国の文脈を超えてやや一般的に表現すれば，誰もがほぼ同じ結論に到達できる「はかり」だけでは，社会改良の対象となった様々な事情を抱える人たちの実態を把握することは困難だからではないかと考えられる．

　それは「知のあり方」ともつながる．アリストテレスは知について，「それ以外の仕方においてあることができないもの」をエピステーメーとよび，反対に「それ以外の仕方においてあることができるもの」を，テクネーやフロネーシスと名づけた（アリストテレス1971)[13]．「科学」や「技術」としてその後も概念が発展したエピステーメーとテクネーに比べ，「実践的な知」を表すフロネーシスには今日それに相当する概念が見当たらない（Flyvbjerg 2001)．佐藤（2009）は，フロネーシスを，「暗黙に知ること（tacit knowing)」の意でM.ポランニーが使った「暗黙知」になぞらえ，分析的ではなく統合的な性格を持ち，経験を通じて体得され，文脈と個別の事情を重視する志向性を備えた知として捉えている．ADBの被影響住民の例でいえば，地理的に特定された範囲内の家の軒数と，慣習や複雑な利害関係が存在している土地や資源の利用者数とでは，同じ「数」であっても調査が把握しなければならない「知のあり方」が異なる．エピステーメーに属する知を生み出すのに有効な「はかり」である地理的な範囲を定める地図や家の軒数では，フロネーシスに関わる土地や資源の利用実態を十分に把握することはできない．

　ではなぜ開発途上国における人々の土地利用のような個別の状況によって異

---

[13] Flyvbjerg (2001) はエピステーメーを「科学的な知」(scientific knowledge)，テクネーを「技術」(craft/art)，フロネーシスを「実践的な知」(practical knowledge) と解釈している (p.56).

なる実態を把握することに調査は失敗するのだろうか．佐藤 (ibid.) が指摘するように，その原因は記録のしにくさにあるのではなく，普遍性，論理性，客観性という近代科学の基準の対極にあるからだという説明には説得力がある．その半面，同じ論文で書かれているように，人々が日々の実践の中で携えている知はすっかり無視されているわけではなく，むしろその重要性は共通理解となりつつあるのも事実である．調査の担い手にも，専門分野によっては異なる「はかり」を持ち合わせている人はいるし，誰もが同じ結論を出せないような「暗黙知」を言語化しようとする調査者もいる．にもかかわらず，そうした専門性が調査の目的達成に効果的につながらないのは，調査を担う組織における専門家の立場に関係しているのではないかとの仮説を立てた．具体的には，個別状況的な実態を把握する「はかり」を持った専門家は，普遍性を重んじる専門家に比べて，組織の意思決定への影響力が弱いのではないかというものである．「はかり」の違いも「知のあり方」の重要性も十分に認識されていながら調査が人々の実態を適切に捉えられないのは，調査を取り巻く構造や枠組みに原因がある．その結果として，調査は，様々な「はかり」を駆使して「社会のありのままの姿を解明して映し出す」よりも，調査を支える構造に準拠した特定の「はかり」で現実を切り取って，むしろ「社会のあるべき姿を作り上げている」のではないかと考えることができる．それこそが，意図とは関係なく，調査が社会の中で果たしている1つの機能なのではないかとの仮説を抱いた．

2　貧しさの「はかり」

　上記の仮説は，本書の事例研究である「開発」と，研究主題である「調査」に関わる多くの文献の研究から生じたものである．そこで，本節の残りの部分で，どのような考察を経て仮説にたどり着いたかを述べておく．

　「開発」と「調査」のつながりを明らかにするために，まず「開発」とは何かを考察する．近代化を連想する人，土木工事をイメージする人，人類の進化のように考える人……，捉え方は人それぞれ異なるが，いずれも社会や個人をある状態から別の状態に変化させること，しかも個人の主観においてより良いと思う状態に変化させることを頭に浮かべる人が多いものと考えられる．何の変化ももたらさないのに「開発」ということばを使ったりはしない．それは言

い換えれば,「開発」にとって避けられないのは,現在と未来,過去と現在を比較しその変化を認識することだということになる.変化を把握するには,比較する対象と尺度が必要である.何がどのくらい良くなったのか,悪くなったのか,あるいは良くなるのか,悪くなるのか.「開発」が「調査」と切り離して考えることができない理由がここにある.変化の程度を明らかにするために必要不可欠なものが「はかり」なのである.

筆者が子どもの頃に最初に関心と疑問を持った「はかり」は,国民総生産(GNP)だった.GNPで国の豊かさがはかられることが釈然とせず,「お金に置き換えられない価値はどうなるのか」との疑問を抱いた.その後GNPという呼称は使われなくなったが,国の豊かさを市場で取引された財やサービスの数値ではかることは今も続いている.しかし,開発途上国の開発においてより重要なのは貧しさの「はかり」である.貧しさの「はかり」はGNPのような漠然としたものではない.「1日1ドル以下で生活をしている人が◯億人もいる」,「1000人に◯人が5歳にならないうちに死んでしまう」,「◯秒に1人の子どもが貧しさゆえに死んでいる」……,これらの数字を通じて想像させられるのは,目の前で子どもたちがバタバタと倒れているかのような光景である.GNPという「はかり」が主に経済学者や官僚などによって使われていたのに比べると,貧しさの「はかり」は,社会的な弱者を助けようという慈善意識に基づいて活動する市民団体(NGO)によって唱道されている.

開発研究で知られるR.チェンバースは,貧しさをはかるこれらの数値について否定的な見解を述べている.

> ……そうした数値によって精神はすぐに麻痺されてしまう.栄養失調の子どもの割合や,一人当たりの所得,あるいは学校に行っていない子どもの数には意味があるが,心を深く動かすことはない.また,信憑性の問題もある.(Chambers 1983:63,筆者訳)

彼は,貧しさをはかることも豊かさをはかるのと同様に無味乾燥な統計の値にすぎないと論じている.しかし,実際は違った.

2004年に貧困問題の解決に向けてNGOなどの市民社会組織が国際的なネットワークを作り,日本でも翌年キャンペーンが始まった.その連帯の象徴が白いリストバンド(ホワイトバンド)である.ホワイトバンドを着けた著名人た

第3節　仮説——調査の「はかり」と「担い手」

ちが登場するキャンペーン用の映像は「クリッキング・フィルム」とよばれ，著名人たちがメトロノームに合わせて3秒ごとに1回指を鳴らす（クリッキング）．これは3秒に1人の割合で，世界中のどこかで貧しさが原因で子どもが死んでいることを表している．1本300円で販売したホワイトバンドは品切れになるほどの人気商品となり，わずか1年足らずの間に日本国内だけで450万本が売れた．単純計算で売り上げは13億5000万円に達する．この「3秒に1人」という「はかり」は，無味乾燥どころか貧困問題に対してかつてない一般の関心と支持を集めた．同じように貧困削減を目的としていても，経済成長を謳い文句にしたのでは，これほどの一般の支持を集めることは明らかに困難である．有名人を動員し，3秒に1人の子どもが世界のどこかで貧困によって死んでいるというメッセージが多くの人を駆り立てた．

その成果である「貧困削減」はどのようにはかられたのであろうか．このキャンペーンのターゲットは先進国首脳会談（G8サミット）であり，G8諸国に援助増額を求めていた．ホワイトバンド・プロジェクトの代表者は次のように語っている．

> 500億ドルの援助の増額がG8で決定いたしました．この約束が守られれば，900万人がエイズの治療を受けられるようになり，2000万人以上の子どもたちが学校に行くことができるようになります．そして毎年500万もの命が救われることになります．（次原2007：55）

数字が示す豊かさへの疑問であれば，自省的にもなれるし，数字に表れない真の豊かさについて開発途上国から謙虚に学ぶことにもつながる．実感のわかないGNPで議論しているうちは「お金だけで豊かさははかれない」などと言うこともできる．しかし，貧しさを表す臨場感あふれる「はかり」が外から持ち込まれ，それが称揚されることによって，開発途上国はあたかも飢えと病気に満ちた世界となり，そこから脱しようとするイニシアティブ＝貧困削減は，誰も否定することができない聖域となりつつある．その結果として，開発途上国の農村の人々が営んできた従来の半自給的な生活スタイルは否定され，貧困に置き換えられることになる．

政治学者のJ.スコットは『国家のまなざし』の中で，「はかり」について次のように述べている．

尺度がローカルで，利害関係を持ち，文脈的で，そして歴史的に特有なものであることは疑いの余地がない．ある家族の生存上の必要を満たすものは，別の家族を充足しないかもしれない．(Scott 1998：27，筆者訳，強調は原文による)

　一般に「はかり」は，誰が使っても同じ結果をもたらす絶対的なものと考えがちである．しかし，スコットが述べているように，どのような「はかり」を使うかによって，充足かどうかという評価は変わってくる．しかも，開発分野で人々の実態を把握するために使われるのは「ローカル」な尺度ではなく，貧困削減のキャンペーンに見られるような「外から持ち込まれた」尺度であることが多い．

3　「はかり」をめぐる対立軸

　外から持ち込まれる「はかり」をひとまず「数値化」とほぼ同じ意味だとすると，100年以上も前に，はかることに対する批判的な論文が発表されている．社会学者G.ジンメルが1903年に発表した有名な論文「大都市と精神生活」に次のような一節がある．

　　現代の精神はますます計算する精神になってきた．貨幣経済の結果である実生活を正確に計算することは，自然科学の理想に対応している．その理想というのは，世界を計算問題に変換し，その1つ1つの部分を数学の公式の中に固定することである．あれほど多くの人々の日々の生活が，重さを量ったり，計算したり，数えたり，質的な価値を量的な価格に還元したりすることで占められるのは，貨幣経済のせいである．貨幣が持つ計算可能性(calculability)ゆえ，平等や不平等を定義する厳密さや確実性，合意や取り決めにおける曖昧さの排除が，生活のあらゆる要素の関係に入り込んできたのである．ちょうど，懐中時計の一般的な普及によって外側からこのような精密さが持ち込まれてきたように．(Simmel 1903：13，筆者訳)

　ジンメルは大都市論を展開しながらはかることを強いる力は貨幣経済であると論じている．一方で，貨幣価値を論じる前提として，A.スミスは価値が内包する異なる2つの意味に注意を払っている．それはモノ自体の効用である使用価値と，モノの所有がもたらす購買力たる交換価値である．

　　水ほど有用なものはないが，水はほとんど何も購買しないだろうし，水と交換に手に入れられるものはほとんど何もない．逆にダイアモンドはほとんど何の使用価値も持たないが，しばしばそれと交換に他の物をきわめて多量に手に入れることができる．

（スミス 2000：60-61）

　スミスはこの有名な例示の後，交換価値に焦点を絞って価格について詳細な分析を行なっていく．K. マルクスも『資本論』（1969）の序章で使用価値について触れているが，あくまで議論の対象は他人の使用価値を生み出す商品に関してであり，使用価値もまた交換価値と同様に労働価値説に結びつけて捉えている．経済学においても，数値化が困難な価値の存在を認識したものの，空気などの自然環境や自らの使用価値につながる生産物については，それ以上議論が深められなかった．

　貨幣経済によって数値化が進められたとジンメルが指摘した20世紀初頭と比較すると，今日では数値化に対する批判はより一般的になっている．数値化にこだわる量的研究と「厚い記述」によって詳細な説明を行なおうとする質的研究との論争は社会科学では広く認知されており，開発の分野では以下に述べるようにその傾向は顕著である．

　チェンバースはこの点を整理して次のように述べている．

　アウトサイダーの科学技術は，物事を正確にはかったり，顕微鏡を使って調べたりすることができるという点で優れている．これに対して，農村の人々は，測定することにおいては通常比較的弱く，肉眼を使うことを除いては観察をすることはできない．〈中略〉農村の人々が測定に弱いというのもまた誇張されうる．農村には地元の基準や測定の単位が存在し，その中にはアウトサイダーが見逃してしまいそうな重要な判断基準が含まれている場合もある．（Chambers 1983：95-96, 筆者訳）

　「はかり」ははかる主体との組み合わせになっているとチェンバースはいう．しかも，はかる主体は専門家に代表されるアウトサイダーだけではない．高等教育を受けていない開発途上国の農村に住む人々もはかっているのである．世界中に残る古い単位を考えれば，「メートル」が発明される以前，人々は身体や労働力を目安に物事をはかっていた．「尺」は親指と中指を広げた長さ，足の大きさに由来する「フィート」，歩幅をもとにした「歩」など例を挙げれば世界中に存在している．よく知られているのがフランス革命期に一部の地方で使われていたアルパンという耕地面積を表す単位だ．この単位は1人の男性が1日に耕すことのできる面積を表していた（Kula 1986）．農村の人たちがはかっていたのは，広さとしての絶対的な耕地面積ではなく，その土壌の質や労働力

の事情を反映したアルパンだった．こうした具体例は先に引用したスコットも多く紹介している（Scott 1998）．いずれも共通しているのは「はかり」が人間や社会の内側から生まれたものであり，単に物理的な長さや量を指し示すだけではないという点である．

専門家の「はかり」と農村の人たちのいわば現場の「はかり」の違いについてはこれまで様々な議論が行なわれてきた．中村は後者を「当事者性の学問」「一人称や二人称で語る学問」とよんで次のように書いている．

> 大海を航行する漁船は，絶対的な海の深さや船の重量などを計測する手段を持っていない．ふつうの漁民は，漁獲物をどこまで積んだら船が沈んでしまうか，水圧を測定したり海流がどんなふうに流れているか計算したりする，流体力学のような特定の専門分野の知識をもっていない．それにもかかわらず，漁民は太平洋に出かけて，魚を捕って帰ってくる．専門知識がなくとも漁民は，船に打ち寄せてくる波の高さで船の沈み方を知って，魚の積む量を加減する．計測器をもたなくても，自分が当事者であるがゆえに認識できる方法である．（中村 1994：200-201）

現場の「はかり」は長年の経験や知恵に基づくもので一般化は難しい．また，必ずしも全ての状況において，現場の「はかり」が実践的な判断基準を提示しているわけでもない．他方，特定の場所での特定の事象に関して，専門家が思いもしない視点や尺度を時として提供する．大分県八坂川の河川工事の際に，行政側は高潮の恐れがないことをデータに基づいて主張していた．しかし，現地住民の中には初夏に畳を上げて生活する習慣を持つ人がおり，実はそれが高潮への備えだったことを専門家たちは知ることになる（廣野・清野・堂前 1999）．こうした「はかり」はローカルノレッジ（現場知・経験知）ということばで表現される．藤垣は現場の「はかり」がしばしば人々の経験の中にだけ留まって，専門家と共有されない＝言語化されていないと指摘する．

> ローカルノレッジを言語化できる住民はそれでよいとして，そうできない住民，「なんとなく違う気がする」と主張する住民には，経験知の言語化の手助けが必要となる．地域住民の主張を支える，住民の経験知の言語化のサポートである．（藤垣 2003：131）

藤垣は，科学技術社会論の仕事としてローカルノレッジを表に出す手助けという役割を提示し「媒介の専門家」への期待を示している．

第3節　仮説——調査の「はかり」と「担い手」

専門家の「はかり」と現場の「はかり」をつなげようという試みがある一方で，専門的知識の優位を説く技術中心主義と，NGO などがしばしば主張する現場中心主義は互いに相容れないことが少なくない．こうした対立について，佐藤は，外からの調査に対する住民の不信感を3つの現象が媒介していると指摘している．

> 第一に，「科学的根拠」の名のもとに行なわれるさまざまな測定調査（たとえば放射能測定調査や公害測定調査など）が，人々が感じている現実の未知要素や不確定要素を捨象し，それゆえ住民のリアリティを切り捨てた水準で成立してしまっていること，である．第二に，住民が抱く不安や疑念に十分な「科学的根拠」がなければ，開発に着手してよいという政治過程における政策態度のなかで，調査データの処理と利用が，権力の側にからめとられてゆくこと．第三に，社会調査が巨大化し，調査組織や研究組織の官僚制的な集権化が行政の中央集権化と相似的に進行する一方で，被調査者との直接交流を含んでいたはずの調査過程の「ブラックボックス」化が進行していること，である．（佐藤 2000：145）

佐藤の指摘は，調査をめぐる専門家と住民の力関係を強調する一方で，「住民のリアリティ」の捨象という新たな視点を提供している．すなわち，「はかり」は，あるルールに従って，はかる対象を取捨選択する道具だということである．

はかる主体の対立にばかり目を向けていると見過ごしがちだが，「はかり」の特性をもう少し考えるため，科学技術社会論の研究者たちが用いる「状況依存性」（contingency）という用語に注目してみる．S. ジャサノフは状況依存性について次のように述べている．

> 科学的な主張は決して絶対的な真実なのではなく，関係する科学者の共同体の中で合意された実験や解釈に関する慣習のような要因に常に依存している．（Jasanoff 1992：347，筆者訳）

専門家の「はかり」は学会のような科学者の共同体で合意された条件，すなわち実験室やある特定の状況のもとでは有効な半面，現場の複雑な自然・社会環境には適用できないこともある．1986年4月に起きたソビエト・チェルノブイリ原子力発電所の事故では，放射性物質のセシウムがイギリスの牧羊農家を悩ませた．というのも，当初セシウムの濃度はすぐに低下するので羊に影響を与えないとされていたが，事故の6週間後になってその見解が翻されたから

である．原因はセシウムの化学的移動のデータにあった．もともと存在していたデータはアルカリ性土壌についてのみだったため，その知見がイギリスの酸性泥炭地にも援用された．しかし，アルカリ性土壌と酸性泥炭地ではセシウムの移動が異なることが後でわかった (Wynne 1996)．専門家にとってはアルカリ性土壌のデータが，その時点では科学者の共同体で合意された「はかり」だったのである．ある「はかり」を採用することは，現実のありのままを映し出すのではなく，その「はかり」のルールで社会を投影することにすぎない．その結果，別の可能な映し方は捨象される．

　状況依存性という視点が投げかけているのは，ある事実が妥当だとされた状況に立ち返ることの重要性である．1人当たり国民所得も，3秒に1人の子どもが貧しさゆえに死んでいるというデータも，その数値がどのような状況から導き出されたのかを振り返る必要がある．いや，そもそも国民所得や子どもの死亡率といった「はかる」対象そのものをどのように選択したのかを問うことの意義を投げかけている．状況依存性という視点は「はかり」の暴走に一定のブレーキをかけ，数値を包み込む文脈全体に目を向けるよう警鐘を鳴らしているのである．

4　「はかり」と統治

　「はかり」は決して専門家と現場だけの道具ではない．世界史的に見れば，それは明らかに統治の道具である．中国最初の統一王朝である秦を打ち立てた始皇帝の業績の1つに挙げられているのが度量衡，すなわち「はかり」の統一である．ヨーロッパにおいても度量衡がいかに統治の権力とつながっていたかを阪上は次のように書いている．

> 9世紀初頭にカール大帝が没し，カロリング帝国が弱体化するとともに，封建制の特徴である権力の分散・細分化と領主の地方的割拠が極度に進み，無数の度量衡が繁茂することになった．その上度量衡に関する権利は収入にかかわる権利であり，領主や教会は，収入を増やす手っ取り早い手段として，枡の大きさを恣意的に変えた．（阪上 2007：5）

　現在知られている最も古い数量的な調査は紀元前3050年頃エジプトでピラミッド建設のために行なわれたものである．紀元前2300年頃に中国で人口調

第3節　仮説――調査の「はかり」と「担い手」

査が，紀元前594年にはアテネで租税調査が行なわれた（小林1981）．日本でも，『日本書紀』によれば紀元前86年に崇神天皇が人民の男女数を調べたとある．また，紀元610年に推古天皇が調べさせた人口（男199万4018人，女299万4824人）が現在にも伝えられている（平松2006）．これらの数値が正確かどうかはここでは大きな問題ではない．重要なのは，古代国家の体制が強固なものとなる中で，軍役や納税など行政上の理由から人口や耕地面積をはかるようになったという点である．

しかし，「はかり」が太古の昔から世界中で統治の手段であったとするならば，今日このような議論をする意味はどこにあるのだろうか．「はかり」と統治の関係はどのように変化して現代に至っているのか，その今日的な意義を考察する．

政治学者のT.ミッチェルは，イギリスの植民地であったエジプトで1907年に完成した縮尺2500分の1の地籍図に着目した．ナイル川沿いは世界でも最も古くからはかられていた土地の1つである．彼によれば，10年の歳月をかけて20世紀初頭に完成したこの地籍図には農地やその所有者が記されたが，それまでのものとは「はかり方」が異なっていた．それまでの地図作りは村のレベルから始め，木の棒や鉄の鎖を使いながら1区画ごとにはかっていた．それに対して「1907年地籍図」は三角測量を用いて正確に地域全体の地図を作成して格子状に区切り，それぞれのマスの中に村や個人の農地を記録していった（Mitchell 2002）．個別データの積み重ねによって地図を作成するのではなく，まず全体をはかって地図を作成し，個別データをそこに書き入れていく方法に転換したのである．

個々のデータを積み上げて全体をはかった時代は，各データの誤謬は全体的な数値のゆがみに表れる．わかりやすい例は，先ほど紹介した推古天皇期の人口である．男が199万4018人で女が299万4824人というのはあまりに不自然な男女比である．その理由について平松（2006：54）は「当時は女で届けた方が賦役の義務が少なくて有利だったからだ」との解釈を紹介している．言い方を換えれば，各戸や各村は自分たちの事情を加味した数値を申告できたということになる．行政の視点から見れば中央集権体制の未発達にすぎないが，見方を逆転させれば，上からの統治に対して，下からのささやかな抵抗をすること

が可能だったのである[14]．男女比が不自然に感じられたとしても，村から積み上げた結果の数値である以上それが間違いである証拠はない．しかし，もし男女ごとの全人口がすでにわかっていたとしたら，各戸や各村から出される個々の数字の積み上げとの間のゆがみは一目瞭然である．それによって各戸・各世帯の「不正申告」の実態が明らかになってしまう．つまり抵抗が可視化されてしまうわけである．

　地図の作成にも同様のことがいえる．各戸・各村が自分たちの事情をふまえ，例えば節税対策で農地を過小に申告したとする．個々のデータの積み重ねが全体の地図になっていれば，その地図は正確ではないかもしれないが，不正申告を暴かれることにはならない．しかし，エジプトの「1907年地籍図」の作成は，広大な地域全体を経緯儀など当時の最新技術を用いてはかり，それを細かい格子に分けた上で土地利用状況を地籍図に落とした．したがって，もし過小申告をすれば，地域全体の地籍図に「空き地」がうまれ，下手をすれば国家に取り上げられてしまう．統治に対する「ささやかな抵抗」は自らの土地を失う危険性と隣り合わせになったのである．

　ミッチェルは，古代の王国時代からはかることの歴史を積み重ねたエジプトのナイル川渓谷において，「1907年地籍図」には統治上4つの特徴があったと分析している．第一に，他の土地との関係がひと目でわかるようになり「異常」を簡単に見つけられるようになったことである．「異常」とは，例えば隣接する場所でほぼ同じ面積の農地を所有しているのに納税額が大きく異なるような場合を指す．それによって，所有者が誰であるかは土地に付随する情報にすぎなくなり，権力が行使される対象が所有者から空間（土地）へと再編された．第二に，土地の占有をめぐる過去の様々な出来事を地籍図が覆い隠したことである．既存の村落共同体に多大な犠牲を強いてきた労働者の占拠地は，地籍図作りの中で村として認められ村名を与えられた．また，支配層や植民地勢力が強権的な方法で与えた私有地は，それまでは過去の占有の過程がわかるようになっていたが，この地籍図作成の過程で普通の村と変わらぬ村名を与えら

---

14)　20世紀の初めまでフランスのある地方ではドアと窓の数で税が決められていたため，窓とドアの極端に少ない建物が増えていった．これは「抵抗」の1つだが，結果的に風通しの悪い建物となり，健康に悪影響を与えたことは想像に難くない（Weber 1979）．

第3節　仮説——調査の「はかり」と「担い手」

れ，過去の忌まわしい経緯をいっさい残さない形で統一的な国家の空間に統合された．第三に，地籍図作りの知識の源が移動したことである．かつての地籍図は地元の人たちの知識に依存して作られていた．特に，毎年ナイル川が氾濫する南部地帯ではそこに住む人々の知識が不可欠であった．しかし「1907年地籍図」によって，課税のためにはかる対象は実際の土地から地図になり，地元の知識は不要となったのである．第四の点は，技術革新がもたらした先例のない「正確さ」である．しかしミッチェルは「正確さ」とはその人の立脚点によって異なり，「1907年地籍図」は肝心な点でかつての地図より不正確で扱いにくいと指摘している．「正確さ」は，地図と「現実世界」が一致しているかどうかで判断すべきだと論じている．

　20世紀におけるはかることの特徴をミッチェルは次のようにまとめている．

> 計算することが持つ20世紀的な支配の体制（レジーム）は，よくいわれるように，必ずしも世界に関するより正確な知識を作り出すことでもなければ，知識の量を全般的に増やすことでもない．それが達成したのは，知識の様々な形式を再分配したこと，すなわち，ある場所では知識が増え，ある場所では減ったことである．(Mitchell 2002：92，筆者訳)

　しかし，こうした支配体制は，例えばエジプトの地籍図の例を見ても，最初から意図されていたわけではない．進んだ技術を使って，正確にはかることがもたらした意図せざる結果といえる．かつては，納税，労役，兵役など，はかる目的と統治が密接に結びついていたのと比べると，今日においては技術革新など他の要因の影響もあって，はかることはその本来の目的と直接つながらない形で統治に影響を及ぼしていると考えることができる．ミッチェルが挙げた地図の例でいえば，近年驚異的な技術革新が進んでいる地理情報システム（GIS）は，もともとの技術的な目的とは関係なく，容疑者の割り出しや犯罪の未然防止など統治の技術として大きな役割を果たし始めていると指摘されている（重田2003）．

　開発途上国の開発との関係ではあまり取り上げられることはないが，「はかり」の近代的な意義づけを統治という視点から歴史的に分析したのはM.フーコーである．彼は1978年2月1日のコレージュ・ド・フランスでの講義[15]において，ギョーム・ド・ラ・ペリエールの『政治の鑑』をひきながら，16世

紀以降，統治者の本質は，殺す権利や力にものを言わせるやり方から智慧と勤勉さに代わっていったと説いている．そして統治に必要な知識として，17世紀から発展した統計学（英語で statistics，すなわち state＝国家の学）を挙げている．同年3月15日の講義でフーコーは，統計学についてそれぞれの時期における「国家を特徴づける力や資源に関する認識」だと説明し，次のような具体例を挙げている——人口に関する認識，人口数の計量，死亡率や出生率の計算，国内の様々な範疇の諸個人の算定，彼らの富の算定，国家が使える潜在的な富（鉱山や森林など）の算定，生産されている富の算定，流通している富の算定，通商のバランスの算定，税の効果の計算．

国力の数値化といえば，17世紀後半に W. ペティが著した『政治算術』（ペティ 1955）が有名である．フランスやオランダの国力に脅威を感じていたイングランドにおいて，ペティは「イングランドの利害と諸問題とは断じて悲しむべき状態にあるのではない」（ibid.: 24）と主張し，その根拠を「数（number）・重量（weight）・尺度（measure）を用いて表現」した．GNP や 1 人当たり国民所得など今では当たり前となっている国の経済力をはかることの原点がここにある．

ではなぜ当時のヨーロッパにおいて国力をはかる必要性が生まれたのか．コレージュ・ド・フランスでの3月22日の講義で，フーコーは16世紀から17世紀にかけて，ヨーロッパでは君主の所有物や婚姻関係に代わって，国力の構成によって同盟関係が定められるようになったと述べている．すなわち，強国間においては国力の平等を維持する一方，弱小国は連合して上位の強国と釣り合うようにする必要があった．その道具として発展したのが統計学である．各国が自らの国力を認識し，他国の国力を見積もることによって，ヨーロッパの均衡を維持しようとしたのである．つまりはかることは外交の道具として用いられるようになった．まさに今日，貧困を表す様々な数値が先進国の開発援助を引き出す道具に使われていることに通じるものがある．

開発途上国の開発問題と「はかり」のつながりについて，フーコーを通して喚起される視点がもう1つある．それは，彼が「生‐権力」（bio-pouvoir, bio-

---

15）　コレージュ・ド・フランスでの講義についてはフーコー（2007）を参照．

politics）と名づけた考え方である．フーコーは，「剣」や「死」に象徴されるような搾取や暴力による古き統治に代わる存在として「生‐権力」を捉えている．

> 死に対する途方もない権力は，今や生命に対して積極的に働きかける権力，生命を経営・管理し，増大させ，増殖させ，生命に対して厳密な管理統制と全体的な調整とを及ぼそうと企てる権力の補完物となる．〈中略〉．……死刑の適用をますます困難にしているものは，人道主義的感情などではなく，権力の存在理由と権力の存在の論理とである．権力の主要な役割が，生命を保証し，支え，補強し，増殖させ，またそれを秩序立てることになるとしたなら，どうして己が至上の大権を死の執行において行使することができようか．（フーコー 1986：174-175）

フーコーはかつて君主が行使していた死に基づく権力に対して，17～18世紀以降明確に現れた権力を，生に中心をおいた権力＝「生‐権力」と名づけた．そしてはかることはその1つの形態であると述べている（ibid.：176）．なぜなら「生‐権力」にとっては，出生率，死亡率，健康の水準，収入や富と生の関係といった知識は欠かせないからである．西洋近代に登場したこの権力形態は，人々を生かしながら集団としてはかる対象にし，ある基準に従ってその良し悪しを問題にする．このため，基準となる常態（ノルム）が重要となり，権力はそれに必要な要件を定め，測定し，評価しなければならなくなった（ibid.：182）．フーコーによれば，こうした権力の形態にとって問題となるのは「生きている者を価値と有用性の領域に配分すること」であり，人々は社会にとって役に立つ存在として生きるように仕向けられるのである．

5　「仮説」再訪

　以上のような，「開発」と「調査」にまたがる多様な文献の研究結果として，本節の1項で挙げたような仮説を導出するに至った．すなわち，度重なる手法の改善にもかかわらず，調査が目的を達成できないのは，調査が把握すべき実態に含まれる状況依存的で実践的な知が，科学的な志向性の強い「はかり」で切り取られることで捨象されるからではないか，という仮説である．その原因として既述の文献から導き出されるのは，実践的な知の重要性が知られていないからでも，また調査の上位目的である社会改良の対象となっている人たちへ

の無関心からでもない．むしろ，数値偏向への批判や経験知をより重視しようという論調は過去1世紀にわたって確実に発展している．困窮する人たちに対するシンパシーも歴史的に比較すれば今ほど高い時期はないともいえる．にもかかわらず，調査が実践的な知を捨象するのは，調査に使われる「はかり」が実態を把握するだけでなく，統治の手段としての機能を備えているからであり，調査の担い手すら本人の意図とは関係なくその中に組み込まれているからではないかと考えたのである．

第4節　本書の構成

　本書の構成は以下に示す通りである．
　第1章では，「調査」と並ぶ本書のテーマである「権力」について先行研究をレビューする．調査をその機能に着目して分析する際に，政策研究の既往研究が示唆しているのは権力との関連性である．調査がどのような概念で説明される権力と親和性があるかを終章で分析するため，様々な概念を整理しておく．第1章のもう1つの柱は，本書の学術的な位置づけである．調査学のような独立した研究分野がないため，隣接するいくつかの研究領域の既存研究をサーベイし，それぞれの批判的な分析から本書の学問的な位置づけを明確にする．
　第2章からは，世界最大の国際開発金融機関である世界銀行を取り上げる．世界銀行を事例研究の対象とする理由はいくつかあるが，ここでは2つ挙げておく．1つは度重なる政策改定によって調査の目的，すなわちどのような実態を把握しなければならないかが洗練され明確にされていることである．もう1つは，プロジェクト地の住民からの異議申立に基づいてその目的が達成されたかどうかを外部の専門家が審査する独立審査委員会の存在である．目的を達成していない調査を研究対象とするにあたり，調査の目的を定めた政策と，その達成をチェックする独立審査委員会という2つの制度の存在は事例としてふさわしいといえる．第2章では，調査の目的を定めた政策と，目的の達成（＝政策の遵守）を審査する独立審査委員会の仕組みについて詳述する．
　皮肉なことに，独立審査委員会によって政策不遵守の指摘を最も多く受けてきたのが，広範な利害関係者の参加と長い時間をかけて改定してきた3つの政

策——環境アセスメント，非自発的住民移転，先住民族——である．第3章と第4章では，社会改良に直結するこの3つの政策の不遵守が指摘された17のプロジェクトを，調査に焦点を当てて分析する．分析の材料は，独立審査委員会が政策不遵守の根拠を記している最終審査報告書と，それに対する世界銀行側の反論や理由を述べている見解書の2つの文書で，のべ4000ページ余りである．

　専門家の調査への疑問からスタートした本書において，方法上のジレンマは，何をもって目的を達成していない調査，実態を把握していない調査と考えるかである．独立審査委員会の専門家が調査の結果として政策不遵守を指摘しても，それが誤りでないと誰がいえるだろうか．本書では，独立審査委員会の政策不遵守の指摘を，申し立てられた側である世界銀行が合意した場合に，その調査は「目的を達成していない」，「実態を把握していない」と考えることにする．「合意された事実」の採用で，ジレンマを乗り越える．

　17プロジェクトの事例研究を受けて，第5章では目的の不達成が合意されたケースと合意されていないケースに分けて，本書の問いである「社会改良を目的とする実践的な調査において，なぜ困難を抱える人たちの実態の把握という調査自体の目的を達成できないのか」への答えを探る．序章で立てた仮説は，実態を把握する「はかり」の違いに起因するというものだった．その一方で，異なる「はかり」の存在は広く認識されていることを考えれば，「はかり」の違いが実態の把握の失敗につながる原因は，異なる「はかり」を持つ専門家の組織における力関係にあるとの仮説を立てた．第6章では，世界銀行の専門家に焦点を当て，異なる「はかり」を持つ専門家——具体的には経済学者と人類学・社会学者——が組織の中でいかなる役割を果たし，どのような力関係にあるかを分析する．

　事例研究から導かれた問いへの答えと組織における専門家の立場の考察から，第7章では，調査がいかなる機能を果たしているか，そしてそれは権力とどのような関係にあるかを仮説的に提示する．最後に，繰り返される調査の改善という罠に陥らずに調査を改善するための実践的な含意を示す．

第1章　調査の研究
——内容・方法・文脈・担い手のリンク——

第1節　権力の多様な概念

　序章で述べたように，政策科学の先行研究が示唆していたのは，媒介効果を通じた調査と権力の関係が社会における調査の機能をあぶり出す糸口になるのではないかという視点である．本書の研究対象である「調査」の範囲や，「機能」ということばが指し示す意味内容についてはすでに説明したが，「権力」に関しては，とりあえずの定義に留めておいた．そこで本節では，「権力」という概念について既存の研究を整理し，この論文での意味づけをする．ただし，本書は「権力論」を展開するものではない．あくまで権力というフィルターを通して調査の機能を明らかにすることを目的としている．

　権力については政治学や社会学において数多くの研究がなされ，様々な概念化が試みられてきた．概念化をめぐる論争の中心をなし，本書で重要な意味を持つのが「主体」の議論である．S.ルークスの有名な3つの次元の権力観はそれを端的に表している（ルークス1995）．彼はR.ダールに代表される多元主義的な権力観を一次元的，P.バクラックとM.バラッツが提唱した「非決定」を含む権力観を二次元的と名づけ，自らの権力観を三次元的と称して差異化した．ルークスはそれぞれの「次元」を以下のように説明している．

　一次元的と称されたダールは，初期の論文で「Aの働きかけがなければBは行なわないであろうことを，AがBに行なわせうるかぎりにおいて，AはBに対して権力を持つ」と定義している（ibid.：14）．具体的には，例えばある決定に対して，それを誰が発議したのか，対案を出したのが誰か，対案を拒否したのは誰かなどを確定し，その分析を複数の決定について行なった結果，「成功率」の高い人が最も影響力が強いと見なされた．ルークスが一次元的と名づけた権力観は，明示的な争点をめぐって決定が行なわれる場合の，発議や

投票などの一連の行動に着目するものである．

　ルークスは，二次元的な権力観としてバクラックとバラッツの著作を挙げ，一次元的権力観が行動に重きを置きすぎている点を批判していると捉えた．バクラックとバラッツは，ダールが定義した権力では，行動の選択肢である「決定」の範囲をあらかじめ狭めるような権力のありさまを説明することができないとした．つまり，AがBに働きかける前に，Aにとって不利益になる争点が表沙汰にならないようにすることを権力として考えることができないという指摘である．バクラックとバラッツがいう「非決定」とは，自らの不利益となるような要求を決定過程に近づく前に抹殺することであり，それができなかった場合も決定過程で骨抜きにする手段を指している．

　ルークスはこの主張を，不徹底な行動主義批判だと指摘した．一次元的権力観も二次元的権力観も，顕在的であれ潜在的であれ観察可能な争点を前提にしている．その意味では，「非決定」も，争点を顕在化させないために決定を回避しているにすぎず，「決定」の一形態と考えられるとルークスは論じている．また，これらの権力観はともに方法論的個人主義に依拠しており，社会的に構造化された集団の行動や制度的な慣行によって維持されるシステムの偏向を捉えきれないと批判している．その上で，ルークスは，争点そのものを相手に持たせないようにすることが三次元的権力観であるとし，それを次のように表現している．

> AはBの欲求そのものに影響を与えることをとおして，つまりBの欲求を形成し決定することをとおして，Bに対して権力を行使するはずである．実際，だれかにもたせたいと思う欲望をもたせること，つまりその思考や欲望の制御をとおして服従せしめること，それこそが至高の権力行使というものであろう．(ibid.：37)

　ルークスの分類による3つの権力観は，その後の権力論の土台となっている．3つに共通していえるのは，権力を行使する主体の存在を前提にしているという点である（星野2000）．確かにルークス自身は，他の2つの権力観を方法論的個人主義だと批判し，構造的な関係に着目してはいる．三次元的権力観ではBに相当する側がはっきりとした意図を持った主体として描かれておらず，AとBの主体間の権力関係とはいえない．しかしその半面，Aに関してはより強い意図を持って働きかける主体として位置づけられており，その点で三次元

的権力観も明確な意図を持った主体の存在を前提にしているといえる（杉田2000）.

ところでダールの権力観が「多元主義的」と称されるのは，W. ミルズなどに代表されるいわゆる「エリート支配論」に対してである．ミルズが，国家，企業組織，軍部において重大な決定を下すことのできる地位にいる少数の人たちを「パワーエリート」とよび，権力の中核集団に位置づけているのに対して（Mills 1956），ダールらの多元主義ではイシューごとに権力関係は変化すると捉えている．あるイシューにおいては権力を行使するAの立場だった人が，別のイシューでは服従者であるBになりうるからである．

つまり，ルークスが整理した3つの権力観だけでなく，ミルズらのエリート支配論も権力の主体の存在を前提にした議論である．さらに付け加えれば，有名なM. ウェーバー（1972：86）による，「『権力』とは，或る社会的関係の内部で抵抗を排してまで自己の意志を貫徹するすべての可能性」であるという定義も，意図を持った主体の存在を前提にしている．

これに対して，主体の存在を前提にせず，権力をシステムの特性と捉えたのがT. パーソンズやN. ルーマンである．パーソンズは権力をシステムの集合的な目標を達成するための能力と捉え，特定の状況や関係を超えて作用するものと定義した．システム論を継承したルーマンは，分化し複雑になった諸システムを結合するコミュニケーション媒体として権力を定義づけた．分化したシステム同士のコミュニケーションを操るのが「コード」であり，ルーマンはそれが「法」であるとしている．法が操縦する権力は，エリート支配論などでは服従者とされるような人たちにも一定の社会的な権力を保障し，単純な二分論から脱却していると考えることができる（ルーマン1986）．

権力と主体の関係を探究し，権力を主体やシステムに帰属させるのではなく，主体そのものが形成されるところにその作用を捉えたのがM. フーコーである．彼は権力を次のように表現している．

> 権力という語によって私が表そうとするのは，特定の国家内部において市民の帰属・服従を保証する制度と機関の総体としての「権力」のことではない．私の言う権力とは，また，暴力に対立して規則の形をとる隷属の仕方でもない．さらにそれは，一つの構成分子あるいは集団によって他に及ぼされ，その作用が次々と分岐して社会体

（引用者注：社会集団）全体を貫くものとなるような，そういう全般的な支配の体制でもない．〈中略〉権力という語によってまず理解すべきだと思われるのは，無数の力関係であり，それらが行使される領域に内在的で，かつそれらの組織の構成要素であるようなものだ．（フーコー 1986：119）

　無数の力関係であり，至る所から内在的に生じる権力を，より経験的にはっきりと示すため，彼は「闘争」に目を向けた．なぜなら，正気の意味を知るためには狂気を研究することが有用なように，「闘争」の研究が抗おうとする相手である権力関係をあぶり出すと考えたからである．その結果，闘争の主たる攻撃目標は，権力制度，集団，エリート，階級というよりも，権力の技法や権力の形式だと論じている．具体的には，「われわれ一人ひとりが何者であるかを無視するような経済的，イデオロギー的な国家の暴力」であり「人が何者であるかを決定する科学的，あるいは行政上の審問」のことである（ibid.：291）．

　こうした権力形式は日常生活に直接関与して，個人を分類してその自己同一性に縛りつける．フーコーは，これを個別的な主体を作り出す権力形式とよんだ．主体（subject）には「誰かに従属する」という意味もある．言い換えれば，主体化とは隷属化でもあるとフーコーはいう（ibid.：292）．同じように「行為」と「導くこと」という両義性を持つ conduire という語を用いて，フーコーは権力の行使を conduire des conduites＝他者の「行為」を「導くこと」だと説明している．個人を主体化し自らある行為をするように導くこと，そこに権力が作用していると考えたわけである（ibid.：301）．これらをふまえれば，序章で取り上げたフーコーの「生－権力」という概念が，より明らかになるに違いない．

　本節では，「主体」を切り口に権力の概念を既存文献から整理した．しかし，このうちのいずれかの権力概念を本書で採用することを企図しているわけではない．盛山（2000）がいうように，ここに挙げた概念は全てある社会的な現実に対応しており，どの概念だけが正しいと判断できるような基準を持ち合わせてはいない．本書では，それぞれの概念で捉えられる権力が，調査という営為の中でいかに立ち現れ，いかなる手段を用いて行使されているかを探究する．それによって，調査が果たしている機能が権力のどのような特性と親和性を持っているのかを考察する．

第2節　調査に関する研究の整理

1　射程とする3つの研究領域

　開発途上国への開発協力を通じて調査の機能を明らかにする本書の学術的な意義を示すには，本書の議論と関係する研究分野をどこに定めるかを明示する必要がある．調査それ自体を研究領域とする「調査学」や「調査論」のような分野が確立していない中で，本書のいわば帰属先を明らかにすることは，どのような射程を前提にした研究であるかを示すこととにもつながる．

　第一の分野は事例研究の対象としている開発途上国の開発援助研究である．開発とは，個人や社会がある状態から別の状態に変化することを外から働きかけること（佐藤2005），しかも意図としては良い方向に変化させることを意味している．そのためには，調査を通じて開発途上国の社会や人々の現状を把握する必要がある．この「現状の切り取り」作業を，開発援助研究がどのように扱ってきたかが1つ目の射程である[1]．

　第二の分野は，影響評価（impact assessment）研究である．開発援助研究が社会を良い方向に変化させるために進められてきたのに対して，影響評価研究は社会が悪い方向に変化しないための学問分野と考えられる．影響評価研究は後述するように1969年にアメリカで国家環境政策法（NEPA）が制定されて以降活発に行なわれるようになった．それまでの評価研究がevaluation research，すなわち「事後評価」を対象にした研究であったのに対して，影響評価研究は「将来予測」に焦点を当てている（Wolf 1980）．開発援助研究におけ

---

[1]　本書の射程を「開発」研究とはせず，あえて「開発援助」研究としている．佐藤（1998）は，開発研究の政治的動機には地域研究と同様に国家政策の要請があり，2つの研究は「知的植民地主義」の論理を内包した共犯関係にあると指摘している．その意味では，地域研究の源流である植民地研究は，開発研究の出自の1つと捉えることも可能である．近年地域研究者によって戦前のアジアなど旧植民地における調査を分析対象とした研究が行なわれているが（例えば，末廣編2006；中生1999），そうした研究は出自をふまえれば広義の開発研究の一環と見なすこともできる．一方で，本書では，先進国からの開発協力の拡大とともに活発になった1960年代以降の開発研究に焦点を絞っており，それを明確にするため「開発援助」研究と表記した．

る調査が「現状の切り取り」とすれば，影響評価研究は「将来の切り取り」といえよう．

　第三の分野は，「調査の働きに関する諸研究」というより大きな枠組みでの研究である．具体的には，社会調査論，知識と政治，政策科学といった学問領域を内包する．開発援助研究や影響評価研究で扱われてきた調査による社会の「切り取り方」ではなく，「切り取る作業」（＝調査）自体が社会や組織に及ぼす影響に関する文献レビューが3つ目の射程である．

　上記のような視座から，これら3つの研究分野の先行研究を整理した上で，本書の学術的な位置づけを行なっていく[2]．

2　開発援助研究における「働きかけ」としての調査

　既存文献のサーベイからは，開発途上国の開発援助研究において，調査は大きく3つの観点から，しかもそれらが関係し合って分析の対象となってきたと考えられる．第一が調査の担い手，第二が調査の副次的な影響，第三が調査の活用である．

　第一の調査の担い手という点で開発援助研究に大きな影響を与えたのが，R. チェンバースの『Rural Development: Putting the Last First』（Chambers 1983）である（佐藤編 2003）．チェンバースは，開発途上国の農村において外部の専門家主導で行なわれる大規模なアンケート調査や統計分析は，時間がかかり非効率でしばしば重大な誤りを生じる可能性を指摘した．もっとも，調査が正しかったかどうかを後から検証する機会は決して多くない．チェンバース自身もその点を認識し，後日クロスチェックがなされ大きな誤りが見つかった5つの農村開発の事例を他の文献から引用している．本書の研究対象である調査と結果の食い違いという視点からこの5つの事例を分析すると，2つの問題点を導くことができる．1つは，聞き取り調査の対象である村人は聞き手によって異なる答えをする可能性があること，もう1つは，アンケート調査では村人

---

[2]　本章は「調査」に関する先行研究をレビューするものであるが，「調査」と「研究」を混同しないため社会調査に関する文献研究をもとに序章で整理した区別を改めて示しておく．本書では，社会改良を上位の目的とする実践的な調査を「調査」，一般的な法則を見つけることを目的とする学術研究的な調査を「研究」とよぶ．

が自分の利益のために（例えば税金を逃れるために）故意に誤った回答をする（例えば耕地面積を過小報告する）可能性があること，である（Chambers 1983：55-57）．しかし，開発援助研究においては，こうした「誤り」の実態解明よりは，調査の担い手問題に関心が傾注していった．

専門家に代表される外部者主導で行なわれる調査に関しては，チェンバース以外にも多くの研究者が批判してきた．例えばD. ロンディネリ（Rondinelli 1983：6）は，計画の政治性に関するG. バンヴェニスト（Benveniste 1972）の研究を引用しながら，開発途上国の計画官や外国人専門家は量的調査や分析技法の導入によって権威に包まれ，それが社会的な権力につながっていると指摘し，フレキシビリティを許容した開発計画の重要性を説いている．開発途上国において，こうした統計的に信頼できる基礎データに基づいた開発計画が重要視される傾向は，援助国・機関から要求される基本計画調査（マスタープラン調査）や事業実施可能性調査（フィージビリティ調査）によって強められてきたとの指摘もなされている（Burkey 1993）．

専門家による調査の非効率や誤りに加えてチェンバースが指摘したのは，それとはコインの表裏の関係にある「農村の人々自身が持つ知識」の有効性である．この点は，専門知に対する批判的な見方以上に，開発援助研究者や実務者の間にさらなる研究と活発な議論を呼び起こした．チェンバースは，農村の貧困問題を解決するためには，専門家と農民の両者の知識や技術をうまく融合させることが重要であり，とりわけ専門家たちが「乗っている台から降りて地べたに座り，耳を傾け，学ぶ」（Chambers 1983：101, 筆者訳）ことが最初のステップだと論じている．

具体的には1980年代初めに開発の現場で広がり始めた迅速農村調査（Rapid Rural Appraisal：RRA）の優位性を唱えた．その根拠として彼が挙げたのは，調査にかかる時間と予算の節約，農村の貧しい人々から学ぶ機会の増加，それに，数量化を最小限にすることでこれまで目がいかなかった農村社会のお互いの関係性や何かが行なわれる際のプロセスへより関心が向くことなどである．しかし，RRAは開発において重視されつつあった住民参加という視点からは外部者による情報の搾取だとの批判を受けるようになった．開発計画における調査のあり方に関しては，80年代を通して様々な研究や実践が積み重ねられ，

表 1.1　RRA と PRA の違い

比較のポイント	RRA	PRA
それ以前に軽視されていたリソース	現地住民の知識	現地住民の能力
革新性	手法	振る舞い
支配的な型	搾取的―誘導的	協働促進―参加型
理想的な目的	外部者による学び	現地住民のエンパワー

出所：Chambers（1994a：958）から筆者作成

調査の中に参加を組み入れる参加型農村調査（Participatory Rural Appraisal：PRA）へと発展していった[3]（Chambers 1994a）．PRA という厳密な方法があるわけではないが，チェンバース（ibid.：953）は PRA について「計画や行動のために，農村の人々が自分たちの生活や状況に関する知識を共有したり，向上させたり，分析したりできるようにするアプローチや方法」（筆者訳）だと説明している．つまり，RRA と PRA の違いは，どちらの調査方法が「正しいのか」や「正確なのか」を問うているのではなく，むしろ，調査の方法の背景にある，調査の意味や目的の差異を表している点で興味深い（表1.1）．

1990年代以降，参加型開発が主流化するに伴って，計画段階での調査は PRA を銘打った方法が必須条件のようにされ，たとえ社会科学として確立した研究手法をとったとしても，そこに住民参加の要素が入らないと研究資金を獲得できないようなケースも生じるようになった（Richards 1995）．そのため参加型調査のハンドブックやマニュアルなどが数多く作成され，調査の方法が議論の的となった（Guijit and Cornwall 1995）．J. キャンベル（Campbell 2002）は PRA でお決まりとなっているグループインタビュー，地図などを使った可視化の手法，それに貧困ランキングなどスコアリングの手法は，住民が主体となった調査という視点からは問題だと指摘している．チェンバース自身も，PRA の実践者が感じる4つの「危険」として，すぐに実践できるかのように思われていること，短期間で調査を実施していること，標準化が進み形式的に

---

[3] PRA は RRA から直線的に発展したわけではない．P. フレイレの『被抑圧者の教育学』に影響を受けた住民のエンパワーメントを目的とした参加型研究，1970年代後半にタイのチェンマイ大学から広がったアグロ・エコシステム分析，農村の人々の知識の有効性を尊重する応用人類学のアプローチ，それに農業システムの複雑さを明らかにしてきたフィールド研究などの経験が，PRA と一般によばれる調査手法につながった（Chambers 1994a）．

なっていること，お決まりの仕事として定例化していることを挙げているが，半面でそうした批判も PRA の実施面での問題点であり，参加型の調査それ自体を拒否するものではないと結論づけている（Chambers 1994b）．

D. モス（Mosse 1995）は別の観点から PRA の問題を指摘している．PRA を使って優先的に解決すべき問題の特定や基礎的な社会経済データの収集と共有を行なったインド西部の農業プロジェクトを事例に，PRA が現地の社会関係をあぶり出すには不適当であると批判している．なぜなら，PRA は開発計画にとって重要な現地の地域社会における力関係の上に実施されるのであって，住民の参加や発言そのものがそうした社会関係を前提に成り立っているからである．すなわち，PRA がたとえ現地住民のエンパワーメントを理想に掲げていても，現実には PRA 自身が調査地の政治権力の中に位置づけられざるをえない矛盾を抱えており，それを乗り越えるには外部の専門家による分析的な調査が合わせて必要になるとモスは主張している．

いずれの批判的な見方も，外部の専門家が独占していた調査を，開発事業の影響を受ける現地の住民と共同で行なう必要性については異論を唱えてはいない．開発援助研究における調査の担い手の研究は，専門家中心から住民主体へ，そして両者の協同へという流れに沿うように進められてきたといえよう．

調査の担い手に関する研究から明らかなのは，開発においては調査の役割を単に「客観的なデータ」の収集に置いていないという点である．1990 年代以降，PRA だけでなく，「参加型学習と実践」（PLA）が開発実践者の間で注目を集め，調査を住民参加型開発の導入と位置づける考えが高まった（アーユース「NGO プロジェクト評価法研究会」編 1995）．

調査における住民参加の促進は必然的に外部者と住民との相互作用の機会を増大させる．そこで開発援助研究における本書の隣接分野として既存文献のサーベイを行なったのが，調査による副次的な影響に関する研究である．なお，上述した住民のエンパワーメントや住民主体の開発への将来的な発展は，そもそも PRA や PLA の本来の目的であるのに対して，ここでは調査の本来の目的とは直接関係しない事前に予測しなかった結果を副次的な影響と定義する（佐藤編 1994）．

開発途上国の開発事業による副次的な影響を扱った研究は少なくないが

(Hirschman 1967；Strachan 1978；Ferguson 1994；佐藤編 1994)，いずれも事業そのものによる影響や外部者の介入に伴う影響を扱っている．一方で，開発事業に欠かせない調査を対象とした副次的影響の研究はほとんどない．数少ない先行研究として，いずれも開発コンサルタントである西野（2004）と橋本（2008）の分析を取り上げる．

　西野は，前述したような調査の「参加型化」によって，開発事業の対象となる地域社会の住民は外部者の質問に返答するだけの「回答者」から調査の「参加者」に変化したため，それまでの調査とは異なる影響を受けるようになったと指摘している．開発コンサルタントとしての現場調査の経験に基づいて，参加型の調査が地域社会や住民に与える「プラス」と「マイナス」の影響を挙げている[4]．西野が特に強調しているのは「マイナス」に分類した影響で，例えば住民への影響という点では，質問を精査した調査票を使わないことによって，住民たちが旧来型の調査より多くの時間を割かれ，その結果日雇いの収入が減少したり外部者をもてなすためのコストがかかったりする．また，かなりこみ入った個人情報を他の村人の前で話すことになるため，参加した住民によっては精神的な負担を感じることもある．地域社会への影響としては，フィリピンのルソン島の山腹で住民と一緒に森林資源のマッピング調査をしていたところ占領時代の日本軍の財宝を探しているとの疑いをかけられた経験や，多種多様なグループの調査を実施したため，調査後，地域社会の中に存在していたグループ間の軋轢が表面化したこと，あるいは，調査の段階にもかかわらず，それが具体的な事業になることへの期待と警戒が住民や地元のリーダーの間で行動として表れたことなどを挙げている（表1.2）．

　西野が例示したもののうち，外部者への不信や誤解が生まれたことや，潜在的軋轢の表面化の一例として挙げている地域社会の権力関係を尊重しなかったことによる調査への妨害の発生などは，地域社会への影響というよりは，前述した参加型調査に内包された自己矛盾と考える方が適切である（Mosse 1995）．

---

[4] 西野自身は何をもってそれぞれの影響を「プラス」や「マイナス」に分類したかを明示してはいない．本文で論じたように，誰にとってどのような意味で「マイナス」なのかが明確ではない部分がある．しかしながら，既存研究のレビューという本節の主旨において，個々の影響が「プラス」か「マイナス」かの判定は大きな問題ではないので，西野の分類に従って紹介する．

表 1.2　住民参加型の調査が現地に与える影響

対　象	プラスの影響	マイナスの影響
個人（住民）	・エンパワーメント（長期） ・自信（一過性） ・迷信からの解放	・時間的費用 ・金銭的費用 ・精神的費用
地域社会	・行政や NGO との接点	・外部者への不信や誤解 ・地域の潜在的軋轢の表面化 ・損失を警戒した行動 ・便益への過度な期待

出所：西野（2004）をもとに筆者作成

しかし，参加型開発や住民主体の調査が理念的には称揚されている中で，それが現地の人々や社会に与えている副次的な影響に目を向けるべきだとの指摘は重要である．

比較的小規模な調査を念頭に，地域社会や住民への副次的な影響を捉えた西野に対して，橋本（2008）は日本の政府開発援助のうち「開発調査」[5]とよばれる大規模な事前調査[6]がもたらす能力向上という副次的な影響に光を当てている．開発調査の目的を日本政府は以下のように定めている．

> 開発途上国の経済社会インフラ，環境保全等の計画策定，制度・政策の整備に対し，日本が有するノウハウ・技術を活用して，基礎的な調査を行うことによりこれを支援し，あわせて調査の実施過程を通じ，調査方法に関する技術移転を図る．（外務省 2009：81，傍点は筆者による）

調査の一義的な目的は開発事業の計画や政策策定ではあるが，「調査方法に関する技術移転」も当初の目的として明示されている．しかし，橋本は自らの 30 年間の開発コンサルタント業務の経験から，開発調査の究極の目的は「調査方法に関する技術移転」という狭い効果に留まらず，「開発問題に対処する相手側の広い意味での能力向上」（橋本 2008：54）だと論じている．「能力向上」が具体的に何を指すのかについて，橋本はフィリピンでの一例を以下のように

---

[5]　2008 年 10 月に旧 JICA と旧 JBIC の円借款部門が統合して新 JICA が発足したことに伴い開発調査は整理され，日本の資金協力による事業につなげることを想定するものは「協力準備調査」，政策立案や上位計画策定支援に関わり，日本の資金協力を必ずしも想定しないものには「開発計画調査型技術協力」と名称変更された．

[6]　調査 1 件当たりの経費は，2001 年度から 07 年度の平均で 3 億 3700 万円を超えている（国際協力機構 2009）．

紹介している.

> 中部ルソンでは調査を通じて住民代表としてのNGOと政府機関との関係を強化し,開発に関わる最高意思決定機関である地域開発評議会のNGOメンバーを互選によって選ぶという成果を挙げた.つまり住民参加に関わる制度強化,地方分権推進にも貢献したということができる.(ibid.: 77)

ここでいう能力向上とは,単に個人の調査技術の向上に留まらず,組織や社会・制度のレベルでの変化を意味している.また,前述したPRAなどの参加型調査と比較すると,橋本が主張する調査の効果は,どちらかというと中央・地方政府や行政制度などいわば社会の上部構造への影響を強調しているといえる.

興味深いのは,橋本が調査の究極な目的として,本来は副次的な効果であるはずの能力向上を挙げている一方で,彼の批判の矛先は一般的に調査が目指していると認識されている「事業につなげる調査」だという点である.通常は事業につながらない調査を問題視する傾向にあり,事実,外務省国際協力局長の私的懇談会の報告書においても,「開発調査により策定された計画が必ずしも事業化に至らない場合や,途上国自身の計画や政策に十分に活用されない場合もあるとの批判が聞かれる」点を重視している(ODA評価有識者会議2007,まえがき).これに対して橋本は世界銀行やアジア開発銀行などの多国間金融機関を例に挙げ,援助国・機関が資金協力できる事業につなげることを第一に考えることによって,短期間の調査で簡便な計画を策定してしまうことを危惧している.橋本のこの論点は「調査の活用」に密接につながっている.そこで次にこの点について既存研究をレビューする.

開発における「調査の活用」の研究は,開発援助を実施する政府機関によって評価の一環として行なわれるものがほとんどである.序章で紹介したように,世界銀行,アジア開発銀行,それにJICAのいずれもが,技術協力として支援した調査のうち何件が実際の事業に活かされたかを量的にフォローアップしている.しかし,調査に基づいて出された提言が政策として採用されたかどうかや,具体的な事業に結びついた「事業化率」という数値だけからは活用の実態を読み取ることは難しい(橋本2008;ODA評価有識者会議2007).また,被援助国の実施機関へのアンケートをもとにしている場合は,援助国・機関への遠慮

が働く可能性もあり，データの信憑性に疑問がある．一方で事業化率のフォローアップとは別に，JICAは，自らが支援した小規模な社会調査が開発プロジェクトのデザインにどのように活かされた（あるいは，活かされなかった）のかを事例研究した（国際協力機構2005）．その結果として，調査が活用されるために最も重要なことは，適切な手法や実施者の経験に裏打ちされた調査の質ではなく，調査に関わる人々が事前の段階で明確な目的意識を持っていることだと結論づけている．目的が曖昧であったり，誰かから命じられて受動的に行なわれたりした調査は活用されずに終わってしまうと分析している（ibid.）．

以上の文献サーベイから，調査を対象にした既存の開発援助研究は，調査の担い手や調査に関係するアクター同士の影響の及ぼし合いを解き明かそうとしてきたと考えられる．調査をどこかに静的に存在する事実を収集する営みとしてではなく，それに関わる人たちの動的な働きかけとして捉えることは重要である．しかし，そうした相互作用が調査の内容とどのように結びついているかについてはほとんど研究されてこなかった．調査が開発協力の現場に及ぼしている機能を明らかにするには，調査に関係する人々同士の関係を分析するだけでなく，調査が結果として人々の利害や価値観をどのように配置しているかに目を向ける必要がある．

3 影響評価研究が捉える将来予測の作用

開発政策や事業によって将来起きるであろう結果を特定する作業（Becker 2001）として影響評価が最初に行なわれたのは1920年代から30年代にかけてのアメリカである．当時は，高速道路などの自動車専用道路による沿線コミュニティへの影響や，世界大恐慌後のニューディール政策のもと各地で進められたスラム街の再開発事業が社会に及ぼす影響などが調査された（Listokin et al. 1994）．

1920年代から30年代のアメリカで見られたアドホックな開発影響調査はその後も実施されているが，影響評価が国際的に広く研究対象となったのは，69年にアメリカで制定された国家環境政策法（NEPA）がきっかけである．NEPAによって，開発に伴う影響を事前に調査して評価する環境影響評価（環境アセスメント）が世界で初めて法制化された．意外に知られていないの

は，NEPA で規定した影響評価の対象は自然環境の改変に留まらず社会的・経済的な影響も含んでいた点である (Vanclay 2006)．影響評価は，大気や水質といった自然環境への影響だけでなく，人口の変動，労働者の流入・出，住民移転，年齢・ジェンダー・民族による影響の相違などの社会・経済面の様々な要素についても行なわれるようになった (Burdge 2003)．

確かに，国際的には，環境影響評価に社会・経済面への影響を含むことが一般的であり，例えば，環境影響評価研究の主要な学会誌である『Environmental Impact Assessment Review』誌は 1980 年の創刊号以来，社会影響評価を研究対象として含んでいる．同年に設立された国際影響評価学会 (IAIA) もその名称が示す通り環境影響だけでなく，健康への影響を含む開発の社会影響についても研究対象としてきた．国際的な学会のスタンスとしては自然環境と社会・経済的側面を同じ影響評価という括りで研究する傾向にある．しかし，実際には社会影響評価は環境影響評価の「哀れな従兄弟」(Momtaz 2003：125) とよばれ，付随的な存在に捉えられてきた (Lockie 2001)．また，環境影響評価研究が自然科学や社会工学の専門家によって進められたのに対して，社会影響評価研究は社会学者や人類学者が中心を担うなど，両者は別々に議論されることが多い．したがって，既存文献のサーベイを目的とした本節では，「環境」と「社会」への影響評価研究を別々にレビューしていくこととする．

a　環境影響評価の効果

開発に伴う環境影響への取り組みは，NEPA 制定当時は発生した問題への対応を一義的としていたが，今日では，事前予測や未然防止への関心が極めて大きくなり，地理的・時間的には局地から地球規模へ，短期から次世代までへと広がっている (Petts 1999)．環境影響評価を法制化した国は，開発途上国を含めて 100 カ国を超えている (Wood 2003)．その背景として，世界銀行をはじめとする国際的な開発援助機関が，借入国政府・機関に環境影響評価の実施を融資の条件にしたことが挙げられる (Sadler 1996)．近年では，先進国の民間企業が海外で行なう開発事業に供与する公的な投融資に対しても，OECD (経済協力開発機構) の輸出信用・信用保証部会 (ECG) で合意した環境社会配慮に関する「共通アプローチ」が適用されている．さらに，民間の金融機関です

ら，世界銀行グループの1つである国際金融公社（IFC）が定めた基準を準用した「赤道原則」を策定し，事業収益で融資資金を返済するプロジェクトファイナンス事業に環境影響評価を求めるようになった．こうした世界的な環境影響評価制度の広がりに呼応して，環境影響評価研究は実務的な手続き（Cashmore 2004 ; Jay et al. 2007）やアセスメントの法的側面（Bartlett and Kurian 1999）の分析に力を注いできた．

しかし，環境影響評価の制度構築がこれほど進み，評価方法や手続きが確立してきたにもかかわらず，その目的である開発事業に伴う環境への悪影響の未然防止が達成されていないとの指摘も少なくない（Clark et al. 2003）．こうした疑問に対して，既存の法制度や手続きの欠陥を指摘しさらなる改善を求めることは可能である．しかし，アメリカでの法制化から40年を経た今日においてもなお問題の未然防止につながらないとするならば，法制度や手続きといった技術的な改善のみを議論するのでは十分とはいえない．

M. キャッシュモアらは，環境影響評価の効果に着目した研究の重要性を指摘している（Cashmore et al. 2004）．効果とは，具体的には環境影響評価の目的を達成したかどうかに目を向けることである．しかし，効果をはかるために，環境影響評価が実施された場合とされない場合を比較することは仮定の範囲を出ることができず，また環境影響評価の究極の目的とされる持続可能な開発への寄与については概念の曖昧さからその効果をはかることは難しい（Jay et al. 2007）．そこで，環境影響評価の効果研究では，影響評価の結果が意思決定にどのように反映されたかに着目してきた．例えば，イギリスで実施された40件の環境影響評価を事例研究したC. ウッドとC. ジョーンズ（Wood and Jones 1997）は，3分の2の事例で環境影響評価が軽微な事業変更につながっているものの，事業を実施すべきかどうかの意思決定に影響を与えたのは1件だけだったと分析している．また，ウッド（Wood 2003）は7カ国の環境影響評価制度を比較研究し[7]，環境影響評価が開発事業の設計に変更を及ぼすことができるものの，それは最悪の結果を緩和する程度でしかないと指摘している．

環境影響評価の「結果」に着目した効果研究は，意思決定への活用状況に目

---

[7] ウッドが研究対象とした7カ国は，イギリス，アメリカ，オランダ，カナダ，オーストラリア，ニュージーランド，それに南アフリカ共和国である．

表 1.3 環境影響評価の「暗黙の」モデル

モデル	環境影響評価の位置づけ
情報処理モデル	情報を創出し，組織し，やり取りする技術
象徴的政治モデル	意味を形成し，権力者が二枚舌的な正当化を行なう
政治経済モデル	資金的機会やリスクを変更することで政策的影響を及ぼす
組織的政治モデル	環境影響評価に関与する組織内部の政治を変える
多元的政治モデル	様々な利害関係者が関与し政治的影響を及ぼす
制度主義者モデル	政治が行なわれる枠組みを決めるルールの1つ

出所：Bartlett and Kurian（1999）をもとに筆者作成

を向けることによって，手続き論やより精緻な調査手法に偏りがちな環境影響評価研究の対象を政策決定という政治的な領域に広げた．R. バートレットとP. クリアン（Bartlett and Kurian 1999）は，環境影響評価に関する様々な文献をレビューし，そこに表れている環境影響評価の「暗黙の」モデルを6つに分類している（表1.3）．

　バートレットとクリアンの分析によれば，環境影響評価研究の多くは，予測の正確さや当初の期待との不一致に焦点を当てた「情報処理モデル」だが，「効果」への着目によって研究の視程はより奥行きのあるものになっている．具体的には，環境影響評価を開発推進のための形式的なプロセスだと捉える研究（象徴的政治モデル），市場のメカニズムの中でより有利な資金源へのアクセスや政治・経済的なリスクを回避するために環境影響評価が半ば自発的に行なわれている側面に注目した研究（政治経済モデル），環境影響評価の実施や報告書の提出を求められることで組織内部の意思決定に変化が起きていると捉えた研究（組織的政治モデル），行政・経済団体・NGOなど様々なアクターが自らの利害を押し出す「梃子」として環境影響評価が利用されている点に着目した研究（多元的政治モデル），環境影響評価を政治的な活動が作られる1つのルールと捉え，それを支える信念や価値観に目を向けるべきだとする研究（制度主義者モデル）などに発展してきた．

　環境影響評価研究が，調査の精緻化だけでなく政策・組織とのリンクや関与するアクターの相互作用に目を向けている点は先にレビューした開発援助研究とも共通している．また，環境影響評価それ自体が生み出す具体的な知を単なる情報の創出として扱い，その内容を環境影響評価の効果や作用と切り離して

表1.4 社会影響評価の技術モデルと政治モデル

分析軸	技術モデル	政治モデル
力点	成果物	地域の発展や意思決定過程
意思決定過程	客観的	価値観を内包，政治的
科学的証拠	客観的，決定的	重要だが最終決定因子ではない
技術	問題解決手段	社会的に有用，社会に方向づけられる
意思決定上の問題	事業特有で影響緩和に関連	事業の必要性・代替案等の計画
第一の関心	影響評価の方法	影響評価の歴史的・文化的文脈

出所：Craig (1990) をもとに筆者作成

いる点も開発援助研究で指摘したことと近い．ここでも，調査に関わる組織とアクターの相互作用や，調査それ自体の作用が，調査の内容と十分関連づけられて分析されていないといえる．

b 社会影響評価の政治性と権力

社会影響評価研究では，1980年代から影響評価を「技術」と「政治」の2つのモデルから分析している（Howitt 1989 ; Craig 1990 ; Lockie et al. 1999）．2つのモデルの違いを表1.4に整理した．

過去の研究論文の数から見れば社会影響評価研究の中心は「技術モデル」に立脚した方法論の追究であり（Howitt 1989 ; Craig 1990），「提案された事業の影響を測定し，予測し，報告するための技術」（Lockie et al. 1999：535）という枠組みの中で調査を捉えることにある．その意味では調査を結果の創出から伝達までの直線的な作業と見なす環境影響評価研究の「情報処理モデル」と大きな違いはない．しかし，本書との関連から考えると，社会影響評価研究においては，一部の研究者が「政治モデル」と関連づけながら，調査を権力とつなげて論じている点に注目したい．

カナダのガスパイプライン事業による先住民族への社会影響の評価を研究したR.ファンク（Funk 1985）は，社会影響評価を分析する際に「結果として，誰の権力が強化され，誰の権力が制約されるのか」が重要であると論じた．それを受ける形で，R.ホウィット（Howitt 1989）はカナダのケースとオーストラリアのウラン開発をめぐるアボリジニへの社会影響評価を比較研究して以下のように述べている．

正式な社会影響評価が通常は事業の推進側に有利だということは，特定の事業で不利益を被る多くのグループの認識である．〈中略〉こうした認識によって行なわれる地域社会に根づいた調査は，資本家や国家の利益に対抗して，地域住民に権力を付与する手段として社会影響評価を活用するのである．(ibid.：154，筆者訳)

ホウィットは社会影響評価を単なる中立的で技術的なものではなく，開発事業を推進する国家や企業と，影響を受ける地域住民の双方が利用する「権力の源」(ibid.：160)だとしている．ホウィットの論文では必ずしも明示されていなかったが，S.ロッキーらはホウィットの論文を引用しながら社会影響評価に立ち現れる権力を技術的な部分と関連させて論じている．

……量的で測定可能な社会的指標に着目することで，技術中心主義的なアプローチは政府や開発業者に権力を与える．地域経済や雇用の伸びといった明らかにプラスの影響に注意を引き寄せるのである．一方で無視されるのは，はかることができないものや，被影響地域の内部で変化しやすい影響，そうした変化が地域社会で持っている意味（例えば社会的な変化の主観的・文化的次元）である．(Lockie et al. 1999：536，筆者訳)

ここで重要だと考えるのは，ホウィットが「技術」と「政治」の2分類では括れない枠組みとして「権力」を持ち出したのに対して，ロッキーらは2つのモデルのいわば接点として「権力」に着目している点である．それは，言い方を換えれば測定という「技術」が持つ「政治性」といえよう．開発に伴う影響には，技術中心主義的な合理性による測定可能な要素だけでなく，そうした測定可能な変化と密接に結びついた「意味」への影響もあると説き，具体的には次のような例を挙げている(ibid.：537，筆者訳)．

測定可能な影響——土地へのアクセス，経済的な機会の変化，公衆衛生への影響など

意味への影響——先祖伝来の土地に付随する文化，不確実さによる心配

ここで問題にされているのは，「技術」によって測定することができない文化や心理的な影響（Burdge and Vanclay 1995）を排除する「権力」である．同じ問題をJ.ブラウン（Brown 1984）やA.チェイス（Chase 1990）は専門領域の違いに着目して論じた．チェイスはオーストラリア北部のシリカ（二酸化ケイ素）鉱山開発による先住民族アボリジニ（ウタティ族）への社会影響評価を研

表1.5 エンジニアと人類学者の比較

領　域	エンジニア	人類学者
主に扱う対象	モノ	人々
議論の範疇	事実，専門意見	文化的意味，解釈
立場	専門家	解釈者
時間的焦点	将来志向	現在志向

出所：Brown（1984）をもとに筆者作成

究し，調査がアボリジニの存在自体を無視したと指摘する．

> ……影響評価は最初に関係する社会グループが誰か，そしてその根拠は何かを見つけなければならない．人類学者に言わせれば，こうした基礎的調査がエスノグラフィック研究なのである．（Chase 1990：18，筆者訳）

実は測定可能かどうかに権力の作用を読み取ろうとしたロッキーらも，それを克服する方法としてエスノグラフィックな調査を提言している（Lockie et al. 1999）．では，エスノグラフィーは影響評価調査における権力の作用をどのように解き明かすことが可能なのだろうか．エスノグラフィーを得意とする人類学者の対極にエンジニアを据えて分析したブラウン（Brown 1984）は，2つの専門領域の特質を比較し問題の所在と解決への洞察をそれぞれの専門性が持つ「文化」に帰して説明している（表1.5）．

こうして並べた2つの専門領域が内包する文化的な差異から見えてくるのは，エンジニアに比べて人類学者は一般に「測定」を調査の手段にしていないということである．技術モデルと政治モデル，「権力の源」論，学問領域の差異という3つの研究系譜を比較してみると，社会影響評価が持つ政治性あるいは権力的側面は，測定可能性や調査を担う専門領域と関係していることを示している．

しかし，チェイスのアボリジニに関する研究を例に取れば，シリカ鉱山開発に伴う影響を知るためには人類学者がアボリジニの存在を確認し，その人数を数える必要がある．測定可能性を閾に2つの文化を区別し，そこに権力の源を指摘することには疑問が生じる．影響評価と権力のつながりを測定可能かどうかで分析するのは不十分である．本書の序章で仮説として示したように，はかるか否かではなく，測定の対象と尺度を規定する「はかり」が専門領域によってどのように異なるかに目を向けることによって，新たな分析視角を提供する

ものと考えている．

4　調査の働きに関する諸研究

　既存研究サーベイの3つ目の領域は他の2つと比べると曖昧である．開発援助研究や影響評価研究のような特定の研究領域を示すことはできないものの，本書が目的としている「調査が社会においてどのように機能しているか」に着目した研究が散在していることは確かである．本項では，それらを社会や組織における「調査の働き」を結節点にして論じる．

　調査が現代社会において様々な働きをしていることは想像に難くないが，それはいつからであり，どのような契機からなのか．本書でたびたび引用しているM. フーコーは，その問いに対して「真理の歴史」ということばを用いながら1つの回答を示している（フーコー 2000）．彼によれば，ヨーロッパにおいて調査が真理を証明する方法として登場するのは古代ギリシャにさかのぼる．その1つの表れとして，ソフォクレスの悲劇『オイディプス王』の中で，何の権力もない1人の羊飼いの証言によって王が殺人者にされたことを引き合いに出している．しかし，その後「真理の歴史」から調査は姿を消す．代わって登場したのは，ゲルマン社会の戦いや取引だという．封建時代には，神明裁判などで知られる「試練」によって真理が決められた．神明裁判とは，例えば人の右手と左足を縛って水中に投げ込み，もし溺れれば水がその人を受け入れたということで裁判に勝つというものである．事実を調査するのではなく，私人間の戦いや「試練」によって真理が決められていた．

　その一方で，こうしたゲルマン古法の中に，現代の調査につながる糸口が潜んでいるのをフーコーは見出す．それが「現行犯モデル」である．戦いや取引によって真理を決めたゲルマン古法においても，現行犯で取り押さえた場合には，人々は政治権力者のもとに犯人を突き出すことができた．この「現行犯モデル」を一般化したものが中世に復活した調査だと彼は考えた．政治権力者は名士とよばれる人たちを集め真実を話すことを宣誓させた上で，自由に討議をさせて問題の解決策を問う．過去に起きたことを名士たちが再現することで「現行犯」を援用するわけである．すでに目の前には存在していない事件を再現するという意味での「調査」は中世ヨーロッパの教会でも行なわれ，フーコ

第2節　調査に関する研究の整理

ーは12世紀頃に成立するこうした行政管理のための手続きが司法だけでなく社会・経済のあらゆる領域に広がり，現代の調査につながったとの仮説を提示している．したがって，フーコーは，調査とは理性の結果として生まれたものではなく，政治的・権力的な所産だと結論づけるのである．

> 調査とは知 – 権力の一形態なのです．この形態を分析することで，われわれは認識の抗争と経済的政治的決定との関係をより厳密に分析することができるでしょう．
> （ibid.：93）

　序章で述べたように，本書で対象とする調査は，統計データの蓄積や一般化・概念化を目指すものではなく，社会の改良を目的とする実践的調査，すなわち政策や社会事業の実践的要求に資料を提供するための調査である．こうした社会調査が必要とされるようになった契機は，19世紀の産業化や都市化が引き起こした貧困や犯罪などの諸問題の発生である（田中2007）．系譜学的アプローチによってフーコーが解明してきた古代ギリシャ以来の調査の政治性や権力性は，200年程度の歴史しか持たない社会改良を目的とする実践的調査において，どのように今日的な意義につながっているといえるだろうか．

　それに答えるにはまず，社会調査の土台となっている「社会的なもの」とは何かを検討する必要がある．「社会的なもの」とは見方を変えると，「個人的なもの」ではないことといえる．例えば収入が少なくて生活に困窮している人がいたとする．これをあくまで個人的な問題と考え，個人の責任によって解決すべき問題として捉えることは可能である．しかし，貧困問題と銘打って「社会化」することによって，生活困窮者の存在は社会全体の問題となり，社会を構成する人々が皆で解決策を考え必要な費用を分担することになる．別の例でいえば，労働現場での事故は，個人の不注意や過失と考えられてきた．これを労働現場に内在する一定のリスクとして捉えるようになったから，そのリスクを「保険料」という形で雇用主や，そうした労働を必要としている社会全体が負担するようになったのである（ibid.）．すなわち，近代の自由主義思想や福祉国家の興隆が個人の問題を「社会的なもの」に変換し，それによって社会改良的な実践的調査が成立したと考えることができる．

　例えば今日の日本で非常に大きな問題となっている高齢者介護について考えてみる．高齢に伴う心身状態の変化を，「高齢化社会」全体の問題と捉え，一

定の年齢に達した全ての人たちが負担した介護保険料によって国が介護を支援する制度が現在の介護保険制度である．寺田（2007）は介護が必要な高齢者を行政側が認定する仕組みや，その「認定技術」が形成されたプロセスで行なわれた介護業務調査などを検証した．その結果，介護保険制度が「高齢者ひとりひとりの生に新たなルールを与え，集団として規則づけ調整しようとするシステム」(ibid.: 72) だと論じている．認定基準を握っている行政は，基準を厳格化すれば介護費を抑制できるため，高齢者個人の状況と関わりなく，認定者リストというカテゴリ化された人口単位を管理することが可能になった．同様の状況は，心身の障がいや健康あるいは生活保護などの分野でも生じている．

　こうした問題関心はフーコーが「調査」の次の時代の権力形態に位置づけた19世紀以降登場する「検査」に依拠している．調査のように出来事を再現するのではなく，個人を人生を通じて常に監視・検査してコントロールする技術を指している．しかもそれは個人を死に追いやるのではなく，序章でも述べたような生かすための権力（生‐権力）と結びついている．高齢者介護保険の例では，個人をコントロールしている「生‐権力」の実体は認定基準という「ルール」の方であり，認定に必要な調査はそのルールに則って実施されることになっている．

　古代ギリシャから見られる調査の政治性や権力性は，高齢者介護保険という極めて今日的な社会改良を目的とする実践的調査にも内包されている．社会問題の解決を志向する調査が，「社会」調査であるがゆえに，個人を社会的なものの中に吸収し，ルールという「生‐権力」によるコントロールに加担している．しかし実際には，開発援助研究や影響評価研究の文献レビューで明らかなように，調査は必ずしも決められたルールに則って行なわれているわけではない．「真理の歴史」に位置づけられた調査の権力性をふまえながらも，本書では，調査を司っているはずのルールと実際の調査の間のせめぎ合いに着目し，コントロールの実態を分析する．

　本節でサーベイするもう1つの既存研究は，行政組織における調査の働きである．これについては，既存研究の蓄積が比較的多い政策科学の分野を取り上げる．政策科学のいわばパイオニアの1人ともいえる著名な政治学者であるH. ラスウェルは，政策科学を「政策過程に関する知識と政策過程における知

識」(Lasswell 1970 : 3) として捉えている．また，政策科学が新しい学問分野であったこともあり，学術雑誌『Policy Sciences』創刊号の巻頭論文の中で，ラスウェル (ibid.) は政策科学特有の物事の見方を3点示した．そのうちの1つが「問題志向性」(problem-oriented) だった[8]．つまり，政策科学は，政策と知識のつながりに関して問題志向の研究を行なう学問と考えることができる．そのような学問分野である政策科学と本書の接点は，特定の政策的な問題を解決するために行なわれた調査と，実際の政策形成の結びつきである．ここでは行政組織内部の分析官による調査が，実際の政策につながらない現象を研究した M. フェルドマン (Feldman 1989) の分析をもとに，行政組織における調査の働きについて検討する．

　フェルドマンは行政組織内部の分析官が，与えられた課題である政策問題の分析と解決策を提示しても，直接政策立案につながることはめったにないと論じ，その理由を3つ挙げている．第一は，行政組織において調査報告書は必ずしも意思決定のために作成されているわけではなく，スケジュールに沿って書かれており，問題の重要性や意思決定プロセスとはあまり関係ないこと．第二は，調査によって明らかにされた結論は，ある問題の発生原因になる一方，別の問題の解決策にもなりうること．行政組織内では調査報告書は問題に対する1つの解釈を提示していると考えられている．第三に，本当に切羽詰まった問題に対しては，その時点から調査を始めるのでは遅いので，調査報告書はそれが必要とされるのを待つ「目録」と見られている．したがって，行政組織内部の分析官が自らの仕事を問題解決と考えると失望が大きい一方，問題の解釈の提示や問題解決策の目録作成も政策形成過程の重要な一部であるとフェルドマンは論じている．

　フェルドマンの分析では説明できない「現実に山積みになって使われていない調査報告書の存在」について，L. サスカインドら (Susskind, Jain and Martyniuk 2001) は，2つの「計算間違い」によって政策分析が活用されないと主張する．1つは政策決定者に対する過大な期待であり，もう1つは政策決定者が左右できないプロセスに対する過小評価である．確かに，サスカインドらの説明

---

8) 残りの2つは文脈性 (contextuality) と技術の総合 (synthesis of techniques) である．

は，政策分析が活用されない理由の一端を明らかにはしているが，それではなぜこれほど多くの「活用されない」政策分析調査が行なわれているのだろうかという疑問が生じてくる．

この疑問に対するとりあえずの回答は，政策分析をする部署にとって調べることが組織維持であり，その結果も問われないこと（Lindblom and Cohen 1979）や，フェルドマンが前述の研究を始める前に一般論として示していたように，調査・分析官にとっては自分の生活や社会的な地位を守る手段であること，活用されるかどうかとは関係なく意義を感じていること，あるいは政策に影響を与えられる唯一の手段と考えていること（Feldman 1989）などが挙げられる．確かに，調査を担う分析官や担当部署のレゾンデトールのために，活用されない調査が続けられているというのは1つの説明ではある．しかし，政策の策定と実施を担う行政機関が，調査を担うほんの一部の部署や分析官の存続のためだけに大量の調査を続けていると考えることにも無理がある．そこで，本書では分析の視座を広げて，個別の調査とそれを担う機関そのものの存在意義のつながりに目を向ける．

第3節　本書の方向性──調査の文脈と内容の接点

1　既存研究の批判

本書の問題意識と照らし合わせた場合の既存の諸研究の課題については，第2節の「開発援助研究」，「影響評価研究」，それに「調査の働きに関する諸研究」の3つの領域ごとに，各項の最終段落で筆者の見解を述べてきた．ここでは，調査の機能という視点から，3つの研究領域全体に関わる研究課題を挙げる．

第一に，調査の内容に対して十分な関心が払われていないということである．例えば調査が活用されなかった場合に，調査を取り巻く状況にばかり目が向いてしまい，そもそもその調査結果が活用するに値するものだったのかどうかが検討されていない．あるいは，専門家や住民の調査への関与の仕方を研究の対象としている半面，参加の程度や形態の違いが調査の結果にどのような影響を

与えたのかについて考察を欠いている．別の言い方をすれば，個々の調査の「何が」「どうして」研究に値するほどの問題なのかを適切に説明できるような分析が必要である．

第二に，「調査の方法や手続き」と「調査の文脈や政治性」が少なからぬ研究で主要な着眼点になっているものの，その2つを統合した分析が行なわれていない．調査のどのようなやり方が特定の政治性に関わっているのか，あるいは調査が実施される文脈は調査のどのような技術的な特性と結びつきやすいのかなど，両者をつなげる研究に欠けているといえる．そのことが，調査内容自体への考察が実務的な視点に収斂し，結果的に調査方法や手続きの「改善の罠」に陥ったり，分析者個人や担当部署の維持という一般的な制度論に留まったりすることにつながっている可能性がある．

第三に，開発事業の影響を受ける住民，エンジニア，人類学者などのアクターや，それぞれの知識の様式に対する捉え方が一面的だという点である．例えば，経験に基づき測定困難な知識を抱えている住民に対して，それに理解を示して解釈しようとするのが人類学者で，専門的な尺度によって事実を測定するのがエンジニアというようなステレオタイプの認識に基づいている．しかし，人類学者も測定を行なう場合はありうるし，近年は調査がより住民参加型になって社会的に弱い立場にいる人たちの「生」を重視するようにルールを変更してきたのに，そのことが専門家に及ぼした影響について十分ふまえたものにはなっていない．

2　分析アプローチ

前項でまとめた先行研究の課題を乗り越え，「度重なる調査の方法や手続きの改善にもかかわらず，なぜ調査が所期の目的の達成につながらないのか」という本書の問いに答えるため以下のような2つの分析アプローチをとる．

第一に調査報告書を分析の中心に置くアプローチである．このアプローチには，さらに2つの方法が考えられる．1つは，テクストの知識社会学などに見られるように，意味を確定できることばの単位を定めて計量的に分析する手法（佐藤2006），もう1つは，「メタ分析」である．知識社会学では，特定のテクストの意味を社会的な何か（権力構造など）によって説明しようとする（ibid.）．

その場合，意味の確定単位を定めてあるため，その使用頻度を数えることができる．しかし，本書で明らかにしようとしている調査結果と本来調査が把握するはずだった実態との間のずれは，調査報告書に表れたテクストと同時に，表れなかった実態の側からも解明する必要がある．したがって，計量的な方法を使ったテクスト分析は適当ではない．

一方の「メタ分析」は，同じテーマに関する複数の研究が異なる結果を導いている点に注目し，それら個々の既存研究をメタレベルで分析する方法である（Cook et al. 1994）．この方法は，以下の点で本書と関係している．調査結果が実態とずれているケースを分析対象としている本書では，両者の食い違いをどのように確認するかが問われることになる．そこには最初の調査が実態を適切に把握していないことを指摘する別の調査が介在せざるをえない．つまり，調査が目的を達成していないケースでは，当初の調査と別の調査が導いた結論の違いに目を向けることが不可避であり，「メタ分析」同様，調査間の不合意を研究対象とすることになる．R. ライトらが指摘するように，「矛盾は新たな研究の重要な理由」となる（Light and Pillemer 1984：vii）．

しかし，「メタ分析」が量的分析によって過去の研究を集計する手法をとっているのに対して，本書では質的な分析を行なう．量的な「メタ分析」が同一のテーマについて多くの研究が存在していることを前提にし，その差異を統計的に処理しながら全体の傾向を読み取る作業である一方，本書では，調査の間に存在している差異の中身に目を向けるからである．具体的には，調査がどのような実態を明らかにすべきかを定めたルール，その結果として作られた調査報告書，それに対して異なる結論を導き出した別の調査の結果，さらに，別の調査の結果に対する反論を丁寧に読み取っていく．こうしたいわば質的な「メタ分析」によって，調査と実態の食い違いが何をめぐって生じているのか，そしてそれはなぜなのかを，既存の調査報告書やそれに対する対抗調査などを基礎データとして扱って分析する．

この方法をとることには，複数調査が異なる結果を示しているようなケースでの分析方法を提示するという以外にも積極的な意義を見出せる．本書では「実態の把握」ということばをしばしば使うが，何が本当の実態なのかを筆者自らは検討しない．なぜならば，本書の趣旨に従えば，筆者による検討が本当

第3節　本書の方向性——調査の文脈と内容の接点　　　　　　　　　　59

の実態を捉えているかどうかをどのように確かめるのかという逆説的な問題が生じるからである．では，本当の実態を自らは明らかにしようとせずにどうやって調査と実態のずれを分析できるのか．本書では異なる結果を示した複数の調査間の対立点だけではなく，合意された点に関しても質的な内容面で分析を行なう．すなわち，複数の調査が共通に認めている実態をいわば合意された事実として扱い[9]，最初の調査の誤りを指摘する別の調査の正しさを新たな調査で確保できるのかというジレンマを乗り越える．同時に，合意されなかった場合は，どちらが正しいかを吟味せず，合意されなかったことの意味を考察する．

　第二のアプローチは，調査を担う専門家が置かれている立場に着目することである．それは，政策研究のレビューで取り上げたような，専門家の生活がかかっているために調査が使われるかどうかは調査内容と関係がないという観点からのみではない．繰り返し述べているように，筆者はその機能を観察しやすい調査とは，調査能力や専門知識が高い水準にあるにもかかわらず，目的としている実態の把握に失敗した調査であると考えている．活用されなくとも仕事である以上調査を行なうことと，行なった調査が目的を達成していないことは必ずしも結びつかない．極めて個人的な事情に立脚する前者の場合と比べ，後者は，調査能力や専門知識が十分な水準にあるならば，調査における専門家の立場に起因しているものと考えられる．

　実際，調査と実態の食い違いに関して，異なる調査結果に着目して専門家の立場を分析した研究は行なわれている（例えば，Nelkin 1975；Schwarz and Thompson 1990）．こうした研究においては，賛否が分かれているような開発計画で影響調査の結果に食い違いが生じるのは，専門家が利害の異なるアクター（政府，企業，住民団体など）によって利用され，調査がいわば政治化しているからだと指摘している．別の言い方をするならば，調査はその結果を必要とする利害関係者によって異なる実態の切り取られ方をしているというわけである（Best 2001）．

　この点は，本書の仮説の表現を使えば，調査の対象と尺度を規定する「はか

---

9)　「真理の合意説」を唱えた学者にJ.ハーバーマスがいる．ハーバーマスはあらゆる知識は誤りの可能性があるため，公共の場での批判と改善を繰り返す必要を論じている（ハーバーマス 1985）．

り」が持つ政治的な意味合いと置き換えることができる．なぜなら，「はかり」の選択は実態の切り取り方に影響を与えるからである．本書では実態を切り取る専門家の「はかり」が，調査を取り巻く社会的な構造とどのように関係しているのかを分析する．それと同時に，異なる調査の食い違いを埋めようとする作用にも目を向ける．調査が社会改良に必要な実態の把握に失敗したとき，その状況を改善するために誰によってどのような働きかけが行なわれているかを検討することで，調査間の食い違いさえも取り込んで調査が果たしている機能を浮き彫りにする．

3 分析の方法

　本書では世界最大の国際開発機関である世界銀行の独立審査委員会に申し立てられた開発途上国の開発プロジェクトを事例分析する．第2章で詳述するように，世界銀行は，経済学を中心に多数の博士号の学位を持つ専門スタッフを多く抱えた「知識銀行」を自称している．1980年代以降，事業の事前調査に関わる政策をしばしば改定し，その水準は国際的に最も高いといわれている．

　改定を重ねた政策の遵守を確保するために作られたのが独立審査委員会（Inspection Panel）である．加盟国の代表者で構成される日常的な意思決定機関の理事会直属の委員会で，世界銀行の政策が守られなかったために被害を受ける蓋然性が高い住民やその代表者からの異議申立を受けて，事前調査などが政策に合致していたかどうかを審査する．審査結果は，それに対する世界銀行自身の反論とともに理事会に提出され公開される．事前調査報告書，事後的な審査報告書，それに対する反論書という3つの文書が制度的に作成され公開されているようなケースは他にあまり類がない．世界銀行の独立審査委員会に申し立てられた事例は，本書の分析方法を充足する数少ないケースといえる．

　分析の手続きは以下の通りである．まず事前調査に関わる世界銀行の政策（調査の目的などが定められたルール）が改定された経緯とその内容を分析し，独立審査委員会によって政策不遵守の指摘を受けたプロジェクトを特定する．次にそれぞれのプロジェクトについて，調査の観点からどのような政策不遵守を指摘されたのかを明らかにする．その際，独立審査委員会の指摘とともに，調査が政策に則っていることを確保しなければならない世界銀行側の反論を合

第3節 本書の方向性——調査の文脈と内容の接点

わせて読み解き，そこに表れる見解の食い違いや政策不遵守の理由を抽出していく．さらに，調査のルールを含む世界銀行の各種政策の策定や遵守の確保に重要な役割を果たす世界銀行内部の専門家や行政官の動向を既存文献の研究を通して明らかにし，社会改良に必要な実態の把握という目的を達成していない調査が構造的に何を維持しているのかを探究する．以上の手続きを通じて，本書の問いに答えると同時に，調査が果たしている役割や機能について考察する．

第2章　調査の目的とルール
——世界銀行の政策改定小史——

第1節　世界銀行を分析対象とする理由

　序章で述べたように，本書の問いのきっかけとなったのはアジア開発銀行（ADB）の内部評価報告書である（ADB-OED 2006）．それによると，1994年から2005年までの12年間にADBが融資した事業で負の影響[1]を受けた住民は177万人余りだったが，そのうち移転を伴う事業の多い中国など4つの国について実際の被影響住民を調べたところ，事前調査の予測より65%も多かった．特に，移転はしないものの生計手段の一部もしくは全てを失った住民の数は，事前調査の予測の2.5倍に及んだ．

　特定の開発事業によって影響を受ける住民数は，気候変動などに比べて科学的な不確実性という点では予見しやすい調査項目である．ADBのように多くの専門家を抱える国際的な開発金融機関が，事業によって負の影響を受ける住民数を把握するという比較的単純だと考えられる調査目的をなぜ果たせないのだろうか．その疑問に答えるには，調査がどのような点で当初の目的を達成していないのかを明らかにする必要がある．本書では，そのための有効な事例として世界最大の開発金融機関である世界銀行を取り上げる．その理由は以下の5点である．

　第一に，規模と影響力が挙げられる．第二次世界大戦後の世界経済システムを話し合うため，1944年にアメリカ・ニューハンプシャー州のブレトンウッズに44カ国の代表者が集まった国連通貨金融会議で，加盟国が出資して国際通貨基金（IMF）と国際復興開発銀行（IBRD）を設立することが決まった．通貨の安定と監視を目的とするIMFに対して，IBRDは戦争で荒廃した主と

　1）　何を「負の影響」とするかは序章脚注10）を参照．

表 2.1 開発機関の規模の比較（2008 年度）

	多国間機関		二国間機関		
	世界銀行	ADB	JICA （日本）	USAID （米国）	DFID （英国）
承認額 （円換算）	247 億ドル (2 兆 2230 億円)	123 億ドル (1 兆 1070 億円)	1兆290億円	89 億ドル (8010 億円)	57億ポンド (7410 億円)
常勤職員数	8600	2506	1633	2227	2300

出所：World Bank（2008）；ADB（2009）；DFID（2009）；USAID（2008）；JICA（2008）
換算レート（2008 年 12 月末）：1 ドル 90 円，1 ポンド 130 円

してヨーロッパの復興のための資金提供が当初の目的だった．この IBRD が世界銀行の出発点となった組織である．その後，ヨーロッパや日本の戦後復興が進展する一方で，第二次世界大戦後に誕生した多くの独立国では国づくりの資金が不足していた．開発途上国とよばれるようになったこれらの国々に開発資金を供与するため，60 年には国際開発協会（IDA）が設立された．今日では債券の発行によって市場から必要な資金を調達し主として中所得国[2]の開発事業に低利融資を行なう IBRD と，所得の高い国からの拠出金を使って低所得国[3]に無利子・長期の融資や贈与による資金供与を行なう IDA を合わせて「世界銀行」（The World Bank）とよんでいる[4]．IBRD と IDA は同じ職員，同じ総裁，同じ理事会で構成され，適用される政策や基準も全く同じである．表 2.1 に世界銀行と他の主要な開発協力機関の比較をまとめた．この表からわかるように，世界銀行の規模は資金・人員の面で他を圧倒している．第二次世界大戦後，戦後復興や途上国開発の旗振り役を演じ，貧困削減や構造調整などいわば開発のトレンドを作り出してきた世界銀行の影響力は極めて大きい．ま

---

2) 世界銀行の分類では，中所得国は 1 人当たり GNI（国民総所得）が年間 876〜1 万 725 ドルの国を指す（World Bank 2007：13）．

3) 低所得国とは 1 人当たり GNI（国民総所得）が年間 1025 ドル以下の国を指す．なお，876〜1025 ドルの国はブレンド（混合）国として IBRD と IDA の双方の資金供与の対象国である（World Bank 2007）．

4) 1944 年設立時の名称は国際復興開発銀行（IBRD）だが，1946 年に開催された第 1 回理事会を報じた『ワシントンポスト』紙が「世界の銀行」（a world bank）という呼称を用いた．これが通称となり，1975 年には IBRD と国際開発協会（IDA）を合わせた正式名称が「世界銀行」（The World Bank）となった（World Bank 2007：11）．なお，この両機関に，国際金融公社（IFC），多国間投資保証機関（MIGA），国際投資紛争調停センター（ICSID）を含めた総称を世界銀行グループという．

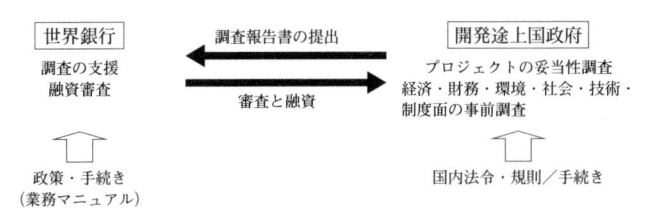

第1節 世界銀行を分析対象とする理由

```
[世界銀行]          調査報告書の提出         [開発途上国政府]
調査の支援        ←――――――――         プロジェクトの妥当性調査
融資審査          ――――――――→         経済・財務・環境・社会・技術・
                    審査と融資            制度面の事前調査
   ↑                                          ↑
政策・手続き                              国内法令・規則／手続き
(業務マニュアル)
```

図2.1 開発事業の調査における世界銀行の役割と政策の位置づけ
出所：筆者作成

た，96年に当時のウォルフェンソン世界銀行総裁が，「知識銀行」（Knowledge Bank）を提唱するなど，開発に関する知識生産者としての世界銀行を重視する専門家は少なくない（Gilbert et al. 1999）．莫大な資金を背景に，知識を1つの手段にして開発途上国の開発の舵取りをしてきた世界銀行は，調査を権力との関係から分析する有効な事例になると考えた．

第二に，世界銀行は自ら調査を行なうとともに，他の機関が行なった調査が実際の開発プロジェクトとして実現するかどうかを左右する，いわばゲートキーパーでもあるという点である．世界銀行は開発経済学の専門家を集めた「開発研究グループ」を抱え，そこを中心に政策に関連した学術研究を行なっている．もう一方で，世界銀行の本来業務である開発事業への融資を検討する段階において，開発途上国政府・機関が実施した事前の調査が適切かどうかを審査し，場合によっては資金を供与して調査に協力している．すなわち，図2.1に示したように，開発事業を計画している開発途上国の政府・機関が，自国の国内法令や手続きに従って実施した当該事業の妥当性調査の結果に対して，世界銀行は自らの基準に照らし合わせて，事業実施に必要な融資を提供するに値するかどうかを審査している．その際に，世界銀行の職員に遵守が義務づけられているのが，種々の政策と手続きである．

世界銀行の政策や手続きは，あくまで世界銀行の職員に遵守が義務づけられたものであり，開発途上国政府・機関がそれに従う必要はない．しかし，もし当該国の開発計画の実施に世界銀行の資金が必要であるならば，国内の法令や手続きだけでなく，業務マニュアルとよばれる世界銀行の政策や手続きを尊重せざるをえない．政策に書かれているのは，例えば「事業によって立ち退き住民が生じる場合，少なくとも移転前の生活水準を回復することが確保されてい

ることを確認しなければならない」という世界銀行側の義務であり，途上国の義務ではない．仮に途上国が自国の法令に則って立ち退き住民の状況を調査し対策を講じたとする．世界銀行が自らの政策に基づいてその調査や対策が不十分だと判断すれば融資は行なわれない．実質的に世界銀行の政策は，開発資金が不足している開発途上国にとって，場合によっては国内法を超えて適用される政策や手続きに相当する．したがって，調査の内容や方法は資金供与を通じて事業実施のカギを握る世界銀行に左右されることになる．世界銀行は自ら調査を実施せずとも，調査のあるべき姿を開発途上国の借り手に示し，それに沿った調査を誘導する役割を果たしている．世界銀行が借り手に対して持っている権力は必ずしも顕示的なものだけでなく，第1章第1節で権力概念の1つとして取り上げた「行為を導くこと」(conduire des conduites) を内包しているといえる．

　第三に，世界銀行には，融資対象プロジェクトの事前調査や融資審査が業務マニュアル（政策と手続き）に則って行なわれていたかどうかを第三者の専門家が審査し，結果を公表する仕組みがあるため，調査が目的を達成したかどうかを検証しやすい．世界銀行の業務マニュアルは，その不遵守が原因でプロジェクト地の住民の暮らしや生活環境に物理的な損害が生じた場合，あるいはその蓋然性が高い場合，被害を受ける住民やその代理人が外部専門家から構成される独立審査委員会（Inspection Panel）に異議を申し立てることができる[5]．1993年に国際開発機関として初めて世界銀行にこの委員会が設立されて以来，2009年4月末までに57件の申立が行なわれ，そのうち18件[6]は委員会が独自に被害の有無や蓋然性と業務マニュアルの遵守状況との関連を審査した報告書（investigation report）を公開している．これらの報告書を分析することで，

---

5) 委員会の設置を決定した世界銀行の決議（Resolution No. 93-10およびResolution No. IDA93-6）では，その第1項で "There is established an underline{independent} Inspection Panel (hereinafter called the Panel..." （下線強調は筆者による）と定めているため，本書ではInspection Panelを「独立」審査委員会とよぶ．なお，「独立」の意味は，世界銀行の融資業務には関与せず，加盟国の代表者で構成する理事会に直属していることを意味している．

6) 本書の事例研究では1999年4月以降の申立を扱うため17件となっている．残りの1件は独立審査委員会設立後初めての申立であるネパールのアルンIIIダムプロジェクトである．

第三者の視点から事前調査と目的の達成を検証することが可能である．

　第四に，調査に盛り込まれるべき内容や方法などを定めた世界銀行の業務マニュアルは何度か改定を重ねてきていることである．特に1990年代以降，世界銀行は改定プロセスを公開にした上で，NGOや研究者など世界銀行の融資プロジェクトに批判的な外部の声も政策に反映させている．世界銀行は知識銀行を標榜する知的集団であるだけでなく，調査が把握すべき実態やその方法を公の場で議論して政策に定めているのである．調査の能力の点でも，政策（＝ルール）の点でも，現時点での世界最高峰の水準にあると考えられるだけに，世界銀行が審査した調査が目的を達成していない場合，その原因を能力や政策の不十分さに帰結させても，そこから生まれる改善策を実施できる組織は他に存在しない可能性があり，現実的な原因分析とはいえない．世界銀行を事例にすることで，職員の高い調査能力や調査を司るルールの度重なる政策改善が，なぜ調査の目的の達成につながらないのかという本書の問いに結びつく．

　第五に，世界銀行の独立審査委員会への申立は，プロジェクトに伴う被害を訴える開発途上国の住民が起こしているという点である．確かに事前調査によって将来起きることを完全に予測することは困難である．事前調査と結果との間の食い違いは程度の差こそあれ様々なレベルで存在しうると考えられる．しかし，それが開発プロジェクト地周辺に住む人々の，とりわけ本来受益者になるべき開発途上国の住民の暮らしや生活環境を脅かすことにつながっているのであれば，単に将来予測の難しさというだけでは済まされない．事前調査が実施されたにもかかわらず，物理的な被害をもたらすのであれば，その食い違いが生じるメカニズムを解明することは学術的のみならず社会的にも意義がある．

　以上に挙げた理由から，本書では世界銀行を事例に調査がどのような点で当初の目的を達成していないのかを明らかにし，その背景要因を探る．そのために，本章では2つの課題に沿って世界銀行の仕組みを繙く．第一が，調査の目的である．世界銀行は調査によって何を明らかにしなければならないかを政策で定めている．しかも，融資事業による負の影響を回避・最小化するための政策は「セーフガード政策」とよばれ，中心となる環境アセスメント政策，非自発的住民移転政策，先住民族政策については，過去30年にわたって政策改定を繰り返してきた．本章では，度重なるこれらの政策改定をめぐってどのよう

な議論がなされ，現行の政策は調査の目的としてどのような実態の把握を重視しているのかを分析する．第二は，政策の遵守を確保するために作られた世界銀行の独立審査委員会である．調査と実態の乖離を研究するに当たって世界銀行の事業を取り上げる理由は，調査目的の達成を事後的にチェックする独立審査委員会が存在するからである．その妥当性を独立審査委員会の仕組みを分析することによって明らかにする．

第2節　改定を重ねた政策と調査

1　世界銀行の「成熟した」政策

　借入人である開発途上国側が行なった調査に対する審査を含め，世界銀行の全ての事業や活動は現在業務政策（OP）に従って実施されなければならない．OP の内容は，世界銀行の事業や活動が経済面・財務面・環境社会面で健全なものとなるよう定められており，その目的を具体的に実施するための実務用手引きとなっているのが銀行手続き（BP）である．OP や BP の名称や種類は過去 20 年間で大きく変化しているが，現時点で遵守義務を伴う業務マニュアルに掲載されている政策と手続きは表 2.2 にまとめた通りである．

　表中の「番号」は，2009 年 7 月時点での業務マニュアルの番号を示しており，例えば OP4.01 は「環境アセスメント政策」，BP4.01 は「環境アセスメント銀行手続き」を意味している．番号は業務マニュアルが改定されるたびに変更されるので，同じ環境アセスメント政策でも現在は OP4.01 だが，改定前は「OD4.00 別表 A」だった．この番号によって，どの時期に制定された政策・手続きかがわかる仕組みになっている．

　実際は，これ以外にも情報公開政策や暫定的な手引き（OpMemos）などの政策があるが，ここでは世界銀行の主要な政策であり，遵守が義務づけられている業務マニュアルに掲載された OP を検討の対象とする．とりわけ，本書では，調査が目的を達成できなかった原因を政策の不十分さに帰することを回避するため，表に示された政策のうち，これまで公の議論による改定を重ね，相当程度議論を尽くしたいわば「成熟した」政策に基づいて実施された調査を対

表2.2 世界銀行の政策・手続き（業務マニュアル）一覧（2009年7月現在）

番号	業務マニュアルの名称	種別	番号	業務マニュアルの名称	種別
1.00	貧困削減	OP	8.40	技術協力	OP, BP
2.11	国別援助戦略	BP	8.45	無償	OP, BP
2.30	開発協力と紛争	OP, BP	8.60	開発政策融資	OP, BP
3.10	融資約定等	OP, BP	10.00	投資貸付	OP, BP
4.00	借入国制度パイロット活用	OP, BP	10.02	財務管理	OP, BP
			10.04	投資業務の経済評価	OP, BP
4.01	環境アセスメント	OP, BP	10.20	地球環境ファシリティ	OP, BP
4.02	環境行動計画	OP, BP	10.21	モントリオール議定書	OP, BP
4.04	自然生息地	OP, BP	11.00	調達	OP, BP
4.07	水資源管理	OP	12.00	支払	OP, BP
4.09	害虫管理	OP	13.00	融資の効力	OP, BP
4.10	先住民族	OP, BP	13.05	事業監理	OP, BP
4.11	物理的文化資源	OP, BP	13.16	国別ポートフォリオ履行審査	OP, BP
4.12	非自発的住民移転	OP, BP			
4.20	ジェンダーと開発	OP, BP	13.20	投資貸付の追加融資	OP, BP
4.36	森林	OP, BP	13.25	事業費の余剰の利用	OP, BP
4.37	ダムの安全性	OP, BP	13.30	事業終了日	OP, BP
4.76	タバコ	OP	13.40	支払中止	OP, BP
6.00	銀行融資	OP, BP	13.50	キャンセル	OP, BP
7.00	貸付業務	OP	13.55	実施完了報告	OP, BP
7.20	担保アレンジメント	OP	13.60	モニタリングと評価	OP
7.30	「事実上の政府」の扱い	OP, BP	14.10	外部債務報告	OP, BP
7.40	債務不履行	OP, BP	14.20	協調融資	OP, BP
7.50	国際水域	OP, BP	14.25	保証	OP, BP
7.60	紛争地の事業	OP, BP	14.40	信託基金	OP, BP
8.00	危機・緊急時の迅速対応	OP, BP	17.30	個別理事との連絡	BP
8.10	事業準備ファシリティ	OP, BP	17.55	査閲パネル	BP
8.30	金融仲介貸付	OP, BP			

出所：The World Bank Operations Manual をもとに筆者作成

象にする．そうした条件を満たす政策は，OP4.01の環境アセスメント，OP4.10の先住民族，それにOP4.12の非自発的住民移転である．そう考える理由を説明するため，次項以降にそれぞれの政策の概要，調査との関係，および過去の改定のポイントを詳述する．

2 頻繁に見直された環境アセスメント政策

環境アセスメントとは，一般に事業などが自然環境や人工的な環境に及ぼす影響を事前に評価することを指し（Wood 2003），システム分析の1つである

(原科 2000)．先進国の援助政策を調整する経済協力開発機構（OECD）は1970年に環境委員会を設置し，74年の閣僚会議で初めて環境アセスメントの導入を謳った「環境政策宣言」を発表した．それに続いて79年には，環境に重大な影響を及ぼす援助プロジェクトに環境アセスメントを実施するよう勧告した．83年にはそれを実施に移すために手続きや体制を検討する特別グループがOECD環境委員会に設けられた．こうした国際的な潮流と同時に，80年代初頭，世界銀行はブラジルに融資したアマゾン開発（ポロノロエステ事業）が現地の環境や生活を破壊すると激しく非難されていた．アメリカの環境NGOが若手弁護士スタッフを中心に，世界銀行の最大出資国であるアメリカ政府，特に連邦議会に働きかけた．その結果，84年に世界銀行は初めての環境政策である業務マニュアル声明（OMS）2.36「銀行業務の環境的側面」を策定した．

5年後，それまでの内部指針（OMS）を職員が遵守すべき業務指令（OD）に改め，最初の環境アセスメント政策であるOD4.00別表Aを制定した．1991年と98年には，後述するように様々なステークホルダーの意見を取り入れて政策を改定するとともに，92年と95年には環境アセスメント政策の効果を検証する内部レビューが，また96年には世界銀行業務評価局[7]の検査に基づく改善勧告が行なわれている（Rees 1999）．したがって，現行の政策である99年改定の環境アセスメント業務政策（OP4.01）には，世界銀行の加盟国政府（特にアメリカなど主要ドナー国政府），市民社会（特に世界銀行に批判的な欧米のNGO），それに世界銀行内部からの要求がかなり反映されている．その意味で，多様な意見を取り入れながら改善が繰り返された環境アセスメント政策の1つだといえる．

環境アセスメント政策の目的は，世界銀行が融資要請を受けた案件が，環境面で健全で持続可能なものになること，また意思決定が改善されることを挙げ，そのために借入国[8]に事前の影響評価の実施を義務づけるとしている（OP4.01 パラグラフ1）．環境アセスメントとして実施されるべきものとして，案件によ

---

7) 業務評価局は世界銀行の組織上，事業実施部局から独立しており，加盟国の代表者で構成し日常的な意思決定を行なう理事会に直接報告する責務を負っている．したがって，自己肯定的な「お手盛り」評価ではなく，第三者に近い立場から厳しい指摘を行なうことがしばしばある．

8) ここでは借入国の政府系機関を含めて借入国とよぶ．

る影響範囲内の潜在的な環境リスクの評価，案件の代替案の検討，環境への負の影響を回避・最小化・緩和あるいは代償し正の効果を高めるための案件選択・立地・計画・設計・実施の方法の特定を挙げている．その際に，負の影響の回避を緩和や代償に優先させるとしている（OP4.01 パラグラフ2）．世界銀行の環境アセスメント政策の特徴として，自然環境だけでなく社会環境への影響も統合して検討することを求めている点が挙げられる．社会環境とは，非自発的住民移転，先住民族，物理的な文化的資源などを指している．案件形成のできるだけ早期の段階で環境アセスメントを開始することで，経済面，財務面，制度面，社会面，技術面のそれぞれの分析と統合することを求めている（OP4.01 パラグラフ3）．こうした環境アセスメントの中身を考えれば，この政策が調査と密接に関係していることは明らかである．

図2.1に示した通り，案件の環境アセスメントを実施するのは原則として世界銀行の融資を受ける借入国機関であり，世界銀行の責務はその内容を政策に照らして審査し，不十分な点や不適切な点があれば改善を求め，必要があれば調査に協力するということにある（OP4.01 パラグラフ5）．

> **BOX 2.1　世界銀行の政策における環境アセスメント**
> 1. 環境影響アセスメント：案件が環境に与える潜在的な影響を特定・評価し，案件代替案を評価し，適切な影響の緩和・管理・モニタリング方法を設計する．
> 2. 地域環境アセスメント：特定の地域における，個別の戦略・政策・計画・プログラム，あるいは一連の事業に関連する環境面の問題や影響を調査する．
> 3. セクター環境アセスメント：特定のセクター（例えば電力や交通や農業など）における，個別の戦略・政策・計画・プログラム，あるいは一連の事業に関連する環境面の問題や影響を調査する．
> 4. 環境監査：既存施設において，重要な全ての環境領域の特性と範囲を決定する．
> 5. ハザードアセスメント：事業地の危険な状況や物質に関連した危険性や有害性を特定，分析，抑制する．
> 6. リスクアセスメント：事業地の危険な状況や物質によって引き起こされる危害の可能性を推定する．

> 7. 環境管理計画：環境への悪影響をなくすか相殺するか，あるいは受け入れ可能な水準に減らすためにとられる方法，およびそれを実施するのに必要な行動について詳細に記述する．
>
> （出所：World Bank OP4.01 Annex A をもとに筆者作成）

　世界銀行の政策では，環境アセスメントの種類として，環境影響アセスメント（EIA），地域環境アセスメント，セクター環境アセスメント，環境監査，ハザードアセスメント，リスクアセスメント，それに環境管理計画を挙げており（「BOX 2.1 世界銀行の政策における環境アセスメント」を参照），これらを総称して環境アセスメントと定義している（OP4.01 パラグラフ 7）．

　次に手続きを見てみる．世界銀行は融資申請を受けた案件を4つに分類する．環境に重大な悪影響を及ぼす可能性がある場合はカテゴリ A，全くないか最小限である場合はカテゴリ C，その中間がカテゴリ B，また，世界銀行が他の金融機関などを通じて「又貸し」するような場合（専門用語では金融仲介業務とよばれる），又貸し対象の案件が環境に悪影響を及ぼす可能性がある場合はカテゴリ FI に分類される（OP4.01 パラグラフ 8）．このうちカテゴリ A については，以下に述べるようにその要件がかなり厳密に決められている．

　第一に，借入国は必ず案件とは利害関係のない独立した環境アセスメントの専門家を雇わなければならない．特にリスクが高かったり，論議をよんでいたり，あるいは深刻で多方面にわたる環境上の懸念がある場合は，案件の環境アセスメントに関わるあらゆる側面について相談するため，借入国は，国際的に認知され，案件から独立した環境専門家からなる助言委員会を設置しなければならないと定めている（OP4.01 パラグラフ 4）．第二に，借入国は環境影響アセスメント，もしくは包括的な地域環境アセスメントやセクター環境アセスメントを実施しなければならない．カテゴリ A に分類された案件の環境アセスメント報告書に含まれるべき項目については，政策の Annex B で具体的に定めており，BOX 2.2 にそれらを列挙した．

> **BOX 2.2　環境アセスメント報告書に含まれるべき内容**
> 1. 概要：重要な結果と推奨される行動を簡潔に論じる．
> 2. 政策的・法的・行政的枠組み：環境アセスメントが実施される政策的・法

第2節　改定を重ねた政策と調査

　　的・行政的枠組みを論じる．
3. 案件の記述：案件およびその地理的・生態的・社会的・時間的な背景を簡潔に記述する．案件の事業地以外で必要となる投資についても記述する．
4. ベースラインデータ：調査範囲の広がりを評価し，関係する物理的・生態的・社会経済的な状況を記述する．案件が実施される前から予期されている変化についても記述する．
5. 環境への影響：できるだけ定量的に，案件によって起きるであろう正と負の影響を予測し評価する．
6. 代替案の分析：事業を実施しないことを含め，案件の立地，技術，設計，運営に対する可能な代替案を系統的に比較する．具体的には，起きうる環境影響，影響緩和の実施可能性，初期および経常的な経費，現地の状況下での適合性，それに制度・研修・モニタリングの必要性に関してである．
7. 環境管理計画：緩和策，モニタリング，制度強化を扱う．
8. 別添資料：環境アセスメント報告書の作成者リスト（個人と団体），参考文献，協議の記録，参照したデータを示す表，関係する報告書のリスト．

（出所：World Bank OP4.01 Annex B をもとに筆者作成）

　環境アセスメント報告書の内容に加えて，世界銀行の環境アセスメント政策は，借入国の実施能力，協議，および情報公開について合わせて定めている．開発途上国が対象ということもあり，審査，モニタリング，検査，緩和策など環境アセスメントに関係する重要な業務を遂行するのに必要な法的・技術的能力に欠ける場合，案件はそうした能力の強化を含むこととされている（OP4.01 パラグラフ13）．またカテゴリAとBに分類された案件では，環境アセスメントの過程で，被影響住民や現地NGOと協議を行なうことが求められている．特にカテゴリAの場合は，環境アセスメントの項目や方法が決まる前と，報告書の草案ができる前の最低2回は公衆協議を実施しなければならない（OP4.01 パラグラフ14）．こうした協議を意味あるものとするために，関連する情報を適切な言語と形式で，事前に時宜を得て提供するだけでなく，環境アセスメント報告書の要約や草案や最終版の公開についても政策の中で具体的に定めている（OP4.01 パラグラフ15〜18）．最後に，実施段階に入ってからは，環境アセスメントの結果に基づいて世界銀行と合意した方策の遵守状況，緩和策の実施状況，モニタリング結果について借入国は報告しなければならない

(OP4.01 パラグラフ 19).

20年以上前に策定された最初の環境アセスメント政策（OD4.00別表A）では被影響住民やNGOとの協議についての定めはなく，また環境アセスメント報告書の草案の公開や影響緩和策の検討についても具体的に盛り込まれていなかった．これに対して，世界銀行の中で低所得国向けに無利子融資や無償援助を行なう国際開発協会（IDA）の増資[9]の時期に合わせて，アメリカのNGOなどが自国の議会を巻き込んでのキャンペーンを展開した．なぜなら，増資をするためには加盟各国で国内手続きが必要であり，世界銀行の政策に加盟国の市民社会や議会が関与できる数少ない機会だからである．NGOなどから提起されたブラジルやインドなどの過去の融資事業が引き起こした環境問題の教訓をもとに，アメリカ政府が協議や情報公開の義務化を世界銀行に働きかけた結果，1991年に改定された業務指令（OD）4.01にはそうした要件が政策に盛り込まれた（Wade 1997）．一方，91年の改定後，環境アセスメント政策に関して世界銀行は2度の内部レビューと業務評価局による検査・勧告を実施し，その結果に基づいて政策の運用などを改善し，99年の政策改定につなげた．それぞれの内部レビューや評価で指摘されたポイントについては表2.3にまとめた．

5年間に3度実施された内部レビューと評価を比較した表2.3から，調査に関係して次のような課題が世界銀行内部から指摘されていることがわかる．

1. 影響の大きさを事前に判断するカテゴリ分類に一貫性がない
2. 評価項目つまりアセスメントを通じて収集されるデータが適切ではない
3. 代替案検討が表面的で不十分
4. 意思決定のタイミングとずれている
5. 影響緩和策，モニタリング，管理計画（案件監理）が不十分
6. 事業設計に活かされていない
7. 世界銀行や借入国の実施能力や環境アセスメントに関する理解の不足

こうした問題認識に立って，世界銀行は1999年に環境アセスメント政策を

---

9) 世界銀行のうち国際開発協会（IDA）は無利子での長期融資が中心なので，原資を補塡するため3年に1度加盟国が分担して増資を実施する．

表2.3 環境アセスメント政策内部レビューおよび業務評価の結果

第1回レビュー(1992年)	第2回レビュー(1995年)	業務評価(1996年)
・カテゴリ分類の一貫性に問題．手引書が必要 ・環境アセスメントの評価項目や手法にもっと目を向けるべき ・公衆協議が一般に弱い ・代替案検討が不適切で，環境アセスメントの実施が意思決定に影響を与えるには遅すぎる ・緩和策，モニタリング，管理計画が不十分 ・環境アセスメントが事業設計に与える影響が限られている	・増加する環境アセスメントに対応する能力が世界銀行と借入国の双方に欠けている ・公衆協議と代替案検討が不十分 ・カテゴリA案件の15%以上で環境アセスメントが事業設計に影響を与えていない ・案件監理が弱く，要件が適切に法的文書に書かれていない	・環境アセスメントが事業設計に影響を与えているものはほとんどない ・膨大な書類が事業の設計や実施にはとんど使われていない ・データ収集は適切な焦点が当てられていない ・環境アセスメントの仕様書はあまりに多くの影響について予測と評価を求めており，カギとなる影響への焦点を曖昧にしている ・環境アセスメントのタイミングが案件準備過程とかみ合っていない ・環境アセスメントには時間がかかるので意味ある代替案の検討があらかじめ排除されてしまう ・環境アセスメント報告書に含まれる代替案は表面的で，簡単に無視できる代替案を提示している ・案件実施を担当する職員は環境アセスメントを理解していない

出所：World Bank (1993)；World Bank (1996)；Green and Raphael (2002)；Gutner (2002) をもとに筆者作成

改定し，新しい環境アセスメント政策（OP4.01）を制定した．OP4.01は詳細な内部レビューと政策評価，さらには加盟国政府や国際NGOなどとの度重なる協議の結果として制定されたものであり，少なくとも表2.3に挙げられた課題を考慮して定められたといえる．

3　5年をかけて改定された最新の非自発的住民移転政策

世界銀行は1980年2月に，国際開発機関として初めて，融資事業によって移転を余儀なくされる住民の社会的コストを緩和する政策を打ち出した．それが業務マニュアル声明（OMS）2.23「世界銀行融資事業における非自発的な移住に関わる社会的課題」である．背景には，世界銀行が融資した事業によって強制的に立ち退かされた住民らによる激しい抗議運動がブラジルやフィリピンで起きていたことや，世界銀行がこの頃から雇用し始めた文化人類学者や社会学者を中心にした銀行内の改革派の動きがあった．その後，86年，88年，

90年と内部の専門家が中心になっての政策改定が行なわれ，2001年末に現行の非自発的住民移転政策（OP4.12）が制定される際には，実に5年の歳月をかけて世界銀行内外で激しい議論が闘わされ，過去の問題をふまえた改定や新条項が盛り込まれた．開発によって立ち退かされる人々に対する国際的な法的文書としては最も進歩的との評価を受けている（Barutciski 2006）．

　非自発的住民移転政策の目的は，できるだけ移転は避ける，あるいは最小化することである．そのための代替的な案件設計を検討することを求めている．しかし，それができない場合は，住民の移転は単なる代償措置ではなく，持続可能な開発プログラムとして捉え実行されるべきだと定めている．すなわち，移転を余儀なくされる人たちが案件の便益を共有できるようにしなければならない．そのためには，形式的ではなく意味のある協議が移転住民と行なわれ，移転プログラムの計画と実施に住民自身が参加の機会を与えられる必要がある．そして，移転住民が生計や生活水準を向上させる，あるいは少なくとも移転前の水準に回復できるように支援することを政策の目的に掲げている（OP4.12パラグラフ2）．

　政策の名称は住民移転だが，カバーしている領域は開発プロジェクトに伴う居住地や住居の損失のみではない．農地を含む土地などの資産そのものやそれへのアクセスの損失，移転対象住民かどうかに関係なく収入源や生計手段の損失も含まれる．さらに，法律で指定された自然公園や保護地区の利用が制限されることで生計に悪影響がある場合も対象となる（OP4.12パラグラフ3）．世界銀行自らが支援または深く関与している案件であれば，資金提供をしていない部分についても政策は適用される（OP4.12パラグラフ4）．

　「移転住民」の定義も重要である．非自発的住民移転政策は，移転住民を3つに分類している．第一のグループは法的な土地の権利を持つ人たち，第二のグループは国勢調査の時点では正式な土地権がなくとも法律などによって認められた土地や資産を要求する権利を持つ人たち，第三のグループは占有している土地に対する法的権利や要求する権利のない人たちである．このうち，第一と第二のグループは失う土地の補償およびその他政策の目的を達成するのに必要な支援を受けられる一方，第三のグループは，補償はもらえないがその代わりに政策目的を達成するための移転支援を受けることができる（OP4.12パラグ

ラフ15と16)[10]．

　調査という点で重要なのは，これらの悪影響を解決するために，借入国は「移転計画」もしくは「移転政策枠組み」の策定が求められている点である．非自発的住民移転政策の別表Aに示されている「移転計画」に必要な項目を「BOX 2.3 政策上求められる移転計画の内容」にまとめた．ここには大きく3つの要素が含まれている．第一に様々な調査が必要となる項目である．事業地域の特定，移転を回避するための代替案，移転を余儀なくされる人口，移転住民の生活状況，移転による損失の評価方法，さらには移転先への影響や借入国の法制度などは，時間をかけた広範な調査がなければ記述することは難しい．第二に，プロセスや手続きに関する項目である．特に，関係する住民や地域社会との協議やそれをどのように移転関連活動に反映したかを明記しなければならない．事前に十分な情報が提供された上で，意味ある協議が行なわなければならない点については，政策本文の中で具体的に規定している（OP4.12パラグラフ6,7および13）．第三に，組織や制度に関する項目である．移転についてどの機関が主管するのか，実施能力の強化はどうするのか，さらには移転をめぐる紛争を解決するための仕組みをどうするのかを「移転計画」に記述しなければならない．

BOX 2.3　政策上求められる移転計画の内容

1. 案件概要：案件の一般情報と事業地域の特定
2. 潜在的な影響：①案件の中で移転を引き起こすコンポーネントや活動，②影響の地理的範囲，③移転回避/最小化のための代替案，④案件実施段階での移転最小化の仕組み，の特定
3. 目的：移転プログラムの主要な目的
4. 社会経済調査：案件形成の早期の段階で，移転の可能性がある住民が関与して，国勢調査とその他の調査を実施．国勢調査に含まれるのは，①影響地域の現時点での人口，②移転世帯の標準的な特性（生業形態，賃労働，世帯構成，生計の現況情報，健康状況を含む生活水準など），③損失する

---

[10]　「補償」は事業によって失ったものと同じ価値の代償を被影響住民の権利として受け取るものであるのに対して，「移転支援」は移転住民の生活水準を下げないという世界銀行の政策に則った支援を指す．

資産，移転の規模，④特別な配慮が必要な脆弱グループ/個人に関する情報，⑤移転住民の生計や生活水準の情報を定期的に更新する仕組み．その他の調査に含まれるのは，①土地の所有権や譲渡の仕組み，②影響を受けるコミュニティにおける社会的な相互関係の行動様式とそれに対する案件の影響，③影響を受ける公共インフラと社会的サービス，④移転対象のコミュニティの社会的文化的特性

5. 法的枠組み：①強制収用の適用範囲と補償の性質（資産評価方法や支払時期），②適用される法律や行政の手続き，③関連する法律，④移転実施を主管する機関に関する法令，⑤当該国の土地収用や移転に関わる法律と世界銀行の政策の食い違いとその克服方法，⑥移転を効果的に実施するために必要な法的プロセス
6. 組織体制：①移転を主管する機関と案件実施に関与する可能性のあるNGOの特定，②そうした機関やNGOの組織的能力の評価，および③組織的能力強化のためのプロセス
7. 適格性：移転住民の定義および補償や移転支援を受ける資格の基準
8. 損失の評価と補償：減価償却や廃物利用をしない再取得費用（replacement cost）を決めるための損失価値の評価方法，および現地法に基づく補償と再取得費用を満たすために必要な補足手段
9. 移転措置：この政策の目的を満たすための種々の補償や他の移転措置
10. 移転地の選択と準備および移住：移転先の代替案および選択した移転地についての説明は以下の点を含む．①移転先を特定し準備するにあたっての組織上および技術上の取り計らい，②土地投機や移転地への人口流入を防ぐのに必要な方策，③移住の手順，④移転先の所有権を確保するための法的手配
11. 住居，インフラ，社会サービス：住居，インフラ（上水，支線道路など）および社会サービス（学校，保健衛生など）を提供する計画
12. 環境保護と管理：①移住地の境界に関する記述，②移転による環境影響の評価，③そうした影響の緩和および管理策
13. 地域社会の参加：①移転の計画と実施において移転住民とそれを受け入れる移転先の住民が参加して協議を行なうための戦略，②地域社会から出された見解と移転計画の準備への反映状況，③提案された移転代替案および移転住民の選択のレビュー，④計画と実施の段階で移転住民が当局に懸念を伝えられる制度的な取り計らい，および脆弱なグループが適切に申し立てられるような手段

14. 移転先の住民との統合：移転先の地域社会への影響を緩和する手段には以下を含む．①移転先の地域社会や自治体との協議，②移転住民に提供される土地や資産に対する受入側への支払いを迅速に行なう手配，③移転住民と受入側の地域社会に軋轢が生じた場合の解決策，④移転住民向けのサービスと最低でも同等となるように受入側の地域社会の社会サービスを改善する方策
15. 苦情申立手続き：移転に伴う紛争を第三者機関によって解決する手続き
16. 組織的な責任：移転の実施を主管する機関の特定，関係機関の調整方法，実施機関の能力強化方法，地方自治体への権限委譲規定
17. 実施スケジュール：準備から実施までのあらゆる移転関連活動の実施スケジュール
18. 費用と予算：移転に関わる全ての活動の費目ごとの見積もり．物価上昇や人口増加の斟酌，支払スケジュール，資金源などを含む．
19. モニタリングと評価：実施機関による移転関連活動のモニタリング．世界銀行が適当と考えた第三者モニターが補足する．

（出所：World Bank OP4.12 Annex A をもとに筆者作成）

　世界銀行が 1980 年に初めての住民移転に関する政策 OMS2.23 を策定してから，今日の詳細な規定に至るまでには度重なる評価や改定が行なわれた．86 年には，過去 7 年間に承認された水力発電と農業分野全体の評価の一環として OMS2.23 の遵守状況が初めてレビューされた．その結果，移転を伴わない代替案については事前の段階ではほとんど検討されず，したがって移転住民数が最小化されていないことが明らかになった．また OMS2.23 制定直後の 80 年から 82 年までは政策と事業の一貫性は高いのに，83 年と 84 年は低くなっていることも指摘された．レビューの結果をもとに 86 年に制定された業務政策覚書（OPN）10.08「世界銀行融資事業において移転を取り扱う際の業務政策上の課題」では，移転した住民への救済策，関与する職員増員の勧告，移転した住民たちに代替となる生産基盤を提供すべきであることをより明確に打ち出した（Fox 2000）．

　こうした声明や覚書は，当時は公開されておらず，政策改定は世界銀行内部で開発事業の社会的側面に関心を持つ経済学以外の社会科学分野の専門家[11]によって推し進められていた（Koenig 2006）．住民移転に関わる政策が初めて衆

目にさらされ，複数の言語に翻訳されたのは1988年である．これも，外部からの圧力というよりは，世界銀行職員である「社会科学者」が，世界銀行と借入国のアカウンタビリティ（説明責任）を高めようと働きかけた結果であった(Cernea and Guggenheim 1993)．

世界銀行の内部主導としては最後となる政策改定によって，1990年に非自発的住民移転業務指令（OD）4.30が制定された．それ以降，住民移転に関わる政策の評価や改定は，世界銀行に多額の出資をしている先進国と融資を受ける開発途上国双方の政府や市民社会などから高い関心を払われながら行なわれることになる．その口火を切ったのが，85年のOMS2.23の遵守状況レビュー以来の実施となった94年の政策評価である．インドのナルマダ川のサルダル・サロバル・ダムへの融資が住民の強制的な立ち退きの面で国際的に大きな批判を浴びたことから，政策評価は世界銀行経営陣の厚い支援のもと環境局の作業部会が中心に行なった．

この政策評価報告書の中では，本章の冒頭で述べたADBの内部評価報告書と同じ問題，すなわち移転住民数の大幅な過少予測が指摘されている．評価の対象となったのは，OPN10.08が制定された1986年から93年までに世界銀行が融資した事業である．192の事業で非自発的な住民移転が発生し，250万人が立ち退きを余儀なくされた．そのうち，政策評価の時点でまだ世界銀行が関与していると見なされた146の事業について詳しく調査した結果，事業によって移転させられた住民数は，融資審査の段階で世界銀行が把握していた数よりも62万5000人も多かったことが判明した．この数は，146事業の移転住民数の47％に相当する（World Bank 1996：88）．ちなみに，本章の冒頭で述べたADBの場合は，移転住民数の予測違いは10％程度だった．移転を余儀なくされる住民の数を事前調査によって把握できなければ，政策目的である移転住民への悪影響の回避は達成不可能である．

事前に移転住民と認識された人たちへの悪影響の回避・最小化という点で重

---

11) 世界銀行においては，経済学以外の社会科学，とりわけ文化人類学や社会学の専門家を「社会科学者」（social scientist）とよぶ．本書でも，世界銀行の専門家について述べる際にはこの分類に従う．「社会科学者」が世界銀行で果たしてきた役割については第6章で詳しく論じる．

第2節　改定を重ねた政策と調査

要なのが，移転前の住民生計実態調査，いわゆるベースラインデータ，および
それを反映した移転計画である．評価報告書によると，最初の住民移転政策
(OMS2.23) が適用された1980年から85年ではベースラインデータ調査の活用
が21%，移転計画が融資審査に活用された事業の割合は30%にすぎなかった．
評価報告書は，住民移転に関わる世界銀行の政策がその目的を達成してこなか
った状況を厳しく指摘する一方で，政策改定とともに徐々に改善が見られると
分析している[12]．世界銀行への厳しい批判を含むこの政策評価の結果を広く伝
えるため，報告書が世界銀行環境局の出版物として発行されたのが96年3月
である．同じ年の9月に再び政策の改定がスタートした[13]．しかし，世界銀行
内部や理事会で厳しい議論にさらされたため，改定案が公開されて外部のステ
ークホルダーとの協議が始まるまでに3年以上を要した[14]．改定案は11カ国
語に翻訳されて99年7月から11月にかけて世界銀行のホームページで公開さ
れ，世界中のNGOや市民社会組織，移転住民グループなどからコメントが寄
せられた．改定案に関する加盟国政府との協議は地域のバランスを考慮して
14の借入国で開催された．寄せられたコメントはおよそ300で，それらをリ
スト化し，各コメントに対する世界銀行の対応策を公表した．外部との協議を
もとに策定した第二次改定案は2000年4月に世界銀行内部で議論され，全員
一致で合意された．第二次改定案は01年1月に理事会の開発効果委員会に提
案され，2カ月にわたって議論が続いた．それをもとに作られたのが第三次改
定案である．

　表2.4は1990年のOD4.30と比較した第三次改定案の改定ポイントと，一

---

[12] 1986年から1993年に融資承認された事業ではベースラインデータ調査の活用43%，そのうち92年から93年の事業は72%，さらに政策評価が実施されていた94年の最初の10カ月では100%の事業でベースラインデータ調査が活用された（World Bank 1996：12）．また，移転計画が融資審査に活用された事業の割合は，86年から91年が50%，92年が77%，93年が92%，94年が100%となっている（ibid.：137-138）．

[13] 1996年から2001年の政策改定過程についてはWolfensohn (2001) を参照．

[14] 改定作業開始から2年にわたる内部での議論と業務評価局による検査を経て，1998年9月に最初の改定案が理事会に提案された．しかし，加盟国の代表者からなる理事会は改定案を承認せず，世界銀行内部の合意形成をより強固にするよう求めた．それを受け，様々なセクターで業務に携わる職員から成る技術委員会と，セクターごとの責任者から成る運営委員会を設置し，技術と組織運営の両面から政策改定をやり直した．99年6月に理事会メンバーで作る開発効果委員会に新たな改定案が示され，これをもとに外部のステークホルダーとの協議を進めることが承認された．

表2.4　非自発的住民移転政策（OP4.12）の改定ポイント

世界銀行第三次改定案	反映した外部コメント	反映しなかった外部コメント
1. 強制的な土地収用による直接的な経済・社会影響に限定 2. 被影響住民の生計や生活水準は前より向上するか最低でも回復すべきだと明記 3. 自然公園や保護地域の合法的な利用が制限された場合，その持続可能性を維持しながら政策目的を達成すべきと明記 4. 伝統的な生産様式を持つ先住民族の移転の複雑さを重視し，移転の回避を探るべきと明記 5. 政策適用のため世銀副総裁をトップにした移転委員会を設置 6. 土地に根ざした生計が影響を受ける人々には土地に基づく移転戦略を優先し現金補償が可能な状況も特定 7. 影響を受ける人々の法的立場を区別し補償や支援を受ける権利を記述 8. 移転の早期段階の世銀による計画と実施のレビューを義務化 9. 移転完了時の借入人による政策目的達成度調査と世銀によるその評価を義務化 10. 再取得価格を詳細に定義 11. 関連文書の公開手続きを明記	1. 土地に根ざした生計への影響は土地を基盤にした回復を優先 2. 土地収用以外の環境，社会，経済的悪影響は環境アセスメントなど他の方法で解決 3. 代替の土地や施設は所有権と一緒に提供 4. 自然公園や保護地域での利用制限や緩和策は影響を受ける人々とともに決める 5. 移転後も支援する合理的な移行期間を記述 6. 土地に根ざした先住民族の移転の複雑さを認識し可能な限り回避 7. 移転支援方法はあらかじめ決めず適切な方法を検討 8. 早い時点のベースラインデータ調査の目的は補償対象者を特定することだと明記 9. 借入人の責任履行と能力が世銀関与を決めるカギだと明記 10. 世銀の定期実施監理と合意遵守確認を記述 11. 被影響者が関与した社会経済調査を明記 12. 非公式な制度など社会組織の様式を社会経済調査に組み込む 13. 地元の手続きと世銀政策の差異の特定を強調 14. 被影響者の文化的性向に合った移転手段の重要性を強調 15. 自然公園や保護地域の利用制限の場合はプロセスの概要を含む	1. 政策目的を被影響住民の生計や生活水準が向上するとだけ明記 2. 非自発的に限らず事業に関わる自発的な移転も対象とすべき 3. 土地に基盤を置く生計回復策を義務にすべき 4. 不法占拠者の権利を保障すべき/移転支援すらすべきではない 5. 移転対象となる先住民族のPIC（事前に十分情報提供された上での合意）を定めるべき

出所：Wolfensohn（2001）をもとに筆者作成

連の協議プロセスで反映した主要なコメントおよび反映しなかったコメントをまとめたものである．この表に挙げた改定ポイントのうち，明らかに調査と関係あるのは以下のような点である．

1. 伝統的な生産様式を持つ先住民族の移転の複雑さを重視すること
2. 土地に根ざした先住民族の移転の複雑さを認識し可能な限り回避すること
3. 「土地に根ざした生計」が影響を受ける人々には「土地に基づく移転戦略」を優先し現金補償が可能な状況も特定すること
4. 影響を受ける人々の法的立場を区別し補償や支援を受ける権利を記述すること
5. 土地収用以外の環境，社会，経済的悪影響は環境アセスメントなど他の方法で解決すること
6. 早い時点のベースラインデータ調査の目的は補償対象者を特定することだと明記すること
7. 被影響者が関与した社会経済調査を明記すること
8. 非公式な制度など社会組織の様式を社会経済調査に組み込むこと

上記の点を含んだ第四次改定案は，2001年3月の開発効果委員会で承認され，協議の概要とともにホームページに公開され再度外部からのコメントを受け付けた．これらのコメントを改めて検討し，一部を改定案に盛り込んだ上で同年12月の理事会で最終的に承認された．こうして誕生したのが現行の非自発的住民移転政策（OP4.12）である．したがって，同年12月以降に審査対象となったプロジェクトは，表2.4の改定ポイントを考慮して事前調査が実施されていると考えられる．

4　国際開発機関初の先住民族政策

先住民族あるいは部族民[15]とよばれる人たちは，世界の70カ国以上に，2

---

15) 先住民族や部族民の呼び名や定義は国によって様々である．世界銀行の政策上の定義については後述する．

億5000万人以上いるといわれている（Burger 1990）．そうした人々に対して個別の政策が必要となった理由としては，先住民族や部族民は固有の文化や土地利用形態を維持しており，開発の影響に対して脆弱である点が挙げられる．世界銀行の開発案件でこうした人々への影響が初めて大きな問題となったのは，1970年代に戒厳令下のフィリピンで進められたチコ川流域ダム計画だった．先祖伝来の棚田を失う9万人のボントック族やカリンガ族の数年間にわたる激しい反対運動の結果，世界銀行はこの案件から撤退した．80年代に入ると，今度はブラジル・アマゾンで，道路建設によって土地を奪われるロンドニア州の先住民族が抗議行動を始めた．このことが直接的な引き金となって世界銀行は新たな政策の策定に取り組み始めた（Gray 2000）．世界銀行内部の「社会科学者」[16]を中心に，先住民族の権利を求めて活動していたNGO（Cultural SurvivalやSurvival International）などとも研究や協議を重ね，82年2月に業務マニュアル声明（OMS）2.34「世界銀行融資案件における部族民」を制定した（Kardam 1993）．国際開発機関で先住民族に関する政策を策定したのは世界銀行が初めてである（Gray 2000）．その後，2度にわたる政策改定が行なわれ，2005年に現在の先住民族業務政策（OP4.10）が制定された．

　世界銀行の先住民族政策の目的は，先住民族の尊厳・人権・経済・文化が，開発の過程で十分尊重されることによって，貧困削減と持続可能な発展という世界銀行の使命に資することだと明記されている（OP4.10パラグラフ1）．特に注意すべき点として，先住民族のアイデンティティや文化が，住んでいる土地や生活を支えている天然資源と深くつながっていることが挙げられている（OP4.10パラグラフ2）．

　こうした政策目的を達成するため，世界銀行は「先住民族」を厳密には定義せず，以下の4つの特徴を持つ独特で脆弱な社会・文化集団という広い意味で使っている（OP4.10パラグラフ3および4）．

1. 独特な土着文化集団の一員としての自己認識と他者からの認知
2. 地理的に区別された居住地もしくは先祖伝来の領地，またそこでの天然

16）　この「社会科学者」（social scientists）という世界銀行特有の呼称については本章脚注11）を参照．

資源に対する集団的な結びつき（ただし，強制的に結びつきを断絶された場合は，結びつきがあるものと見なす）
3. 支配的な社会や文化とは切り離された慣習的な文化・経済・社会・政治的な制度
4. 土着言語（しばしば公用語とは異なる）

　先住民族政策は世界銀行の他の政策と同様に，融資を要請された案件に対する手続き上の要件を定めている（OP4.10 パラグラフ 6〜15）．第一にスクリーニング，すなわち事業予定地に先住民族が存在するか，あるいは集団的な結びつきがあるかどうかの特定である．スクリーニングの実施にあたっては，当該地域の社会・文化的集団に関する専門知識を持った社会科学分野の専門家の判断を求めている．第二に借入国による社会アセスメントの実施である．このアセスメントでは案件による先住民族への正負両面の影響を評価するとともに，深刻な悪影響が見込まれる場合は案件の代替案を調査することが借入国に求められている．アセスメントの内容については「BOX 2.4 政策上求められる社会アセスメントと先住民族計画の内容」にまとめた．第三に，特に案件形成の段階における先住民族コミュニティとの「自由な，実施前の段階での，十分な情報が提供された協議」[17] のプロセスを要件としている．第四に社会アセスメントおよび「自由な，実施前の段階での，十分な情報が提供された協議」を反映した先住民族計画（もしくはその枠組み）の策定である（詳細は BOX 2.4 を参照）．そして，最後に先住民族計画（もしくはその枠組み）の草案段階での情報公開である．すなわち，調査という観点からは，先住民族を特定するスクリーニング，影響と代替案を調査する社会アセスメント，そして，その結果を文書化した先住民族計画が重要となる．

　世界銀行の先住民族政策は 1982 年に OMS2.34 として制定されて以来，現在までに 2 度の大きな改定を経ている．最初の改定は 91 年である．きっかけとなったのは世界銀行内部の「環境・科学問題担当室」による 87 年の政策評価

---

17) 先住民族に関して国際的に使われる FPIC は，Free Prior Informed Consent，すなわち「自由で，実施前で，十分な情報が提供された合意」である．これに対して世界銀行の先住民族政策では C が合意（Consent）ではなく協議（Consultation）となっている．

だった．これは OMS2.34 が制定された 82 年から 86 年までの 5 年間に世界銀行が融資した事業の中で，先住民族や部族民の土地・資源・文化に影響があった 33 の融資事業に対する机上評価である．その中で，支配的な文化に順応して変容した先住民族が政策の適用から除外されていること，先住民族の生存に不可欠な土地の保護が社会サービスの提供に比べて実施されていないこと，また計画の策定に先住民族自身の意味ある参加が確保されていないこと，などが問題として指摘された（Davis 1993）．世界銀行の体制に関しても，評価対象となった期間中，融資を担当する地域局には文化人類学者がほとんど雇用されておらず，評価の結果として OMS2.34 の改定が勧告された．

環境アセスメント政策や非自発的住民移転政策の項で述べたように，1980 年代に入ってブラジルのアマゾン開発に加えて，インドのダム開発やインドネシアの移住事業をめぐって，世界銀行の融資事業が及ぼす自然・社会環境面での悪影響が大きな国際問題となっていた．こうした事業の被影響住民には土着の民族が多く含まれていたため，環境アセスメント政策や非自発的住民移転政策とともに先住民族政策も外部からの厳しい批判を受けていた．自己批判的な 87 年の評価報告書を受けて，世界銀行内外での協議をもとに新たな先住民族政策である業務指令（OD）4.20 が 91 年に策定された．この政策改定において，先に挙げた調査との関連で重要な点が 2 つある．第一に先住民族の定義を広げた点である．当該国で主流となっている社会文化に順応しているかどうかで排除されることはなくなった．第二が先住民族開発計画（IPDP）の策定を求めた点である．先住民族に関する借入国の法的枠組みの調査や，先住民族に関わる地理的・社会文化的データの収集，それらの計画への反映を要件に含めた．慣習的な土地利用や伝統療法などの土着知識に十分目を向けて計画を策定するよう求められている（ibid.）．しかし，この政策改定においては肝心の先住民族グループや，世界銀行の融資事業に批判的な NGO などの意見を幅広く聴取して政策に取り入れたわけではなかった．

BOX 2.4　政策上求められる社会アセスメントと先住民族計画の内容
〈社会アセスメント〉
1. 先住民族に適用できる法的・制度的枠組みのレビュー

2. 影響を受ける先住民族コミュニティの次の点に関する基礎的情報の収集――人口・社会・文化・政治的な特徴，伝統的に所有もしくは慣習的に利用あるいは占有してきた土地や領地，依存する天然資源
3. 1と2を考慮した，案件の準備と実施の各段階におけるカギとなる利害関係者の特定と，文化的に適切な先住民族との協議プロセスの詳述
4. 案件による正負両面の影響について，先住民族コミュニティと「自由な，実施前の段階での，十分な情報が提供された協議」に基づいたアセスメント．その際，土地や天然資源と密接なつながりや他の社会グループと比べた機会の少なさなどを考慮した，先住民族コミュニティの相対的な脆弱性やリスクの分析が重要
5. 先住民族コミュニティと「自由な，実施前の段階での，十分な情報が提供された協議」に基づいた悪影響の回避策，それが実施不可能な場合の，悪影響の最小化・緩和・代償策の特定と評価

〈先住民族計画〉
1. 社会アセスメントの1と2で求められた情報の概要
2. 社会アセスメントの概要
3. 社会アセスメントで実施され，先住民族コミュニティの案件への広範な支持につながった「自由な，実施前の段階での，十分な情報が提供された協議」の結果の概要
4. 案件実施中の先住民族コミュニティとの「自由な，実施前の段階での，十分な情報が提供された協議」を確保する枠組み
5. 先住民族が文化的に適切な社会経済的利益を享受できるような行動計画
6. 先住民族への悪影響が特定された場合の，影響回避・最小化・緩和・代償策の行動計画
7. 先住民族計画の費用推計と資金計画
8. 先住民族コミュニティの苦情を解決する適切な手続き
9. 先住民族計画の実施に関するモニタリング，評価，報告のための仕組みや基準

(出所：World Bank OP4.10 Annex A と B をもとに筆者作成)

　1994年，世界銀行は政策全体の改定に着手した．政策や手続きが混在していたそれまでの業務指令（OD）を，業務政策（OP）・銀行手続き（BP）・グッドプラクティス（GP）の3種類に整理し直すというものだった．先住民族

政策の2回目の改定プロセスはその一環として行なわれたため，世界銀行は当初あくまで整理のし直しに留め大幅な改定を考えていなかった (Bank Information Center 2004). 世界銀行内部の議論をもとに98年にアプローチペーパーという改定の方向性を示す文書が作成され公衆協議に付された. その中で，各国の先住民族グループが，先住民族の土地や資源への権利を保障することや，「自由な，実施前の段階での，十分な情報を提供した上での合意」(Free Prior Informed Consent, FPIC) などの基本原則を改定に盛り込むよう求めた (Griffiths 2005). アプローチペーパーに対する公衆協議の結果をもとに世界銀行内部で政策改定案が作成され，2001年2月に世界銀行理事会の開発効果委員会で政策改定案を公衆協議にかけることが承認された. 政策改定案は11カ国語に翻訳され，35カ国以上の借入国政府，先住民族団体，NGO，研究者，開発機関の代表者などが参加して32回の協議会が開催された. 参加者はのべで約1200人，それに加えて345人の個人から意見が寄せられた (World Bank 2002). 世界中の先住民族のリーダーたちとこれだけ広範で直接的な協議を行なったのは，世界銀行史上初めてだったが (World Bank 2005)，協議に参加したり意見を寄せたりした先住民族の側は，それまでの政策の原則や要件など重要な部分の改定を前提にしていない世界銀行の姿勢を厳しく批判した (Griffiths 2005).

　公衆協議のプロセスと並行して，業務評価局は1991年に制定された先住民族政策である業務指令 (OD) 4.20の遵守状況を検査した. その結果，92年1月以降に融資審査が行なわれ2001年までに完了した事業のうち，先住民族に影響を及ぼすものは89件あったが，実際にOD4.20が適用されたのは55件で，約62％にすぎなかったことが明らかになった. しかも，この55件のうち，その後も世界銀行の関与が続いた47件に関して先住民族政策の目的達成状況を業務評価局の基準でランクづけしたところ，「満足」と評価されたのは38％ (18件) だった (World Bank 2003). これに対して世界銀行は，この47件は92年から98年のプロジェクトだが，97年以降はOD4.20を含めた一連の政策を「セーフガード政策」(環境社会配慮政策) と定めて政策の実施を強化したので，目標達成状況は改善しているはずだと指摘している (ibid.: 38脚注).

　OD4.20の場合，環境アセスメント政策や非自発的住民移転政策のように，

政策の課題や改定のポイントを詳細にまとめた文書は見当たらなかった．融資担当部局から独立しているという点で第三者性を担保している業務評価局の検査では，以下の2つを「うまくいかなかった点」として挙げている（ibid.: p41）．

1. 個別プロジェクトでの対応は困難．借入国における先住民族の権利に関する不適切な法的枠組みに関わるような問題を扱えない．
2. 政策が定める先住民族の定義が広いため，専門家によっても誰が先住民族かについて見解が分かれる．

業務評価局は，こうした課題を解消するためには，先住民族グループに影響を与えそうな借入国においては，国レベルの先住民族関連の戦略を立てるとともに，その国の法的枠組みの中で業務を行なうべきだと勧告している．例えば中国においては，同国憲法で認められた55の少数民族グループに対しては先住民族政策を適用することを世界銀行と中国政府の間で合意している．

当初はマイナーな政策改定に終わらせようと考えていた世界銀行だったが，業務評価局の検査結果や2001年改定案に対する各国の先住民族団体や国際NGOからの激しい批判にさらされたため，その後4年間，外部の利害関係者との協議などをもとに改定案の修正を続けた．そして05年5月，理事会は新たな業務政策（OP）4.10を承認したのである．

この政策改定に強い関心を抱いていた先住民族団体のリーダーやNGOは，社会アセスメントの実施を義務づけたことなど評価できる改定項目があったとしている一方で，特に次の3点について強い不満を表明している（Griffiths 2005）．第一に，国連などでは基本的な原則として認められている「自由な，実施前の段階での，十分な情報を提供した上での合意」（Free Prior Informed Consent, FPIC）を世界銀行は受け入れず，頭文字は同じFPICでも「合意」のCを「協議」（Consultation）としている点である．先住民族のいわば「拒否権」が認められなかったことが批判されたといえる．第二に，土地や天然資源に対する先住民族の慣習的な権利を尊重する規定が曖昧である点，そして，第三に，「広範な地域社会の支持」という規定によって先住民族以外の支配民族の意向が優先されることへの恐れを挙げている．

第3節　調査を調査する仕組み

1　独立審査委員会の独立性

　ここまで述べてきたように，環境アセスメント，非自発的住民移転，先住民族の3つの政策は，いずれも世界銀行が支援する事業の事前調査に関係し，1980年代以降度重なる改定を経たいわば「成熟した政策」といえる．ところが結論を先に述べれば，世界銀行が政策遵守を確保するために93年に設立した独立審査委員会が，開発途上国のプロジェクト地の住民から異議申立を受けて審査したところ，これら3つの政策の不遵守が他の政策に比べて多かった．他の政策と比較して政策の履行が著しく不適切だったとの見方もできるが，むしろこれらの政策がプロジェクト地の住民の生活により深く関わっているために住民の申立に直結しやすいことが要因ではないかと筆者は捉えている．ただし，どのような政策が遵守されにくいかという議論は本書の主題とは直接関係しない．ここで重要なのは，開発プロジェクトの事前調査を司っている政策で，しかも多様なステークホルダーが参加して度重なる改定を経た政策がその目的を達成できていないと独立審査委員会から指摘されている点である．目的との乖離に関する詳細な分析に入る前に，本節では政策の遵守を審査する独立審査委員会の仕組みについて述べる．

　独立審査委員会は世界銀行加盟国の国籍が異なる3人の委員，事務局，それに委員が雇用するコンサルタント（専門家）から成る．委員は世界銀行総裁が理事と相談して選出し，理事会によって指名される．委員長は専従職としてワシントンD.C.に常駐し，他の2人は審査に必要なときだけの非常勤である．

　委員会を設置した世界銀行理事会の決議にあるように，政策遵守を審査する機関として最も重視されているのがその独立性である．そのため世界銀行で働いた人は，退職後2年間は委員になれず，また，再任なしの5年間の任期終了後は二度と世界銀行グループで働くことはできない．スタッフやコンサルタントの雇用や審査に必要な予算は十分確保され[18]，予算執行の決定権は委員会に付与されている．したがって，申立があった国の事情に詳しい専門家や，森林，

先住民族の文化，工学的知識など特定の申立内容に精通した専門家をその都度雇用することができる．さらに，審査の内容が歪められないように，理事会に提出する報告や勧告に関して事前に世界銀行側と相談する義務はない．委員会の独立性に関するある研究によれば，1999年から2004年の期間に申立をした人たちは，独立性が低い場合を1，高い場合を5とした5段階評価で，平均4.8という高い評価をしている．同じ研究でインタビューを受けた世界銀行の職員は全員が5をつけている (Bridgeman 2008 cited in Inspection Panel 2009)．申し立てた側も，申し立てられた側も，その独立性を高く評価している制度である．

なお，ブリッジマンがあえて1999年を境界年としたのには理由がある．99年までは，委員会が政策不遵守の審査を勧告しても，理事会がそれを認めないケースがほとんどだったからである．その原因は，世界銀行が審査を回避するために問題解決に向けた行動計画を理事会に提出し，理事会が政策不遵守の審査に代わってそうした新たな計画を承認したことにある（松本 2003）．99年の見直しで，委員会の独立性 (independence and integrity) が重要であることが再確認され，委員会の勧告に対しては申立資格に関わる技術的な問題を除いて理事会は独自の判断をせずに審査を承認しなければならなくなった[19]．その結果，99年以降は，委員会の勧告が尊重されるようになり，被害を申し立てた側も申し立てられた世界銀行もともにその独立性を高く評価している．本書で分析対象とするのも，99年以降に申し立てられた事業である．

2 独立審査委員会のプロセス

住民と世界銀行の双方からその独立性を高く評価されている独立審査委員会だが，独立性だけでは調査と実態の乖離を明らかにする条件としては十分ではない．

第一に，世界銀行が融資した事業の事前調査の問題を指摘した独立審査委員

---

18) 例えば2008年7月1日から1年間の予算は，委員の給与を含めて314万6200ドルで，実際の支出額は309万1500ドルである (Inspection Panel 2009: APPENDIX XII)．
19) 1999年4月20日に世界銀行理事会が承認した "1999 Clarification of the Board's Second Review of the Inspection Panel" の第9項を参照．

会もまた「調査」を手段としているからである．すなわち，本書のテーマが調査の機能や働きの分析である以上，十分な独立性が確保されているからといって，独立審査委員会の調査が正しく，世界銀行が承認した事前調査が誤っていると断定することは適切ではない．独立審査委員会が現地調査や文献調査などに基づき最終審査報告書に政策不遵守を盛り込んだとしても，そこでいえることは，世界銀行が融資した事業によって被害を受ける人たちが存在し，その原因として事前調査段階での政策不遵守があったことが独立審査委員会によって指摘された，ということだけである．

第二に，では，事実関係を筆者自身が調査して，どちらが正しかったのかを判定すればよいのかといえば，それもまた調査のパラドックスに巻き込まれる危険がある．なぜなら，筆者による事実確認の調査が正しいかどうかを次の議論の俎上に載せざるをえなくなるからである．R.チェンバースは，農村でのアンケート調査の誤謬を指摘した上で次のように書いている．

> これら誤解を招くデータの例はそれで終わりというわけではない．データの誤りを暴露した人が常に正しいとはいえない．しかし，いったい誰が暴露者の正体を暴露するであろうか．(Chambers 1983：57，筆者訳)

調査のパラドックスを回避するために着目したのは，独立審査委員会の審査結果に対する世界銀行[20]の反応である．独立審査委員会の特色の1つは，必ず世界銀行の見解を聞きながら審査を行ない，委員会の最終審査報告書に対しては世界銀行が見解書[21]を作成して理事会に提出することになっている．世界銀行が支援するプロジェクトの事前調査から，影響を受ける住民による独立審査委員会への申立，それを受けた審査のプロセスを図2.2に示した．

プロジェクトの準備段階では借入国の政府や企業が事前の調査を実施してい

---

20) ここでいう「世界銀行」は英語の「World Bank Management」の和訳である．「世界銀行事務局」や「世界銀行経営陣」と訳す場合もあるが，「World Bank Management」は総裁や副総裁などの幹部から現地事務所の職員までを含んでいるため，ここでは「世界銀行」とした．重要な点は，出資国の代表者で構成する意思決定機関の理事会を含んでいないことである．

21) 正式名称は Management Report and Recommendation in Response to the Inspection Panel Investigation Report. 独立審査委員会の最終調査報告書提出から6週間以内に世界銀行理事会に提出される（The Resolution Establishing The Inspection Panel, September 22, 1993）．

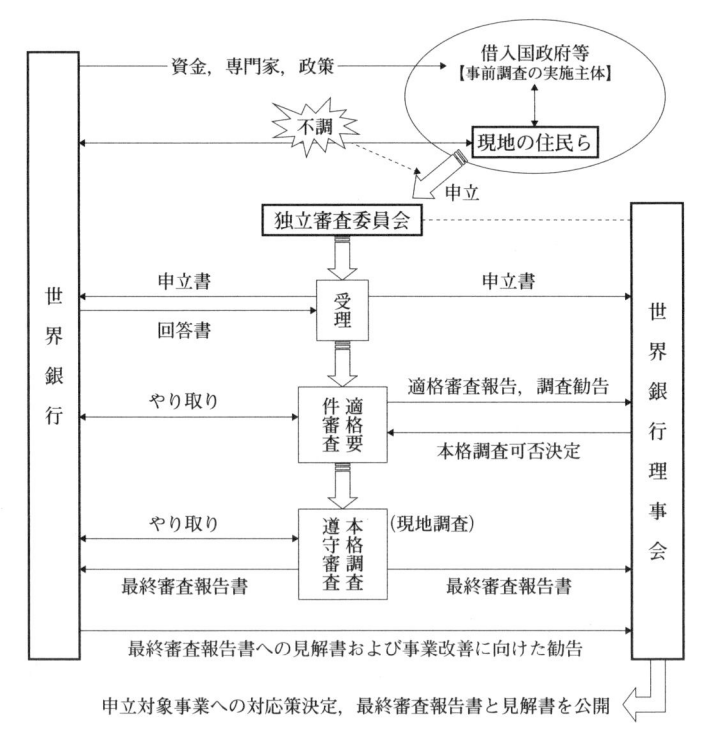

第3節　調査を調査する仕組み　　　　　　　　　　　　93

図2.2　独立審査委員会の審査プロセス
出所：筆者作成

るが，世界銀行がそのプロジェクトに融資などの支援をするためには，本章第1節で挙げた様々な政策を遵守していることを自らが確認しなければならない．したがって，事前調査の段階から世界銀行が資金供与や専門家の派遣を通じて調査を支援することも少なくない．一方で，プロジェクトによって影響を受ける住民は，準備段階から問題を未然に防ぐために自国政府や支援を検討している世界銀行と直接もしくはNGOなどを通じて連絡を取り合っている．それが不調に終わった場合，独立審査委員会に申立を行なうことができる．

　審査プロセスは図2.2の太い白抜き矢印で示したように，「受理」，「適格要件（eligibility）審査」，「本格調査・遵守（compliance）審査」の3段階に分かれている．適格要件の審査では，住民らが訴える被害が世界銀行の融資事業による物理的な影響かどうか，それが世界銀行の政策と関係しているかどうか

が焦点となる．独立審査委員会が要件を満たしていると判断すれば，不遵守の有無を審査する本格調査の実施を理事会に勧告する．理事会の承認を受けて政策遵守の審査に移る．担当となった委員は，申立人，当該国政府機関，世界銀行職員，NGO，研究者など広範な関係者へのインタビューや現地調査を実施する．それに基づいて，申し立てられた被害内容と世界銀行による政策不遵守の関連について最終審査報告書を作成し理事会に提出する．これに対して，融資を進めた世界銀行側からは指摘された政策不遵守についての見解や被害解消に向けた対策が理事会に提案され，両者からの文書をもとに理事会が今後の方針を決定するという仕組みである．

いずれの段階でも独立審査委員会は世界銀行から情報や意見を聴取しながら審査を進めている．筆者が特に注目したのは，独立審査委員会がまとめた最終審査報告書に対して，事前調査を担当した世界銀行が見解書を作成し，いずれも理事会の審議後に公開されている点である．最終審査報告書と世界銀行の見解書を合わせて分析することで，独立審査委員会をも含めた調査の働きを明らかにすることが可能だと考える．なぜなら，仮に見解書の中で世界銀行が独立審査委員会の審査結果を認めれば，事前調査が政策に示された実態の把握という所期の目的を達成できなかったことは「合意された事実」として受け入れられることになる．一方で，もし世界銀行が独立審査委員会の審査結果に反論すれば，そこには調査をめぐる論争が存在していることになる．その争点を分析することで調査の働きを浮き彫りにする契機となると考えたからである．

3 「事実確認」機能への着目

事業に伴う影響を予測する調査は数多く実施されているが，世界銀行の独立審査委員会のように，その調査が政策に沿った適切なものだったかどうかを事後的に検証しその結果を組織として公表する仕組みは極めて稀である．そのユニークさゆえか，これまで独立審査委員会に関しては様々な研究が行なわれてきた（例えば，Bradlow 1994；Bissell 1997；Shihata 2000；Hunter 2003；Orakhelashvili 2005；Carrasco and Guernsey 2008；Fourie 2009）．本項では，こうした過去の研究をレビューし，調査の機能という視点で独立審査委員会を分析対象とすることの意義について検討する．

第3節　調査を調査する仕組み

　世界銀行の独立審査委員会に関する個々の既存研究は，複数の側面から分析しているため，それぞれの研究を単一の区分に当てはめることはできないが，おおむね以下の3つの視座から独立審査委員会の研究が行なわれてきている．

　第一に，国際法的な側面である．これまで述べてきたように，独立審査委員会が審査するのはあくまで世界銀行が自らの政策を遵守したかであり，当該国政府が国内法・国際法規範に違反したかどうかについては判断しない．また，独立審査委員会が世界銀行の政策不遵守を認定しても，関与した職員に対する罰則や住民に対する補償弁済の義務はなく，厳密には司法的な手段とはなっていない．しかし，申立が被害解消の対策につながることがあるため，実質的には開発途上国の住民（私人）と世界銀行（国際機関）間の紛争を解決する機能を果たしていると考えられる．さらに，世界銀行の政策は借入人である開発途上国の政府機関が融資契約などで定められた特定の義務を履行しているかを「確認する」責務を世銀職員に求めているため，世銀の政策遵守の審査をするためには，当該政府機関の義務違反についても判断せざるをえなくなる．したがって，独立審査委員会は，形式上は開発途上国政府の主権を侵害しないことを謳いつつ，間接的に内政に踏み込んだ審査を行なっていると指摘されている．国際法的な側面からの研究では，独立審査委員会の「擬似司法的」（quasi-judicial）な機能に目が向けられている．

　第二に，独立審査委員会誕生に関わる側面である．世界銀行は1980年代以降，融資事業に伴う自然環境や社会環境への影響に配慮した様々な政策を打ち出してきた．しかし，その後も立ち退き，環境影響，先住民族への影響などをめぐって，世界銀行の融資事業への批判は続いた．その中でも最も国際的に注目を浴びたのが，先住民族など十数万人が立ち退きを迫られたインドのナルマダ川に建設されたサルダル・サロバル・ダムへの融資だった．91年，当時のコナブル世界銀行総裁は，元国連開発計画（UNDP）事務局長のB.モースを団長とする専門家調査団を現地に派遣した．世界銀行が，外部の独立した専門家による調査団を派遣したのはこれが初めてである．半年後，「モース調査団」は新任のプレストン新総裁に報告書を提出し，サルダル・サロバル・ダムへの融資において，世界銀行が，住民移転，環境，先住民族の政策を守っていなかったと厳しく指摘した（Morse and Berger 1992）．政策不遵守がナルマダの

事業に留まらないことを明らかにしたのが，92年に当時のワッペンハンス副総裁が中心となってまとめた内部評価報告書（通称ワッペンハンス報告書）である．世界銀行が融資した113カ国1800件の事業のうち37.5%が「不満足」であり，多くの事業で融資合意の違反があると指摘した（Clark 2003）．こうした恒常的な政策不遵守の解消を目的に，市民社会の要求を受けてアメリカ政府が創設を求めたのが独立審査委員会である．具体的には，世界銀行のうち後発開発途上国向けの無利子融資を行なう国際開発協会（IDA）が3年ごとに加盟国に増資を求めるタイミングで，弁護士資格を持つNGOスタッフがアメリカ連邦議会に働きかけ，大きな影響力を発揮した．こうした経緯から，独立審査委員会の制度作りやその運用に対するNGOなど市民社会の影響力の解明が第二の研究視座である．

　第三が，実際の制度・適用面の研究である．開発事業に融資した国際機関である世界銀行に対して住民が被害を申し立てるというそれまでに例のない制度のため，具体的な事例を検証してその制度・運用面の問題点を分析する研究がなされてきた．例えば，独立審査委員会が設立されてから5年間は，最初の申立以外は，委員会が「政策遵守審査」を勧告しても，理事会がそれを承認しない事態が続いた．理事会という，融資を受ける開発途上国自身も構成員である意思決定機関の制度上の限界に対する批判的な分析が行なわれてきた．また，審査過程で申立者が関与できる機会が著しく限定されていること，世界銀行が問題解決策を検討する段階では審査結果が公開されていないこと，独立審査委員会が政策不遵守を認定し被害解消の対策が講じられてもその実施をモニタリングするのは政策不遵守を指摘された世界銀行の事業担当部局であることなど，独立審査委員会の実効性に関連した制度研究が3つ目の視座である．

　こうした法・制度面や関与するアクターの政治的な面を中心にした既存研究に比べて，これまでほとんど注目されなかったのが独立審査委員会の「事実確認」（fact-finding）という性質である．世界銀行の制度に関心を持っているのが，国際法や国際政治，あるいは経済学を専門とする研究者が中心であり，調査の機能を分析するような社会学者は世界銀行の制度をあまり研究対象としてこなかったことに起因していると考えられる．独立審査委員会は創設以来15年間の業務を総括した2009年の報告書の中で，自らの役割について「拘束力

や強制力を持った判決を下す『裁判所』ではない．むしろ独立した事実確認のための組織（independent fact-finding body）という性質である」と捉えている（Inspection Panel 2009：11）．したがって，「独立審査委員会が政策遵守を推進する力となっているのは，事実確認，独立した分析，それに政策遵守と被害についての報告なのである」（ibid.：11）という認識を示している．しかし，こうした独立審査委員会の本来の意義を正面から捉えた研究がこれまでほとんどなされていない．

　本書では，独立審査委員会を調査と実態の乖離を明らかにする事例研究として取り上げ，自らがその推進力と捉えている「事実確認」や「報告」という性質に着目する．この制度によって確認された事実が事前調査とどのように異なっているのかを，公開された報告の分析から明らかにする．その作業は同時に，事前調査が実態の把握という目的を達成したかどうかを事後的に事実確認する制度そのものの意義を検証することにもつながる．

第4節　政策不遵守の指摘が多い「成熟した」政策

　1993年の設立以来，独立審査委員会への申立は2009年4月末までに57件に及ぶ．すでに述べたように，99年4月の制度見直しまでは，理事会が遵守審査の勧告を承認しないなど委員会の独立性に疑問が投げかけられてきた．本節では，99年の見直し以降に申し立てられた42件を概観し，どのような政策が独立審査委員会によって不遵守と指摘されたかを検討した上で，次章以降の分析の道筋を示す．

　1999年以降に申し立てられた42件を表2.5にまとめた．申立のうち5件は同一事業に対して複数の申立があったので，申し立てられた事業数は37事業である．表2.5の列項目にある「状況」とは，この事例研究を始めた2009年4月末時点でそれぞれの申立がどのような扱いになっているかを示している．「終了」はすでに政策遵守審査が終了し最終審査報告書が理事会に提出されたもの，「改善」は申立後に実施された対策によって問題が解決に向かったため審査の勧告が行なわれなかったもの，「不適格」は申立手続き規則に定められた申立の要件を満たさなかったもの，「審査中」と「適審査中」はそれぞれ政

表 2.5 世界銀行独立審査委員会への

国	事業名	事業内容
1. 中国	西部貧困削減	ダム,水路,移転
2. アルゼンチン	特別構造調整	社会予算削減
3. ブラジル	土地改革貧困削減	農地改革
4. ケニア	ビクトリア湖環境管理	生態システム回復
5. エクアドル	鉱山開発	鉱山開発促進と環境配慮
6. インド	火力発電所	火力発電所建設
7. チャド	石油パイプライン	油井掘削,パイプライン
8. インド	石炭環境社会緩和	鉱山開発の環境社会配慮
9. ウガンダ	電力・ブジャガリダム	既存発電所拡張,新規ダム
10. パプアニューギニア	ガバナンス推進調整	森林管理改善
11. パラグアイ/アルゼンチン	水・テレコム改善と配電	ヤシレタダムの発電増
12. カメルーン	石油開発・パイプライン	油井掘削,パイプライン
13. フィリピン	マニラ汚水処理	汚水処理施設建設
14. カメルーン	石油開発パイプライン	油井掘削,パイプライン
15. メキシコ	生物多様性	生物多様性地域の保護
16. コロンビア	上下水道・環境管理	上下水道改善,汚水処理
17&18. インド	ムンバイ都市運輸	道路改善
19. ブルンジ	公共事業雇用創出	雇用促進
20. パキスタン	国家排水プログラム	インダス川の塩害・溢水防止
21. カンボジア	森林伐採権管理監督	伐採権制度・森林管理
22. コンゴ民主共和国	経済回復社会再統合	森林ガバナンス改善
23. ホンジュラス	土地行政	分権的土地行政システム
24. ルーマニア	鉱山閉山・社会緩和	鉱山閉鎖と環境回復
25. ガーナ/ナイジェリア	西アフリカガスパイプライン	ガスパイプライン敷設
26. ブラジル	生物多様性	生物多様性地域の保護
27&28. アルゼンチン	サンタフェインフラ	国道19号線改修
29. ウガンダ	民間発電	ブジャガリダム
30. インド	分権的集水域開発	資源利用促進,収入向上
31. アルバニア	電力開発・改修	火力発電所建設等
32&33. アルバニア	海岸管理	資源保護と持続可能開発
34. ガーナ	都市環境衛生	排水システム,廃棄物処理
35. カメルーン	都市開発	スラム街のインフラ整備
36. アルゼンチン	サンタフェインフラ	国道19号線改修
37. コロンビア	都市サービス	道路建設
38&41. パナマ	土地行政	法律整備,登記,土地管理計画
39&40. コンゴ民主共和国	民間セクター開発	投資環境改善,国営企業改革
42. イエメン	組織改革・開発政策	ガバナンス強化

出所:筆者作成

申立事業（2009年4月末現在）

状況	環境	移転	先住	害虫	情報	投資	監理	経済	貧困	自然	財務	森林	審査	文化
終了	×	×	×	×	×									
改善														
不適格														
終了	×						×							
終了	×													
不適格														
終了	×							×	×					
終了	×	×	×		×		×							
終了	×	×			×		×	×		×				
不適格														
終了	×	×					×							
終了	×		×											
不適格														
不適格														
改善														
終了	×						×	×	×		×			
終了	×	×				×	×	×					×	
不適格														
終了	×	×			×		×			×				
終了	×		×				×					×		×
終了	×		×							×				×
終了			×				×							
改善														
終了	×	×		×									×	
改善														
不適格														
終了	×	×						×		×				×
改善														
審査中	◇	◇				◇	◇		◇				◇	◇
終了	×	×				×	×		×				×	
審査中	◇	◇											◇	
不適格														
審査中	◇	◇				◇			◇				◇	
不適格														
適審査中														
適審査中														
適審査中														

表2.6　政策別の不遵守事業数

政策名（表2.5の表記）	事業数
環境アセスメント（環境）	16
非自発的住民移転（移転）	9
先住民族（先住）	6
害虫管理（害虫）	1
情報公開（情報）	5
投資貸付（投資）	3
事業監理（監理）	10
投資業務の経済評価(経済)	5
貧困削減（貧困）	3
自然生息地（自然）	4
財務管理（財務）	1
森林（森林）	1
事業融資審査（審査）	3
物理的文化資源（文化）	3

出所：筆者作成

策遵守や申立の適格要件を審査中のものを表している．また，表2.5の「環境」から「文化」までの14項目は申立に関係した世界銀行の政策名で，正式な名称は表2.6に示した．申立時期によって政策の名称が異なるが，事業融資審査（project appraisal）政策以外は前述した表2.2に対応している．表2.5の×印は独立審査委員会が政策の不遵守を認めたもの，◇印は申立者が被害につながる不遵守を主張している政策でまだ審査中のものである．

表2.6は申立があった37事業のうち，政策不遵守を独立審査委員会が指摘した事業数（すなわち表2.5の×印の数）を政策ごとにまとめたものである．本章第2節で詳述した「成熟した」政策である，環境アセスメント，非自発的住民移転，先住民族の3政策はいずれも不遵守を指摘された事業数が多い．それだけでなく，独立審査委員会が政策不遵守を認めた全ての事業（表2.5で×を1つ以上含むもの）では，例外なくこれら3政策のうちのどれか，もしくは複数の政策が遵守されていないのである．

ところで，3政策以外で不遵守の指摘が目立つのは事業監理政策（OP/BP13.05）である．この政策は，主に融資後のモニタリングや評価に関わり，融資契約時に借入国が約束した条件の履行を世界銀行が確認・確保することを定めている．世界銀行と借入国が約束した融資条件の中には，住民への悪影響を軽減・補償するための対策が盛り込まれていることもしばしばあるため，この政策の不遵守は独立審査委員会に申し立てた住民の生計回復にとって重要である．しかし，本書では，事前調査に分析の中心を置いているため，融資後の事業監理政策については研究対象とせず，事前調査に深く関わりこれまで政策改善を積み重ねてきた環境アセスメント，非自発的住民移転，先住民族の三政策について詳細に分析する．なお，表2.5および表2.6は，独立審査委員会への申立書，適格審査報告書，および政策遵守に関する最終審査報告書をもとに作

第4節 政策不遵守の指摘が多い「成熟した」政策

成した[22]．

　独立審査委員会によって政策不遵守が指摘された上記のプロジェクトを事例に，次章以降，どのように調査と実態のずれを分析するのかについて述べておく．

　環境アセスメント，非自発的住民移転，それに先住民族の3政策は，本章第2節で述べた通り世界銀行の融資プロジェクトによる環境社会面での負の影響を回避すべく事前段階の調査を司っている．その半面，これらの政策には調査と直接関係しない規定も含まれているため，分析は政策の中の調査に関係する部分に焦点を当てる．具体的には，それぞれの申立に対する最終審査報告書に，独立審査委員会が政策の不遵守があったと判断した根拠が述べられているので，まず政策不遵守を指摘された政策上のポイントを最終審査報告書から列挙した上で，調査と関係するものを抽出する．

　次に，その指摘に対する世界銀行の反論ないしは合意を見解書の中から見つけ出す．見解書によっては，独立審査委員会が指摘した政策不遵守項目と世界銀行の見解を対比させた表を作成している場合もある．政策不遵守，すなわち調査が政策に定められた目的を達成していないことが独立審査委員会と世界銀行の間で「合意された事実」となっているとき[23]，調査と実態とのずれを分析する．それによって，目的の達成とは無関係に調査が何を維持しているのかが明らかになると考えられる．活用されない調査に関する既存研究は，調査を取り巻く状況にばかり目が向けられ，調査内容自体の分析が欠けていると第1章で指摘した．本書では，調査報告書の内容を質的に分析することで，調査が目的以外に維持しようとしている機能を明らかにする．また，目的を達成できなかった理由や弁解を世界銀行がどのように説明しているかにも着目する．なぜなら，そこには世界銀行が政策遵守より優先している事象が現れる可能性があるからである．

　表2.7は，表2.5の中ですでに政策遵守審査が終了し，何らかの政策不遵守が指摘された申立事業をまとめたものである．幅広いステークホルダーの参加

---

22) 独立審査委員会の審査プロセスにおけるそれぞれの文書の位置づけについては図2.2を参照．
23) 「合意された事実」の含意については第1章第3節2を参照．

表2.7 分析対象とした最終審査報告書と世界銀行見解書（申立順）

事業名（融資・贈与などの番号）	不遵守政策	審査報告書		世銀見解書	
		日付	頁	日付	頁
1. 中国西部貧困削減プロジェクト（青海プロジェクト）（Credit No. 3255-CHA，Loan No. 4501-CHA）	環境，移転，先住民族	2000.4.28	214	2000.6.12	80
2. ケニアビクトリア湖環境管理プロジェクト（IDA Credit No. 2907-KE，GEF TF 23819）	環境	2000.12.15	86	記載なし	11
3. エクアドル鉱山開発および環境抑制技術協力（Loan No. 3655-EC）	環境	2001.2.23	65	記載なし	13
4. チャド石油パイプラインプロジェクト（Loan No. 4558-CD），石油セクター管理能力向上プロジェクト（Credit No. 3373-CD），石油経済管理（Credit No. 3316-CD）	環境	2002.7.17	125	2002.8.21	45
5. インド石炭セクター環境および社会緩和プロジェクト（Credit No. 2862-IN）	環境，移転，先住民族	2002.11.25	228	2003.7.25	37
6. ウガンダ第三次電力プロジェクト（Credit No. 2268-UG），第四次電力プロジェクト（Credit No. 3545-UG），ブジャガリ水力発電プロジェクト（PRG No. B 003-UG）	環境，移転	2002.5.23	120	2002.6.7	35
7. パラグアイ水および電気通信セクター改革プロジェクト（Loan No. 3842-PA），アルゼンチン第五SEGBA配電プロジェクト（Loan No. 2854-AR）	環境，移転	2004.2.24	184	2004.8.6	56
8. カメルーン石油開発およびパイプラインプロジェクト（Loan No. 7020-CM），石油環境能力強化（CAPECE）プロジェクト（Credit No. 3372-CM）	環境，先住民族	2003.5.2	129	2003.5.28	50
9. コロンビア・カルタヘナ上下水道および環境管理プロジェクト（Loan No. 4507-CO）	環境	2005.6.24	222	2005.7.29	50
10. インド・ムンバイ都市運輸プロジェクト（Loan No. 4665-IN, Credit No. 3662-IN）	環境，移転	2005.12.21	271	2006.2.27	102
11. パキスタン国家排水プログラムプロジェクト（Credit No. 2999-PAK）	環境，移転	2006.7.6	232	2006.11.18	155

第4節　政策不遵守の指摘が多い「成熟した」政策　　103

事業名（融資・贈与などの番号）	不遵守政策	審査報告書 日付	頁	世銀見解書 日付	頁
12. カンボジア森林伐採権管理監督試験プロジェクト（Credit No. 3365-KH, Trust Fund. 26419-JPN）	環境，先住民族	2006.3.30	179	2006.5.16	79
13. コンゴ民主共和国経済回復移行支援贈与（TSERO）（IDA Grant No. H 1920-DRC），緊急経済社会再統合支援プロジェクト（EESR-SP）（Credit No. 3824-DRC, Grant No. H 064-DRC）	環境，先住民族	2007.8.31	206	2007.11.5	171
14. ホンジュラス土地行政プロジェクト（IDA Credit 3858-HO）	先住民族	2007.6.12	158	2007.8.3	37
15. ガーナ/ナイジェリア西アフリカ・ガスパイプラインプロジェクト（IDA Guarantee No. B-006-0-GH）	環境，移転	2008.4.25	180	2008.6.27	67
16. ウガンダ民間発電（ブジャガリ）プロジェクト（Guarantee No. B0130-UG）	環境，移転	2008.8.29	289	2008.11.7	68
17. アルバニア統合的海岸ゾーン管理浄化プロジェクト（IDA Credit No. 4083-ALB）	環境，移転	2008.11.24	111	2009.2.18	47

出所：世界銀行の資料をもとに筆者作成

と専門性を確保しながら改定を重ねた3つの政策——環境アセスメント政策，非自発的住民移転政策，先住民族政策——の不遵守が，いずれの申立事業にも含まれている．独立審査委員会の事業数としては17，世界銀行の融資・贈与件数としては29ある．表の左から，世界銀行の事業名，3政策のうち不遵守を指摘された政策，独立審査委員会の最終審査報告書およびそれに対する世界銀行の見解書（いずれも英語版）[24] の発行日とページ数を表している．総ページ数で4000ページを超えるこれらの文書を丹念に読み解きながら，調査が実態の把握という目的を達成していないとき，調査の何が維持されているのかを分析する．

---

24) 最終審査報告書や見解書は必ずしも統一した様式があるわけではなく，分量もまちまちである．プロジェクトによっては，現地の公用語へ翻訳している場合もあるが，全ての報告書は英語で作成されているので，分析は英語版を対象とする．

今後本書の中で表2.7に挙げた文書を参照したり引用したりする場合は，「プロジェクト名の冒頭の番号」，「審査と見解の別」，「当該ページ番号」あるいは「当該段落（パラグラフ）番号」の順に表記することとする．例えば，「1.中国西部貧困削減プロジェクト（青海プロジェクト）」の独立審査委員会の最終審査報告書の50ページを参照した場合は，(1. 審査p.50)，同じプロジェクトの世界銀行による見解書の第50段落を引用した場合は（1. 見解パラ50）と表記する．

第5節　政策不遵守を研究する意味

本章では，世界銀行の調査のルールを定めた政策と，その遵守のために設立された独立審査委員会の仕組みを詳細に分析した．その結果，負の影響を回避することを目的として数度にわたる改定を重ねた環境アセスメント，非自発的住民移転，先住民族の3つの政策の不遵守が，独立審査委員会によって繰り返し指摘されていることがわかった．世界最大の国際開発機関であり「知識銀行」を標榜する世界銀行でも，ADBの内部評価で指摘されたような事前調査による実態の「読み間違い」が独立審査委員会に指摘されており，それがプロジェクトの影響を受ける地域住民の物理的な被害につながっている可能性がある．次の第3章と第4章では，これら3つの政策を環境影響（環境アセスメント政策）と社会影響（非自発的住民移転政策と先住民族政策）への配慮に分け，独立審査委員会の最終審査報告書と世界銀行の見解書を対比して調査と実態の乖離の背景を分析する．

　その前に，政策不遵守の指摘を受けたプロジェクトを分析することの有効性に対して，想定される2つの疑問に答えておきたい．1つ目は，「世界銀行の政策を遵守していないと指摘されたのは，開発途上国側の調査能力の問題ではないか」という疑問である．図2.1に示した通り，融資審査のために提出される調査報告書の段階では，開発途上国側の調査能力の不十分さが報告書に反映されている可能性は十分にある．しかし，融資を決定した事業においては，世界銀行の基準に従って世界銀行の専門家が調査の内容を確認し，必要に応じて追加調査を行なっている．本書の事例研究で取り上げる事業は全て世界銀行が

融資を承認済みのプロジェクトであり，開発途上国側の調査能力に原因を帰すことは適当ではない．

2つ目は「政策不遵守の事例があることはわかったが，それは例外的なのではないか」というものである．本書の目的は調査が果たしている機能を明らかにすることであり，その機能を観察しやすいケースとして調査がそれ自体の目的を達成していない事例を研究対象とした．仮に政策不遵守が原因で住民に被害を与えるような事態そのものは例外的だったとしても，その事業だけ他と際立って異なる「例外的な」調査が実施されたとは考えにくい．政策不遵守を指摘された調査も，指摘されていない調査と同様の働きをしていると考えられる．機能を観察しやすい事例として目的を達成していない調査を選択したのであり，本書において政策不遵守が例外的かどうかは大きな問題ではない[25]．

最後に，本章の冒頭で世界銀行の仕組みを繙く際に留意する点として挙げた2つの課題への回答を改めて示すことで章のまとめとする．

第一の課題は，世界銀行において，調査を司るルール（すなわち各政策）はどのような点を重視して改定されてきたのかというものだった．環境アセスメント政策に関しては，調査の程度を決める最初の判断基準（スクリーニング），データの適切さ，代替案検討，調査のタイミング，将来の影響への対策，調査の事業への反映，調査実施能力と理解という点が改定段階で問題として認識されていた．すなわち，調査の科学的な正確さに加えて，調査の時期・範囲・活用といった点も改定のポイントになっていた．非自発的住民移転政策においては，土地に根ざした生計，被影響者の法的権利，土地収用以外の影響，早期の基礎調査，被影響者の調査への関与，非公式な制度など社会組織の様式の把握が課題に挙げられた上で改定が進められた．半自給的な農村部の生計や人口の流動性が高い都市部の生活スタイルを認識することが改定プロセスで重視されている．最後の先住民族政策では，誰を先住民族と見なすかどうかをめぐって，借入国の国内法制度と世界銀行の政策にギャップがあることが課題とされてき

---

25) なお，本章で取り上げた独立審査委員会への申立件数が，世界銀行のプロジェクト数全体の中で非常に少ない「例外的な事例」と考えるのか，それとも，申立をする住民の側に必要な知識，ネットワーク，それに政治的な自由が確保されていない国が多いことを考えればこの件数は氷山の一角と見るべきなのか，現状の評価の仕方は様々ありうる（松本 2003）．

た．これに関しては，世界銀行と借入国の間で合意したルールが必要とされている．

　こうした政策改定の重点から，世界銀行は調査を次のようなものに改善しようとしてきたと考えられる．第一に，問題の未然回避と事後解決につながるようにタイミングよく実施され意思決定につながる調査，第二に，開発途上国の都市と農村の特性をふまえた調査，第三に，資金や技術を通して見かけ上は権力を行使している世界銀行と行使されている開発途上国政府の間で合意されたルールに基づいた調査，である．こうした側面が，目的を達成できない調査といかなる関係にあるかは今後の分析の参照軸となる．

　第二の課題は，本書の事例研究として独立審査委員会が妥当かどうかである．調査が目的を達成していないときに何が維持されているのかを報告書の中から読み解くという本書の分析アプローチの難しさは，調査が目的を達成していなかったことを誰が判断するかにある．この点で，独立審査委員会は本書に合致した性質を持っている．理由の第一に，世界銀行が妥当と判断した事前調査が目的に沿っていたかどうかを，政策遵守審査という形で独立審査委員会が調査して報告書を公開している点がある．第二に，それに対する世界銀行の反論を含む見解書も公開されている点が挙げられる．この2つの文書を活用することで，実態の把握という調査の目的が達成されていないことを「合意された事実」として示すことができる．第三に，政策の不遵守という公的機関にとって極めてセンシティブな判断を下しているにもかかわらず，独立審査委員会は申し立てた住民と世界銀行の双方から「独立性」について高い評価を受けている．第三者による調査では，一方の利害関係者から高く評価され，他方からは偏向だと批判されるなど，異なる利害関係者によって正反対の評価を受けることがしばしばある．したがって，独立審査委員会の審査プロセスを分析することで，調査が目的を達成していない事項を公正に特定し，調査の働きを分析することが可能だと考えられる．

第3章　環境影響と調査──取捨選択される自然──

　本章と次章では，世界銀行の独立審査委員会に申し立てられ政策遵守審査がすでに終了した17の事業について事例研究を行なう．環境アセスメント，非自発的住民移転，先住民族の3つの政策に関して，独立審査委員会の最終審査報告書と世界銀行の見解書を以下の手順で分析する．

　第一に，独立審査委員会が指摘した政策不遵守のうち調査に関わる項目を抽出する．第二に，政策の不遵守，すなわち政策で求められた実態の把握という調査の目的を達成していないとの指摘に世界銀行が合意しているかどうかを確認する．第三に，合意されている場合は見解書に書かれている理由から，一方不合意の場合は両者の対立点から調査をめぐる論点を明らかにする．

　もちろん，調査の実施の有無や調査内容の不備については独立審査委員会の指摘を認めながらも，政策不遵守を否定するケースもありうる．その際も，合意された点，されていない点を意識しながら，対立点を浮き彫りにする．事例研究から導かれる調査をめぐる論点をもとに，なぜ調査が目的を達成しないのか，そして目的を達成していない調査で何が維持されているのかを第5章以降で分析する．

第1節　環境アセスメント政策の不遵守

　本章では，環境アセスメント政策を取り上げる．この政策は，計画中の事業による自然環境や社会環境への悪影響を未然に回避することを最優先とし，それが困難な場合は，影響の最小化を図り，回避できなかった悪影響は適切に補償するように定めたものである．調査との関係では，プロジェクトの自然環境

表 3.1 独立審査委員会に指摘された政策不遵守の内容（環境アセスメント政策）

事業名（番号は表2.7に従う）	不 遵 守 の 内 容
1. 中国・西部貧困削減	• プロジェクト影響地域を狭く設定している——環境評価（EA）のプロジェクト地域から漏れている町や村があるのでIPが地図を作成した．灌漑水路上に住む人々がプロジェクトについて知らされていない．移入先の影響を見過ごしている． • 移転元での調査は情報源の秘匿が確保されておらず協議の要件を満たしていない． • 事業，立地，設計，EAにおいて代替案を検討していない． • 政策でカテゴリAに示されている12のうち8つに該当，青海部分だけでも4つ該当しているのにカテゴリBだった． • 生計回復策をめぐる論議があるが，OD4.01に従えば環境社会影響のもっと詳細な分析が必要． • 問題が指摘された後世銀は3年以内に自発的住民定住の環境社会影響を評価するよう働きかけたが3年は遅すぎる． • 移入地の都蘭県の人口は2倍以上になる．新しい鎮は香日徳の5倍の人口．それによってさらなる開発が触発される．こうした開発が都蘭県と香日徳の社会的/商業的/政治的相互関係のネットワークに与える影響が考慮されていない． • 既存の放牧などの土地利用と比較した大規模灌漑農業の適切さを検討していない＝灌漑農業が「良いこと」という前提． • 新しい鎮や郷のデザイン，施設，インフラなどの情報がなく，廃棄物処理やそれらの周辺・下流への影響の記述がない． • 地図や表が不適切．プロジェクト影響地域の居住地・インフラ・土地利用の状況を十分記録していない．プロジェクト地域の一部の植生を完全に変えるのに移転地の植生の記述はなく移入地の植生の記述は不適切． • 生物多様性の記述が非常に大まかで不適切． • プロジェクト地近くで原油・天然ガス・鉱物の採掘が行なわれているが，その影響について記述がない．
2. ケニア・ビクトリア湖環境管理	• ビクトリア湖全体の影響に焦点を当てたが，特定地域の影響は無視．機械除草設計段階で被影響住民（PAPs）と協議しておけば誤解を回避できたはず．機械除草パイロット事業のモニタリングプログラムの設計と実施は失敗．その方法の環境面での結果について事前のレビューはなく，その方法を後で評価するのに必要な環境や他のデータがない状況に．OD4.01の「意思決定を改善し検討中のプロジェクトの選択肢が環境にやさしく持続可能であるように確認すること」を含む「EAの目的と特性」に反している．
3. エクアドル・鉱山開発，	• スコープが南部の小規模金鉱山に偏り北部のコタカチ—カ

第 1 節　環境アセスメント政策の不遵守

事業名（番号は表 2.7 に従う）	不 遵 守 の 内 容
環境抑制	ヤパス生態系保護地域を含まず．
	・ベースラインデータが手掘りの小規模鉱業の汚染に焦点．生活環境，生物多様性等を含まず．
	・WB 政策に則った現地 EA 審査勧告が EA に反映されず．
	・カテゴリ分類直後や EA 案完成前の協議が実施されず．
4. チャド・石油パイプライン	・調査範囲や影響地域がはっきり定められず．
	・累積的影響評価なし．
	・影響範囲が広いのに地域 EA を求めず．
	・EA の独立専門家を活用した形跡なし．
	・ベースラインデータが EA に適切に使われず．
	・複数案の環境面の費用便益を可能な範囲で定量化せず．
	・プロジェクトモニタリングのための能力向上の実効性なし．
5. インド・石炭セクター環境社会緩和	・セクター EIA，EMP が審査前に現地で公開されず．
	・公衆情報センターは近寄りがたく，公開情報は協議される側にとって意味ある形式や言語で書かれず．
	・セクター EIA と RMP の策定で現地 NGO と意味ある協議を行なった形跡なし．
	・1998 年以前と 2000 年以降，地元 NGO の視点を考慮せず．
6. ウガンダ・第三次・第四次電力，ブジャガリ水力発電	・世銀は包括的な電力セクター改革が必要だと認識していたのにセクター EA を実施せず．
	・オーウェン滝とブジャガリの累積的影響をセクター EA として実施せず．
	・PowerIV（オーウェン拡張事業）の EA 公開が審査後であり，懸念を持つ人が審査に影響を与えられない．
7. パラグアイ/アルゼンチン・ヤシレタダム	・移転先の EA 不適切．代替案検討なし．緩和策ほとんど提案なし．被影響住民との協議なし．
	・移転サイトがエンカルナシオン市の上下水道や都市排水に及ぼす影響を評価せず．
8. カメルーン・石油開発パイプライン	・準備段階で独立した専門家パネルを用意せず．
	・影響評価段階でベースラインデータなし．
	・累積的影響分析実施せず．
	・現地政府の影響評価能力を強化できず．
	・事業に伴う健康リスク（特にパイプライン建設地域での HIV/AIDS）を世銀は認識していたのに調査を求めず．
9. コロンビア・カルタヘナ上下水道環境管理	・問題の海底投棄以外の代替案を同程度分析 / 比較せず．
	・下水の初期処理から取り出された固形物処分の代替案を検討せず．
	・準備段階で漁業影響を適切に評価せず（北部の海底投棄地域）．
	・北部の海底投棄地域での協議なし．
10. インド・ムンバイ都市運輸	・PAPs のスコーピングなし（小店主の存在無視）．移転地代替案検討せず．移転先の環境状況の評価なし．
	・EA の完成を待たずに世銀は融資契約締結．

事業名（番号は表2.7に従う）	不遵守の内容
11. パキスタン・国家排水プログラム	・移転先にはごみ投棄場や排水路があるが，そうした状況を評価検討せず． ・道路ということで大気のコンピュータモデリング中心で環境と社会の影響を統合的に検討せず． ・カテゴリBは不適切（これがEA不備につながる決定要因）． ・代替案分析として使ったセクターEAはTidal Link崩壊前のもので不適切． ・EMPが不適切． ・2004年まで環境助言委員会を設置せず．
12. カンボジア・森林伐採権管理監督試験	・プロジェクトの環境面の分析なし．プロジェクトと密接につながる影響を考えるとカテゴリAにすべき． ・プロジェクトの影響範囲を伐採許可地域内に限ったため影響を過小評価． ・樹脂や非木材林産物の量的評価やインベントリー調査をせず． ・樹脂の木の違法伐採を調査せず． ・インベントリー調査はEAの一部として参加型で行なうべきだった． ・伐採企業が環境社会影響評価（ESIA）を行なうまで社会影響評価や協議を延期した．
13. コンゴ民主共和国・経済回復と社会再統合	・カテゴリBとしてのEAが実施されたのは道路建設だけで試験的ゾーニングや伐採権関連部分はEAが実施されず． ・森林のゾーニングは土地利用計画でありカテゴリAに分類すべきだった． ・伐採権対象の森林は世界レベルの生物多様性を持ち絶滅危惧種の生息地を含んでおりEAを実施すべきだった． ・カテゴリBとして実施したEAの公開が事業実施後24カ月以上経てからだった．

への影響（場合によっては社会的影響を統合する）を事前に調査してその重要性を評価する環境アセスメントや，環境影響を緩和するための環境管理計画の分析が重要になる．政策で求められている項目には，早期の段階で代替案を調査・比較して最適なプロジェクトを選択したかどうかや，プロジェクトに伴う副次的な影響を調査したかどうかといった点も含まれる．

独立審査委員会の審査が終了した17の事業のうち，環境アセスメント政策の不遵守が指摘されたのは16事業で，その内容を表3.1にまとめた．この中で，『5．インド・石炭セクター環境および社会緩和プロジェクト』は報告書の公開と協議に関する不遵守のみであり，調査それ自体に直接関係するものでは

第1節　環境アセスメント政策の不遵守

事業名（番号は表2.7に従う）	不 遵 守 の 内 容
15. ガーナ/ナイジェリア・西アフリカ・ガスパイプライン	・複雑な事業なのに計画段階で専門家独立助言パネルを設置せず．実施段階でも設置遅れ． ・代替案の海岸パイプラインルートの経済分析の欠如． ・既存パイプラインの integrity study の形で実施されたリスク評価が公開されず． ・既存パイプラインの integrity study の形で実施されたリスク評価の成果と勧告が EA に盛り込まれず． ・公開された EIA 報告書全体が，PAPs が理解できる形で協議前に提供されず．
16. ウガンダ・民間発電（ブジャガリ）	・EMP が社会環境評価（SEA）に統合されていない． ・社会環境面の能力向上支援の要件を満たさず． ・環境専門家の独立パネル不設置． ・SEA が参照している戦略的セクター環境評価（SSEA）が時宜を得て公開されず． ・ビクトリア湖からキオガ（Kyoga）湖までの複数事業の可能な累積的影響を体系的に調査せず． ・発電所―カンパラ間の送電線の影響調査なし． ・SSEA の累積的影響は具体的なデータに基づいておらず，意見に基づいている． ・送電線の影響を小さくするどころか法定幅（Right-of-Way, ROW）を倍にしようとしている． ・ダム貯水池として考えられているビクトリア湖への影響を評価せず． ・ブジャガリとカルマの代替案比較において文化/精神的な影響を適切に検討せず． ・代替案検討はアプリオリな判断に基づいている．
17. アルバニア・統合的海岸ゾーン管理浄化	・プロジェクト設計に家屋撤去後の廃棄物収集，運搬の機材を含んでおり撤去はプロジェクトに直結．影響範囲として調査すべきだった．

ないため本章での分析から除外した．また『17. アルバニア・統合的海岸ゾーン管理浄化』では，準備段階での強制立ち退きがプロジェクトの一部であるかどうかが問題となっているので，次の第4章で分析する非自発的住民移転に伴う社会影響の事例として扱う．

第2節　15カ国14プロジェクトの事例研究

1　西部貧困削減プロジェクト（中国）

a　ある地域が調査されない

　中国の『西部貧困削減プロジェクト』の審査報告書では，様々な理由から事前調査の対象となったプロジェクト地域が狭く捉えられていることが政策不遵守として指摘された．このことは，環境アセスメント政策だけでなく，次章で述べる非自発的住民移転政策にも関係する．なぜなら，事前調査の地理的範囲が適切でなければ，環境への影響だけでなく，移転が必要とされる住民の特定すら正しくできないからである．

　このプロジェクトは，モンゴル民族やチベット民族が生活を営んでいる遊牧地を灌漑用の農地に転換するという事業である．独立審査委員会は，事前の段階で調査対象となったプロジェクト地域は灌漑地域に限定され，貯水池から水を引く水路部分は含まれていなかったと指摘している（1.審査パラ51）．また，プロジェクト関連文書に使われた地図には縮尺も経緯度線も書かれていなかった．独立審査委員会の専門家が灌漑地域を現地調査する前日に渡された地図は縮尺5万分の1と明記されていたが，その地図にも経緯度情報はなく，正確な影響範囲を特定することは不可能だと指摘している（1.審査パラ53）．そもそも縮尺や緯度経度を表した地図がなければ，どこをプロジェクト影響範囲として調査したのかを正確に示すことができない．1998年10月に国連食糧農業機関（FAO）がこのプロジェクトの灌漑用地の持続可能性を独立評価し，詳細な土壌調査をするために1万分の1の縮尺地図を作成するようプロジェクト実施者に求めた．しかし，2000年1月時点でも地図は完成していなかった（1.審査パラ54）．地図が未完成だということは，調査すべき地理的境界線を確定できないだけでなく，影響を受ける村を特定できないことでもある．独立審査委員会の専門家は，プロジェクトの影響範囲にある多くの居住地がプロジェクト地域を表した地図に明らかに載っていないことを現地踏査で確認している（1.審査パラ55）．

独立審査委員会が問題視したもう1つの「調査されなかった地域」は，住民が新たに移り住む地域である．自発的かどうかは別にして，このプロジェクトでは6万人以上が住み慣れた土地を離れて移転する．それにもかかわらず，移り住む地域がプロジェクトの影響を受けるエリアに含まれていない．移り住むモンゴル民族やチベット民族によって新たに作られる2つの大きな町には，それぞれ2万2938人と2万6814人が移り住む計画である．他方，既存の近隣の村は最大でも人口が9621人しかおらず，他の村も4835人や3696人という規模である．行政サービスを含めて様々な影響が考えられるのに調査の対象としなかったと独立審査委員会は指摘している（1．審査パラ213）．

これに対して世界銀行は，灌漑水路については独立審査委員会の指摘を認めている．水路の建設に伴う移転の可能性を調査しなかった理由として，世界銀行の融資審査の時点では水路のルートが確定していなかったため影響を受ける人々の数を住民移転計画に盛り込むことができなかったと世界銀行は説明し，今後住民移転計画を改定して対応すると述べている（1．見解 Background Paper パラ75）．一方で，移転先への影響を調査しなかったとの指摘に対しては，世界銀行はそれを「間接的」「副次的」影響と位置づけ，調査の必要はなかったと反論している．なぜなら，このプロジェクトの事前の分析は，世界銀行の20年間に及ぶ中国での経験に基づいたもので，そこから判断すれば，このタイプの事業では，開発が引き起こす間接的な悪影響は小さいと考えられるからだと説明している．その判断基準の1つは，中国農村部の家計の支出パターンである．世界銀行は，移転後，人々が地元経済に落とすお金は年間1人わずか12ドル[1]から17ドルにすぎないとしている．建設労働も献身的なグループが自らの稼ぎをつぎ込んで行なう．したがって，地元経済が活況を帯びることで生じる環境影響のリスクや，他国で見られるように巨大建設事業に伴う新興都市のリスクはかなり軽減されると論じている（1．見解 Background Paper パラ47）．

灌漑水路の建設に伴う影響が調査されなかったことも，移転先への影響調査が実施されなかったことも，世界銀行は事実として認めている．灌漑水路につ

---

1) 特別にことわらない限り，事例研究で使用する「ドル」はアメリカドルを指している．

いては，その理由としてルートの決定が融資審査に間に合わなかったことを挙げ，事業開始後に住民移転計画を改定して対応する意思を示している．その一方で，移転先への影響調査についてはその必要性がないことを理由に挙げ，政策の不遵守を否定している．

どちらの言い分が正しいかではなく調査の働きという観点から両者の主張を見ると，調査が政策に示された実態把握を達成しているかどうかをめぐって2つの対立軸が表れている．第一に，「実証的なデータの要求」と「経験に基づく判断の有効性」の衝突である．一般には，経験知の有効性は，自らの生活を数値化しにくい住民の側が使う切り口だと考えられる（序章を参照）．しかし，このケースでは経済学者を多数抱えた世界銀行が，中国でプロジェクトを実施してきた経験知を持ち出して調査の不要を説き，住民の申立を受けた独立審査委員会の方が実証的なデータの欠如を指摘している．序章に挙げたように，住民の経験知を再評価すべきだという研究や指摘は多くなされているが，同じ経験知でも専門家の経験に基づく「勘」を実証的に分析した研究を筆者はほとんど知らない．調査が政策目的を達成できない，あるいはそれすら判断できない原因の1つに実証と経験の衝突があり，それは必ずしも専門家の実証性 vs. 住民の経験知という構図にはなっていない．

第二に数値の取り方，もしくは本書の序章で定義した「はかり」による結論の違いである．独立審査委員会は周辺の村々の人口と移転住民数という「はかり」を使って深刻な影響を予測しているのに対して，世界銀行は1人当たりの消費額という「はかり」に基づいて無視できる影響だとの前提を持っている．いずれも，自らが選んだ「はかり」に基づく数値のみの妥当性を主張し，他方の「はかり」の妥当性と比較していない．どのような「はかり」を選択するかが，調査の必要性に対して正反対の結論を導いているのである．

b 大量の調査に埋もれる調査

世界銀行が特定のプロジェクトを支援するかどうかを判断する場合に，同じ目的を達成できる代替案（複数案ともいう）を比較し，当該プロジェクトが最適であることを確認してから融資を決定することになっている．プロジェクト地の青海チベット高原の主要な経済活動である遊牧が，政府の近代化政策によ

って大きな変化にさらされているにもかかわらず，環境アセスメント報告書も他のプロジェクト文書も，大規模な灌漑農業をこの地域に持ち込むことが適切かどうかを吟味していないと独立審査委員会の最終審査報告書は分析している．具体的には，農牧融合，定住型の牧畜，半定住型の牧畜，それに移動式の遊牧などの伝統的な土地利用形態と，プロジェクトが導入を検討している灌漑農業とを比較していないという指摘である．他の生計手段やコストを検討せずとも灌漑農業がより良いとの前提に立っているように見られると指摘している（1.審査パラ 225）．

これに対して世界銀行は，経済性あるいは開発という観点から現実性がないような代替案の検討は政策で求められていないと反論している．プロジェクトの特定や準備に要求される慎重な代替案の検討は，セクターや国・省のレベルでの計画の中で行なったという（1. 見解パラ 42）．世界銀行の作業チームは移転対象の地域について進行中の多くの事業の経験を振り返り，政府やドナーとの議論，数多の調査報告書のレビュー，遠隔地への野外調査や地元の農民や牧畜民との会合を重ねてきた．その結果，移転せずに今いる場所で開発を行なう選択肢は，多くの人々にとっては持続的に生活水準を向上させる方法としては費用対効果が良くないと，チーム全員の見解が一致したと説明している（1. 見解パラ 43）．

伝統的な土地利用とプロジェクトで導入される灌漑農業の比較調査を実施していないという独立審査委員会の指摘に対して，世界銀行は代替案の検討は様々な調査を通じて実施してきたとの見解を示している．しかし，見解書では，「もっとうまく文書化すべきだった」（1. 見解パラ 42）と書いているだけで，具体的にどの調査報告書で分析しているかは明示していない．世界銀行の見解書などで列挙されている事業に関連する調査報告書の数は膨大ではあるが，どの報告書で何が明らかになったのかを後追いできてはいない．特定の調査を実施したかどうかという点ですら，世界銀行と独立審査委員会の専門家間で見解が分かれている．

2 ビクトリア湖環境管理プロジェクト（ケニア）

a 文書の存在をめぐる対立

ケニアの『ビクトリア湖環境管理プロジェクト』では広域的な調査は行なわれたものの，個々の狭い地域への影響が調査されなかったと指摘された．問題になったのはビクトリア湖の湖面を覆い尽くすホテイアオイの処理方法である．

ホテイアオイを機械で裁断すると種が海底に落ちて再び繁茂し，湖岸の生活環境を脅かすのではないかと住民が申し立てた．独立審査委員会によれば，世界銀行はこの点についてホテイアオイやビクトリア湖の生態系に詳しい9人の科学者らに助言を求め，内部の技術スタッフからも聞き取りを行なったと回答している．その際，環境に関する質問は4項目で，内容はビクト・リ・ア・湖・全・体・の環境への悪影響に関するものだった．独立審査委員会は審査段階での世界銀行とのやり取りからも，ホテイアオイの裁断による湖岸・の・特・定・の・地・域・への環境リスクについて専門家に尋ねたという証拠は見つからなかったと最終審査報告書で述べている．独立審査委員会が世界銀行に問い合わせたところ，電話での会話の記録があるが，部分的な話しか触れていないので適切ではないと世界銀行自身が説明したということである．その結果，専門家との協議に関する文書を入手することはできなかった．世界銀行が主張するようにのべ24人もの専門家と協議したとしても，公式な記録がないのでは信憑性が低いと独立審査委員会は結論づけている（2.審査パラ153-154）．

これに対して世界銀行は，ホテイアオイ裁断のローカルな影響は調査したと真っ向から反論している．専門家との協議内容には，裁断したホテイアオイの再生，湖水の脱酸素化，ホテイアオイ下の魚の生息場所への影響，裁断後に生じる栄養分の回復，などの問題を含んでおり，この点については独立審査委員会の調査過程で回答書として提出したと主張している（2.見解パラ19）．また，専門家との技術的な協議の公式な記録がないという独立審査委員会の報告書にも反論している．1997年と99年に行なった3回の協議の記録は，独立審査委員会が調査した文書ファイルの中にあり，加えて最終審査報告書が完成する3カ月前にそれらの記録を審査委員会に送付した．世界銀行によれば，それらの記録はローカルレベルの特定の影響について専門家と協議したことを明確に示

写真3.1 ビクトリア湖のニャンザ湾での水生植物の機械裁断の様子（2. 審査 p.47）

しているということである（2. 見解パラ20）．

　このプロジェクトをめぐって住民の側に生じている懸念は，裁断されたホテイアオイが引き起こす環境社会影響である．独立審査委員会はその懸念に答えられるローカルなレベルでの影響調査が実施されていなかったと指摘したのに対して，世界銀行は実施したと主張する．しかも，同じ調査報告書や回答書をもとに正反対の結論を導いているのである．調査が政策に示された目的を達成したかどうかについては両者で見解が真っ向から対立しており，合意された事実とはなりえない．不確実性を伴う将来予測などではなく，特定の文書があるかないかをめぐって専門家同士が対立しているのである．

b　事業前のベースラインデータの不在

　ベースラインデータとは，事業によって影響を受ける前の基礎的情報である．事業に伴う影響は事業前と事業後の比較によって明示されるため，ベースラインデータがないと，事業が引き起こす影響を評価することも，影響の緩和策や補償策の正当性を証明することもできない．独立審査委員会はこのプロジェクトではベースラインデータが収集されていないと指摘した．独立審査委員会の審査段階で，世界銀行はベースラインデータ収集のための環境アセスメントを実施しなかったのは，類似の自然環境での似たような活動に関するデータがなく，最低限のベースラインデータを収集するのに3〜5年以上を要すると見込まれたためだと説明している（2. 審査パラ148）．このため，プロジェクトでは14カ所をパイロットゾーンとして選択し（このうち4カ所がケニア領内），それらの地点でいわば「事業をやりながらの環境アセスメント」という形でベー

スラインデータを収集することにした．すなわち，事前のベースラインデータがなかったことは世界銀行も独立審査委員会も認めている事実である．独立審査委員会はパイロットゾーンでの「事業をやりながらの環境アセスメント」に理解を示し，事前にデータ収集しなかったこと自体は政策不遵守とはいえないと結論づけている．その一方で，パイロットゾーンでのデータ収集の内容は政策に合致していないとして以下のように指摘している（2. 審査パラ170）．

　第一にデータ収集を担った研究体制である．2000年7月に現地視察をした独立審査委員会は，この「事業をやりながらの環境アセスメント」を担うキスムの研究所の実験器具，容器，試薬，水・電気の供給，衛生状態などが研究を行なうには極めて不十分だと認識した（2. 審査パラ179）．パイロットゾーンの水質検査を自前でできないため，採取した標本を約300 km離れた首都のナイロビに送らなければならない．裁断開始前の水はナイロビ大学で分析され，裁断終了後はナイロビ市の水質研究所で分析された．なお，裁断中の標本は採取されなかった（2. 審査パラ180）．独立審査委員会がキスムの研究所の所長などから聞き取った結果，標本となる水の採取からナイロビでの分析まで3日かかるため，水に溶解している酸素（DO）や水の汚染度を示す生化学的酸素要求量（BOD）の分析の信憑性に疑問が生じる可能性がある（2. 審査パラ181）．

　第二に標本採取の方法である．標本となる水は，全て湖岸から10 m離れた湖水表面から1 Lのガラス容器に採取された．標本は1回に1本だけで予備は採取していないし，深さや湖岸からの距離を変えた採取も行なっていない．独立審査委員会の聞き取り調査では，その原因として，湖岸から離れた場所で採取するためのボートや，深い湖水を採取するための器具がなかったことが挙げられている（2. 審査パラ182）．

　第三に調査の対象である．独立審査委員会がこのプロジェクトの「ホテイアオイ管理監視委員会」の委員長から聞いた話では，漁獲量，水生および湖岸の生物多様性，あるいは湖岸のコミュニティの反応などについて情報収集されていなかった．さらに，湖の環境変化の原因がホテイアオイの機械裁断によるものかどうかを判断するには他の要因を調査する必要がある．しかし，例えば湖に流れ込む下水，気象データ，湖沼学的なデータなどは収集されていなかった（2. 審査パラ183-184）．こうした点から，独立審査委員会は，事前のベースラ

インデータの不在を補うための調査になっていなかったと指摘している.

これに対して世界銀行は,1999年12月のホテイアオイの機械裁断開始以前のベースラインデータを適切に収集していないことを認めている.その結果,2000年4月のパイロットゾーンでの裁断終了後のデータとの比較ができないという問題を認識している(2.見解パラ21).しかし,調査の設計や実施については反論している.標本の輸送に伴う採取と分析の3日の時間差は,国際的な規準に沿っており,そのことがデータの信憑性を失わせるものではないと主張している.調査項目についても,ウガンダの漁業研究所が湖の同国領内や周辺の水域で,水質,生物多様性,漁業などの調査をしていると述べている(2.見解パラ23).

このケースでは,プロジェクトが始まる前のベースラインデータが二重の意味で調査されなかった.1つ目はビクトリア湖のデータ,2つ目はパイロットゾーンのデータである.ビクトリア湖のデータの不在は,独立審査委員会も政策の許容範囲として受け入れたが,実際には湖のほんの一部の地域にすぎないパイロットゾーンのデータすら裁断開始前に収集していなかった.事業開始後の調査方法の不適切さについては,世界銀行が反論しているため合意された事実とはいえないが,事業前のベースラインデータがなければ,結果として事後的に住民生活を脅かすような環境変化が生じたとしても,変化の程度や原因を追究することは困難になる.妥協的だったパイロットゾーンのベースラインデータ収集ですら実施されなかった理由について,世界銀行は明確に答えていないが,独立審査委員会が挙げた設備の問題を否定してはいない.事業実施前にすべきベースライン調査が実施されなかった半面,方法が適切だったかどうかは別として事業実施後のモニタリング調査は実施されているのである.

3　鉱山開発および環境抑制技術協力(エクアドル)
────調査の地理的偏り────

エクアドルの『鉱山開発および環境抑制技術協力』は,何かを建設するというのではなく,鉱山セクター政策の策定と実施を中心とした技術協力プロジェクトである.申立の対象となったのは,政策実施の一部として西コルディレラ地方で収集された地理情報の偏りだった.住民の生活に直結する南部の小規模

鉱山については環境への影響などが調査された一方で，生物多様性で知られる北部については環境・社会影響調査が行なわれず，鉱山開発の潜在的可能性のみが記載されたと申し立てた．すなわち，調査の偏りによって住民生活に欠かせない南部の小規模鉱山は環境面で利用が抑制され，自然豊かな北部には大規模な鉱山が開発される可能性があるという指摘である．

独立審査委員会の最終審査報告書は，調査の偏在に関して申立者の主張を認めている．環境アセスメント報告書にはエクアドル北部，具体的にいえば「コタカチ―カヤパス生態系保護地域」が全く含まれておらず，調査の対象となったのは南部地域，とりわけ既存の小規模な金の採掘に伴う環境社会影響に焦点を当てていることを確認している（3. 審査パラ29）．

これに対して世界銀行の見解書は，指摘された通り北部の環境・社会面の影響調査を実施しなかったことを認め，その理由として準備の遅れを示唆している．地図を作成する際の国際的に標準的な準備作業は，まず地方自治体や地域のリーダーと協議をして地図作りの計画を策定することだと説明している．このプロジェクトの場合，南部でその準備作業が終了したのが1995年だったのに対して，北部では98年だったと述べている（3. 見解パラ24）．なお，世界銀行の見解書では，北部の環境・社会面での調査をしなかったことが直接すぐには被害や住民の不利益につながらないと独立審査委員会が結論づけた点について，見解書の中で繰り返し評価している（3. 見解パラ12-14, 15-16, 22）．

このやり取りからは，住民生活に直結した小規模な金の採掘については環境・社会面の影響が調査され，豊かな自然とそれに依存した住民が暮らす北部については同様の調査が行なわれなかったことは合意された事実だといえる．その理由について，世界銀行の見解書は明示的には答えていないものの，地方自治体や地域のリーダーとの話し合った時期の違いを挙げている．しかし，このプロジェクトが世界銀行理事会で承認されたのは1993年10月21日であり，地元との話し合いは北部も南部もプロジェクトの承認後に行なわれている．この点を考えると，世界銀行の意思決定時点で話し合いがなされていなかったことは調査不実施の理由としては説得的とはいえない．

曖昧な理由の説明と比べ，世界銀行の見解書の中でより明確に述べているのは，申立対象となったプロジェクトの結果が将来的に北部での不適切な鉱山開

発につながらないようにモニタリングを行なうという点である．しかし，世界銀行の支援はこの時点で終了しており，住民がモニタリングの不備を改めて独立審査委員会に申し立てることはできない仕組みになっている（3. 見解 pp. 11-13）．事前の調査の不備を事後的に補う場合，交渉力の違いに留意する必要がある．資金提供を決める前の時点では世界銀行の交渉力は強いが，資金提供後は逆に借り入れた開発途上国側の交渉力が強い（Strachan 1978）．見方を変えれば，世界銀行にとっては事前調査の不備を資金提供後に取り返すことは困難であり，責任を開発途上国政府側に転嫁しやすいメカニズムになっていると考えられる．

4　石油パイプラインプロジェクト（チャド）

a　特定されない影響地域

　チャドとカメルーンを結ぶ『石油パイプラインプロジェクト』はサブサハラ最大の民間投資事業である．内陸チャドの3カ所の油井を開発し，1070 km の陸上パイプラインを通じて原油をカメルーンの港に運んで輸出する．チャド側のパイプラインは約 190 km で，世界銀行は両国に支援を実施した．このプロジェクトをめぐっては，チャド側とカメルーン側で別々の申立が独立審査委員会になされており，ここではまずチャドについて検討する．

　このプロジェクトをめぐって申立者が指摘したのは，プロジェクト影響地域が地理的に特定されていないという問題である．そこで独立審査委員会は，1997年の環境アセスメント報告書に掲載されたチャドの調査地域の地図を検証した．地図には油井地域，周辺の広い長方形の地域，それにカメルーン国境までの 30 km のパイプラインが示されていた．それに加えて，このプロジェクトよりさらに大規模な油井開発許可地域であるチャド湖，ボンゴール，ドーバ，ドセオ，サラマット油井なども参照されている（図3.1参照）．しかし，独立審査委員会の最終審査報告書によれば，この調査地域がどのような理由で特定されたのかや，プロジェクトによって影響を受ける可能性がある地域が示されていない．また，開発許可がおりている他の油井をプロジェクトの地理的な範囲に含めなかった理由も説明されていない（4. 審査パラ 27）．

　これに対して世界銀行は，独立審査委員会が問題視した1997年の環境アセ

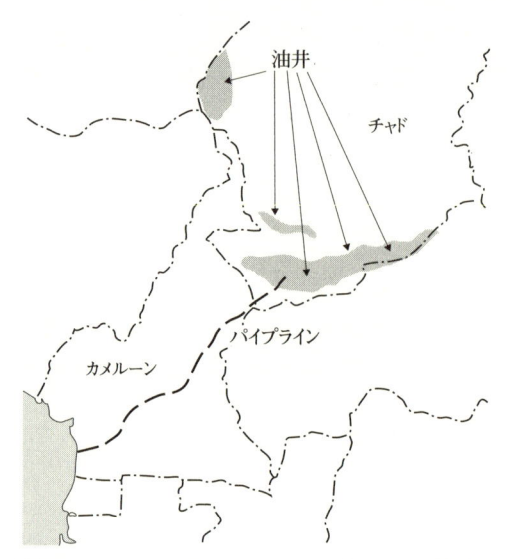

図3.1 チャド―カメルーンパイプライン関係地図
出所：「4. 審査」をもとに筆者作成

スメント報告書には記載はないが，99年の環境管理計画では特定したと反論している（4. 見解 ANNEX 1 No. 2）．見方を変えれば，環境アセスメント報告書ではプロジェクトによる地理的な影響範囲を特定していなかったことに合意しているといえる．

このプロジェクトをめぐる独立審査委員会と世界銀行のやり取りが明らかにしている調査の特質は，調査と対策の時系列に関わる側面である．

序章で前置きとして述べた通り，本書が扱う調査は，具体的な問題の解決を目的としたものである．したがって，調査によって現状を把握して終わりではなく，その結果が何らかの行動につながることを想定している．環境アセスメントについていえば，現状の把握に相当するのがアセスメントであり，その後の行動を検討するのが環境管理計画である．独立審査委員会も世界銀行も，アセスメントの段階で地理的な影響範囲の特定がなされていなかったことは認めている．しかし，世界銀行は，アセスメントに基づいて策定する環境管理計画の段階で影響範囲を特定したのだから問題ないと主張している．調査がいつなされたかが対立点になっているのである．

アセスメントの段階では地理的な影響範囲を特定していないのだから，アセスメントの結論である「予想される影響」の地理的根拠は明確ではない．ところが，その影響の緩和策を含む環境管理計画を立てる段階では，影響の地理的範囲を特定したと世界銀行は主張している．つまり，対策が先にあって，その後影響範囲が決められたことになり，「可能な対策」に合わせて事後的に地理的な影響範囲が決められている可能性も排除できない．時系列に関わる類似の

状況は3のエクアドルのケースでも現れており、不十分な調査を事後的な対策で補うことについては、他の事例でも注視しながら分析する必要がある.

b 「事後」調査の選好

独立審査委員会によれば，1997年に現地事業者によって作成された環境アセスメント報告書案に対するコメントの中で，世界銀行は，国内消費向けの他の油田，パイプライン，それに製油所を含めた累積的な影響を調査すべきだと主張していた．しかし，そうしたコメントを受けて策定された環境管理計画には累積的影響評価は盛り込まれておらず，政策を遵守していないと独立審査委員会は述べている（4. 審査パラ33-37）．

これに対して世界銀行は，政策では，地域全体の環境アセスメントを実施する代わりに，より包括的な地域開発計画の枠組みや要件を環境アセスメントや環境管理計画に盛り込むことが認められていると主張する．その上で，このプロジェクトの環境管理計画には，地域開発計画の枠組みが書かれていると述べている．具体的には，全体的な影響がわからなかったために見過ごされたであろう問題の解決，代替的な開発シナリオの検討，適切な土地利用の提案，それに環境面の対応を行なう仕組みを提示したと見解書にある．なお，世界銀行の見解書によれば，この地域開発計画は申立時点ではまだ策定されておらず，2003年4月に完成する予定である（4. 見解ANNEX1 No.4）．

このプロジェクトをめぐっても，政策に合致した調査を実施したかどうかで意見が分かれている．融資審査前に調査しなかったために被害が生じる恐れがあると主張する申立住民および独立審査委員会に対し，世界銀行は，政策が求めているのは将来計画なのだから事前に調査しなくとも問題はないと主張している．本書ではどちらの解釈が正しいかを判断しないが，仮に調査を実施するのは事前でも事後でもよいと政策で認められていた場合，世界銀行は事後を選んでいるといえる．しかも，このケースでは事後的な調査は独立審査委員会の最終審査報告書が公表された時点でもまだ完了していなかった．「事前」は遅くとも融資の判断までという期限が定められているのに対して，「事後」には必ずしも明確な期限はない．意図的かどうかはともかく，「事後」の調査が選択されることの背景を分析する必要がある．

調査時期という点では，このプロジェクトはベースラインデータの収集時期についても政策不遵守を指摘された．独立審査委員会の最終審査報告書によれば，1998年5月に世界銀行およびオランダの「独立環境影響評価委員会」がこのプロジェクトの環境アセスメント報告書（97年）の妥当性を検証した際に，プロジェクトの実際の影響を特定するのに必要な事前のベースラインデータが欠けていることに懸念を表明した．同じ指摘は2001年に世界銀行が指名した「国際顧問グループ」(IAG) からも受けている．99年の環境管理計画には，チャドとカメルーンの植生，鳥類，哺乳類などについて追加的なデータを掲載しているが，環境面のベースラインデータは申立が行なわれた時点でも収集中であった．独立審査委員会が疑問を投げかけているのは，こうした追加的なデータ収集は本来環境アセスメントとして実施され，それに基づいて環境管理計画が策定されるべきである点，また事後的なデータが環境管理計画に掲載されているものの対策が講じられていない点である．環境アセスメントが完了し意思決定が終わってからのデータが，特定の環境管理計画の活動にどう反映されているかが示されていないと独立審査委員会は指摘している．世界銀行の環境アセスメント政策に従えば，個々の影響緩和策は環境アセスメントで明らかにされた特定の影響に対応している必要がある．多くの追加的なベースラインデータが事後的に収集されたことに理解を示しながらも，それは緩和策を含めた環境アセスメントのプロセスに適切に反映されていないというのが独立審査委員会の結論である（4. 審査パラ 57-66）．

　これに対して世界銀行は，環境影響緩和策に対応しているデータは，あくまで1997年の環境アセスメントであり，事後に収集したデータを含んでいないことを認めている．しかし，97年の環境アセスメントとの間に生じたデータの乖離については，99年の環境管理計画で説明したと述べている．さらに，ベースラインデータ，影響評価，特定の緩和策の関係については，生物学的に重要な情報を観測場所ごとに記述する「環境アラインメントシート」(EAS) を使って今後対応していくと説明している．EASに基づく環境管理は，環境アセスメントや環境管理計画で特定された影響と同程度のレベルになるまで，建設中・操業中の影響を減らすようにすることが求められている．個々のベースラインデータ，可能性のある影響，それにどのような管理が求められるかが

EASに盛り込まれ，パイプラインのキロメートル表示ごとに表にしてまとめられると述べている．一連の方法を定めた手引書も作成してあり，こうした具体的な方法は99年の環境管理計画には書かれていないが，現場レベルでは決まった手順に基づいて実施されているとのことである（4.見解ANNEX1 No.8）．

　独立審査委員会の審査結果と世界銀行の見解から，このプロジェクトにおいては事前のベースラインデータが収集されていなかった上，事後的に収集されたデータが環境管理計画という正式な影響緩和策に活かされなかったことは合意された事実といえる．環境管理計画に反映されなかったことに対する世界銀行側の説明は，現場レベルでは対策に活かす手続きを決めているので問題はないというものである．世界銀行の政策では，調査の恣意性を排除するために，環境アセスメントや環境管理計画など公開の対象となっている文書に関しては，盛り込むべき内容を定めている[2]．仮に，同等の調査を実施し，対策を講じたとしても，政策上公開が定められた文書に反映されなければ，調査もそれに沿った対策も恣意的になる可能性がある．そうした懸念を背景に改定を重ねた政策にもかかわらず，それが遵守されず，事後的な調査や対策によって代用できるとの見解が世界銀行によって示されている．調査の機能を考えたとき，「なぜ事前調査が実施されないのか」という問いと同時に，「なぜ事後的には調査が実施されるのか」という問題意識を持っておくことが必要である．

c 「可能な範囲」での定量化

　このプロジェクトをめぐって独立審査委員会が環境アセスメント政策の不遵守を指摘した3つ目のポイントは，代替案（複数案）の分析である．独立審査委員会の最終審査報告書では，プロジェクトの実施企業体が1999年の環境管理計画の根拠としている「代替案分析」報告書は，環境影響の経済面の評価以外では政策に沿ったものであると分析している．可能な範囲で定量分析が求められている各案の環境面の費用便益や，可能ならば書き加えるべき経済価値については，プロジェクトの代替案の評価で分析された形跡はほとんど見当たらないと指摘している（4.審査パラ69）．

---

[2]　第2章第2節を参照．

これに対して世界銀行は，そもそも環境アセスメント政策の規定では環境面の費用便益や経済価値の定量分析は必須ではなく，「可能な範囲」で「実現可能ならば」と定められていると反論している．そして，このプロジェクトの「代替案分析」調査では環境に関わる量的なデータを盛り込んだと主張している．具体的には，異なる生息地を横切る長さ，水路の本数，村落数などを代替案の間で比較したと主張している．その一方で，環境面の影響を評価するためには，形のないものや，使用価値，非使用価値などを測定しなければならず，測定結果は議論をよぶことになるとの見解を示している（4. 見解 ANNEX1 No. 10）．

環境影響の経済面の評価を可能な範囲で代替案分析に含まなければならないという政策要件の充足に対して，独立審査委員会と世界銀行の評価は分かれている．しかし，プロジェクトの代替案を比較する場合に，環境影響の経済評価が定量化しにくいという点では両者は共通の認識に立っている．その結果として，独立審査委員会は定量化が難しい環境面の費用便益や経済価値を除いた他の経済分析を中心に望ましいプロジェクトが選ばれやすくなると指摘し，世界銀行も，定量化しやすい指標によって調査結果の重点が左右される傾向を示唆している．「可能な範囲」の定量化は，結果として定量化しやすい指標による意思決定につながる可能性を示しているといえる．

d 「それ以外の仕方でもありうる知」としての調査

環境アセスメントの根本的な限界としてしばしば指摘されるのは，調査を行なっているのがプロジェクトを実施する側だという点である．そのため，事業推進者にとって都合のいい結果を導いているのではないかとの疑義がかけられる（島津1997）．こうした問題を一定程度回避するため，世界銀行の環境アセスメント政策では，影響が大きいと考えられるプロジェクトの場合，事前の準備段階から当該プロジェクトに直接関係していない専門家による助言委員会の設置を求めている．

このプロジェクトでも，独立審査委員会が検証したところ，1996年に書かれた専門家助言委員会の仕様書の中で，助言委員会が実施企業から独立した立場でチャド政府に対して環境面の助言を行なうことが明記されていた．96年

12月には環境アセスメント報告書を，98年2月には環境管理計画を検討することになっており，カメルーンでも類似の業務が課されていた．仕様書によれば，3年に1度契約は見直されることになっていた．しかし，独立審査委員会はこの助言委員会が行なった業務や結論を反映している文書をいっさい見つけることができなかったと述べている．独立審査委員会の照会に対して世界銀行側は，世界銀行グループとこの助言委員会との間で何度も会合が開かれたが，やり取りを表す記録や環境アセスメント報告書に対する助言委員会のコメントが書かれた文書が全く存在していないようだと述べている．文書の存在すら確認できない背景として，助言に関わる契約が当該政府と専門家の間で行なわれることが挙げられているが，それでは世界銀行は監理義務を放棄していることになると独立審査委員会は指摘している（4. 審査パラ48-53）．

これに対して世界銀行は，カナダ人環境専門家，アメリカ人保健専門家，それにフランス人社会経済専門家からなる専門家助言委員会を，1996年にチャド政府が設置したと反論している．例えば助言委員たちは96年から99年にかけて複数回現地に派遣され，チャドとカメルーン両政府に報告を提出したと説明している．さらに，助言委員会の専門家のコメントや勧告は，環境アセスメントのプロセスの改善につながったと述べている．その中には，生態学的に注意が必要なカメルーンのムベレ渓谷周辺のパイプラインのルート見直しも含まれていたということである（4. 見解ANNEX1 No.8）．

このケースでは，第三者である専門家を活用した経緯を世界銀行が具体的に説明しているものの，独立審査委員会はそれを証明する文書を確認できなかったと指摘している．両者の対立の原因は，助言が文書化されていないことにある．第三者の専門家に助言を求めるという仕組みやその内容を文書として残すことは，特定の調査に対して異なる評価がありうることを前提にしている．これは序章で述べた「知のあり方」と関係している[3]．調査が生み出す知を「それ以外の仕方でもありうるもの」だと捉えるからこそ，第三者の意見を取り入れようとする．助言内容が文書化されていなければ，調査が把握した実態がどのように「それ以外の仕方でもありうるもの」だったのかを検証することがで

---

[3] 序章第3節1を参照．

きない．その結果，調査は「それ以外の仕方ではありえないもの」として扱わ
れることにつながる．調査が「知のあり方」とどのように関係しているのかは，
今後の事例でも分析の視角として注視する必要がある．

5　第三次・第四次電力およびブジャガリ水力発電プロジェクト
　　（ウガンダ）――調査の有無をめぐる対立――

　このプロジェクトには，ウガンダのビクトリア―ナイル川上流にある既存の
オーウェン滝ダムの拡張や，同じ流域での新たな水力発電ダムの建設が含まれ
る（図3.2参照）．独立審査委員会は，累積的影響評価と電力セクター環境影響
評価が実施されなかったとして環境アセスメント政策の不遵守を指摘している．
　独立審査委員会の報告書によると，世界銀行グループ[4]も累積的な影響を軽
視していたわけではなく，2種類の調査を実施したことが確認されている（6.
審査パラ129）．1つは2000年5月にAcre Internationalというコンサルタント
会社が実施した「発電代替案評価」（AGA）である．AGAはウガンダのビク
トリア―ナイル川を3つのセクションに分けて，その影響の大きさを分析して
いる（6. 審査パラ130-131）．もう1つは「ビクトリア―ナイル戦略的影響評
価」（VNSIA）である．VNSIAの仕様書には累積的影響評価を実施するよう
指示されているが，独立審査委員会はそのような調査にはなっていないと述べ
ている．なぜなら，利害関係者（ステークホルダー）との2日間のワークショ
ップの出席者は32人で，ジェンダー，職業，居住地域のバランスが意識され
ておらず，代替案を比較検討するランキング作業に参加した人は20人にすぎ
なかったからである（6. 審査パラ134）．独立審査委員会は，遵守審査の一環と
して実施した現地調査で累積的影響に対する住民の懸念の高さを認識した．具
体的には，水文学的な変化，下流の安全性，水生生態系，河岸生息地，観光な
どであり，こうした懸念に世界銀行グループの調査は答えられていないと指摘
している（6. 審査パラ137）．
　これに対して世界銀行は見解書の中で，「発電代替案評価」（AGA）に累積

---

[4]　本プロジェクトには開発途上国の民間セクターを支援する国際金融公社（IFC）も融資
　　している．一般に世界銀行が国際開発協会（IDA）と国際復興開発銀行（IBRD）を指
　　すのに対して，世界銀行とIFCを含む5つの機関を合わせて世界銀行グループとよぶ．

的影響評価が含まれており，その結論としてウガンダ領内のビクトリア―ナイル川に複数のダムを建設すれば累積的な悪影響が生じると述べている．さらに，ブジャガリダムの環境アセスメント報告書において，「既存のオーウェン滝ダム＋オーウェン滝ダムの拡張＋ブジャガリダムの建設」という選択肢が最も悪影響が小さいと結論づけている（6. 見解 ANNEX1 No. B3）．

図 3.2　第三次・第四次電力・ブジャガリ水力発電（ウガンダ）関係地図
出所：「6. 審査」をもとに筆者作成

独立審査委員会の審査報告書と世界銀行の見解書はかみ合っていない．独立審査委員会が政策不遵守を指摘したのは「ビクトリア―ナイル戦略的影響評価」（VNSIA）の仕様書に書かれていた累積的影響評価であるのに対して，世界銀行は「発電代替案評価」（AGA）や別の環境アセスメント報告書を引用して反論している．累積的環境影響評価が政策に則って実施されたのかについては合意されていない．このケースが示しているのは，累積的環境影響評価が実施されたかどうかという事実関係ですら，世界銀行と独立審査委員会の専門家間で見解が異なるということである．一般に，本事業のような世界銀行が融資した大規模インフラ事業では数多くの調査報告書が作成される．しかし，調査の量は必ずしも調査の充足を意味しておらず，このケースのように調査の有無をめぐる専門家同士の見解の対立につながる要素を含んでいる．

このプロジェクトで独立審査委員会が不実施を指摘したもう1つの調査は，セクター環境アセスメントである．独立審査委員会は，プロジェクト関連の文書を検証し，このプロジェクトに含まれるブジャガリダム開発はウガンダの電力セクター改革の一部としてその必要性が正当化されていると分析している．また，プロジェクトの評価文書でも，電力セクター改革の進展がこのプロジェクトの成功と密接につながっていると明記されている．それにもかかわらず，

電力セクターの環境アセスメントが実施されなかったことは政策に違反しているると独立審査委員会は指摘している（6. 審査パラ 122-124）．

これに対して世界銀行は，先ほども挙げた「発電代替案評価」（AGA）がセクター環境アセスメントに相当すると反論している．その根拠として，AGAの目的がウガンダの複数の発電プロジェクトの比較評価をすることだったこと，その評価の材料として環境面の懸念を扱った別の調査報告書が使われていたことを挙げている（6. 見解 ANNEX1 B2）．

このケースでも調査が実施されたかどうかをめぐって独立審査委員会と世界銀行は対立している．通常，独立審査委員会は事実調査の過程で，委員の懸念を世界銀行側に伝達し，必要な資料を徴求している．したがって，世界銀行が見解書で示した「発電代替案評価」（AGA）の内容を独立審査委員会は認識した上で，最終審査報告書を作成しているはずである．それにもかかわらず，調査が実施されたかどうかで専門家の見解が異なる．調査の機能という視点で考えると，なぜ見解が異なるのかを問うよりも，調査の有無が論争になることの意味を掘り下げて考察する必要がある．

6 ヤシレタダムプロジェクト（パラグアイ/アルゼンチン）
――国内法と世界銀行の政策――

このプロジェクトは，正式には『水および電気通信セクター改革プロジェクト』（パラグアイ）と『第五 SEGBA 配電プロジェクト』（アルゼンチン）の2つの事業から成っている．ともに両国の国境を流れるパラナ川（ラプラタ川の支流）に建設されたヤシレタダムに関連しているため，本書では2つを合わせて『ヤシレタダムプロジェクト』と表記する．このプロジェクトをめぐっては，立ち退きを余儀なくされた住民たちの移転先における環境アセスメント調査が実施されなかったと指摘された．

独立審査委員会が疑問を呈したのはパラグアイ側の移転地での公共工事である．このプロジェクトには，パラグアイ側のエンカルナシオン市内の移転地に上下水道，汚水処理場，道路，豪雨対策排水路，固形廃棄物処理施設を建設する計画が含まれていた．いずれも世界銀行の政策では環境アセスメントが必要な工事だが，独立審査委員会の調査では環境アセスメントが実施された事実を

写真 3.2 適切な設計になっていないと指摘された移転先の排水路（7. 審査 p.51）

確認できなかった．独立審査委員会が世界銀行に対して環境アセスメント報告書の提出を繰り返し求めたところ，2003年11月にヤシレタダムの事業実施主体から請け負った様々なコンサルタントが作成した環境アセスメント報告書のコピーが提出された．独立審査委員会がそれらの報告書を検証したところ，調査項目が限定的であること，移転地の代替案や影響緩和策が書かれていないこと，影響を受ける住民たちと何の協議も行なっていないことなどが明らかになった．独立審査委員会へのコピーの提出に至るプロセスや提出された環境アセスメント報告書の内容から，独立審査委員会は，世界銀行が環境アセスメントの実施を求めなかった可能性があると指摘している（7. 審査パラ 114-117）．

これに対して世界銀行は，2003年11月に提出した環境アセスメント報告書はパラグアイの規則に従って作成したものではあるが，世界銀行の政策には合致していないことは認識していると見解書の中で述べている．パラグアイでは 1995 年以前は，移転地の環境影響に関する正式な調査手続きは存在しなかった．事業実施主体は移転関連の環境影響は重大ではないので環境アセスメントを実施しないと判断し，世界銀行もそれに同意した．しかし，95 年にダム以外の公共工事の環境アセスメント手続きが改善され，2 カ所の移転地の整備に適用された．それらは『ヤシレタダムプロジェクト』の環境管理計画

(PMMA) の改定には取り込まれ，01年6月に世界銀行は改定されたPMMA を承認したと経緯を説明している（7. 見解 ANNEX1 No. 3）．

　世界銀行の政策に沿った環境アセスメントが実施されなかったことは合意された事実である．世界銀行の見解書からは，プロジェクトの実施主体に対して世界銀行の政策に合致した環境アセスメント報告書を求めなかった，もしくは合致していないとわかっていて審査を通したのは，パラグアイの法律を尊重したからだと読み取れる．しかし，世界銀行の環境アセスメント政策では，現地の法制度にかかわらず，支援を検討している事業には政策が適用されることは周知のことである．主権を侵害して調査を強要するのではなく，政策に合致しない調査は当該国の法律には則っていたとしても承認しないことを意味する．パラグアイの法律を理由に政策不遵守を弁明するのは，この前提を否定した説明である．資金と専門性を背景に開発途上国に対して顕示的な権力を有していると考えられる世界銀行が，権力を行使される側に配慮してその手段である政策を自ら遵守していない．

　もう1つ注目すべき点は，独立審査委員会と世界銀行がそれぞれに重きを置いている時間軸である．世界銀行の見解書によれば，移転地の整備に環境アセスメントが適用されたのが1995年，それを計画に取り込んだのが2001年，環境アセスメント報告書が公開されたのが03年である．独立審査委員会は事業を始める段階で調査したかどうかを問うているのに対して，世界銀行は事後的な対応を強調している．事前の調査がなかったり不適切だったりしても，事後的にいわば尻拭いをすることが許されるのならば，事前の調査が疎かになることは十分にありうる．調査それ自体の目的は政策に示された実態の把握であり，世界銀行側の反論では，調査を融資審査段階でやれなくとも，事後的にやれば問題ないと捉えている．そこで論点となりうるのは，むしろ調査の上位目的である社会改良への影響である．なぜなら，目的に適った調査がいつ実施されるかは，調査の結果として実施される社会改良の方策に差異を生む可能性があるからである．事後的な調査では，世界銀行の環境アセスメント政策が最優先としている悪影響の「未然防止」や「回避」につなげることは困難であり，次善の策である最小化や補償という方策を選ばざるをえない．このケースが示しているのは，調査の「失敗」が新たな調査で補われる特性であり，そのことが社

会改良という調査の上位にある目的の選択の幅を狭める可能性である．

7 石油開発およびパイプラインプロジェクト（カメルーン）

a 重要性を決める専門家の経験知

このプロジェクトは本節の4で述べたように，内陸国である隣国チャドの油井を開発し，8割がカメルーン国内を通る1070 kmの陸上パイプラインを通じて原油をカメルーンの港に運んで輸出する事業である（図3.1参照）．このパイプライン沿いの環境に関する事業前のベースラインデータが収集されていないと申し立てられた．世界銀行は，独立審査委員会の調査段階で，必要なデータは1997年の環境アセスメント報告書に盛り込まれていると反論していた．しかし，独立審査委員会は，98年5月の時点で外部の専門家や世界銀行スタッフがベースラインデータの欠如を認識していた点に注目する．プロジェクト側が雇用した外部の専門家は年間を通じた生物物理学的な調査が必要だと指摘している（8. 審査パラ31）．カメルーン石油輸送（COTCO）社が，パイプラインの中心から片側30 m，すなわち60 m幅のパイプライン用地内の調査を実施したが，独立審査委員会によれば，調査は融資の承認後に実施されており，また雨季と乾季の違いや気候・環境条件の年間の違いを調査していない（8. 審査パラ35）．独立審査委員会が現地調査中に確認した水資源や漁業の損害をめぐる対立は，建設前の状況を明確にしなかったベースラインデータ収集の不適切さが原因だと述べている（8. 審査パラ36）．

これに対して世界銀行は，環境アセスメント政策では，長期のデータを収集しながらであれば，1年以内の短期のデータを年間のデータの代わりに使用することを認めていると反論し，その調査手法をとった理由はプロジェクトの意思決定の重大な遅れを防ぐことにあったと説明している．世界銀行としては，データの不確実性がプロジェクト実施期間中に事業全体に影響を及ぼすような問題につながるほどではなく，長期のベースラインデータは事業実施後のモニタリング段階で収集可能だと判断したと述べている．独立審査委員会が指摘した対立についても，個別の損害をめぐる紛争であり，事業全体にわたる深刻な問題ではないとの認識を示している．また，どのくらいデータを集めればいいのかという点にも世界銀行は疑問を投げかけている．たとえ年間を通したベー

スラインデータを集めたとしても，長期的なパターンの代用にはならないし，どんなに詳しい現地調査のデータでも，「傾向」という点では歴史的なデータや複数年のデータにはかなわないと論じている (8. 見解 ANNEX1 No. 2).

　独立審査委員会も世界銀行も，900 km に及ぶカメルーン国内のパイプライン沿いの環境データが融資前に収集されなかったことには合意している．融資後の調査が年間を通じたデータの収集ではなかった点について，世界銀行は，それは政策で認められており，結果として生じた損害をめぐる対立もプロジェクト全体から見れば些細な問題にすぎないと主張している．同時に，事前のデータの不十分さは事後的に補えると反論し，不十分なデータのまま意思決定を行なった理由は事業の遅れを防ぐことだと説明している．

写真 3.3　カメルーン『石油開発およびパイプラインプロジェクト』に関する独立審査委員会の最終審査報告書

　このケースでは，事後の調査が問題の未然回避という目的を達成できるかどうかをめぐって両者は対立している．その背景にあるのは調査の必要性や事業によって生じる問題の重要性に対する認識にあると考えられる．これは中国『西部貧困削減プロジェクト』にも見られた，世界銀行側の専門家の経験知である．調査を実施するかどうかが実施する側の認識という経験知によって決まるのであれば，重要だと認識されなかった事象はデータ化されずその後のプロセスから排除されることになる．しかもこのケースでは，その判断に影響を与えた要因は事業の遅れへの配慮だった．調査の適切さをめぐる専門家同士の見解の対立は，調査の背後にある専門家の経験知とそれに影響を及ぼす事業の優先事項を浮き彫りにしている．

b 「プロの判断」としての調査不要

　このプロジェクトと一体を成すチャドの『石油パイプラインプロジェクト』と同じように，カメルーンのケースでも広域的な影響への懸念から住民が累積的影響調査の不在を申し立てた．チャドでは複数の油田や製油所に関係する影響が焦点だったのに対して，カメルーンでは 900 km 以上に延びるパイプライン周辺地域への複合的な影響が住民の懸念の中心にあった（8. 審査パラ 46）．

　申立に対して世界銀行は，累積的影響は原油輸出のための海上ターミナルについては調査したが，他の点については分析を必要とするような累積的影響はないと回答している．理由はカメルーン側のプロジェクトは，幅 30 m のパイプライン，2 つのポンプ場，数ヘクタールの減圧ステーションだけであり，規模が小さいからだと説明している（8. 審査パラ 47）．これに対して，独立審査委員会の最終報告書は 2 つの点で疑問を呈している．第一に，1997 年の環境アセスメント報告書案に対して世界銀行は累積的影響評価の必要性をコメントしていること，第二に，関連する事業は数多くあること，である．具体的には，カメルーン北部の石油開発，海岸の石油・ガス開発，隣国の赤道ギニア・ガボン・ナイジェリアで計画されている大規模な地域石油ガス開発，パイプラインの近隣のロムパムガーダムやヨーロッパ連合（EU）が融資した南チャドと北カメルーンを結ぶ高速道路などを挙げている．こうした既存の事業や計画との累積的な影響を融資承認前に調査すべきだったと独立審査委員会は指摘した（8. 審査パラ 51-54）．

　これに対して世界銀行は見解書の中で，1997 年の環境アセスメント報告書案に対する世界銀行のコメントは，99 年の環境管理計画で対応されており，世界銀行職員のプロとしての判断（professional judgment of staff）によって累積的影響評価は必要ないと結論づけたと反論している（8. 見解パラ 36）．また，独立審査委員会が挙げたロムパムガーダムと北部の大規模な石油開発は実現する可能性は低く，EU が融資した高速道路はパイプラインと接点はないので累積的影響評価は必要ないと述べている．さらに，このパイプラインプロジェクトが先に進められているのだから，仮にダムや他の石油開発が進められる場合には，その過程でパイプラインとの累積的影響評価を要件とすべきとの見解を示している（8. 見解パラ 37）．

油漏れなど一部の影響を除いて累積的影響が調査されなかったことは独立審査委員会と世界銀行の両者が認めている．対立しているのはその必要性であり，判断の根拠として世界銀行が挙げたのが「プロとしての判断」だった．もう1つ注目すべきことは，累積的な影響は後から進められる開発計画の中で調査すべきだとの世界銀行の指摘である．一般論としては，事業の影響とは事業の前と後とを比較することで明らかになるものである．例えばこのパイプラインプロジェクトの後に近隣でダムが計画されたとする．影響調査の対象はダム事業の前後の変化である．決してパイプラインプロジェクト以前の状態と比較して複合的な影響を調査したりはしない．結果として，先行する事業でも，後続の事業でも，累積的影響調査が実施されないことになる．調査を事前にではなく事後に実施する選好はこのケースにも現れている．

c 助言委員会なき融資承認

住民はこのプロジェクトの環境アセスメントは独立性が欠けており，そのことが環境への悪影響につながっていると申し立てた．独立審査委員会によれば，事業準備段階の1997年までは独立した専門家による助言委員会が存在し，同年4月に実施した環境アセスメント報告書の妥当性の検討においては重要な役割を果たしたと世界銀行も認識している．具体的には，開発の影響に対して脆弱なムベレ地溝帯（Mbere Rift Valley）を避けるようパイプラインのルートを変更することや，HIV/AIDS対策に集中的に取り組む必要性などを盛り込んだ．しかし，それを最後に助言委員会はHIV/AIDSに関する会合を除いてプロジェクトの検討に関与せず，環境管理計画の妥当性の検討にも関わらなかった．

独立審査委員会が世界銀行に確認したところでは，助言委員会とカメルーン政府の関係の悪化が原因だという．この点について世界銀行は，独立審査委員会からの照会に対して，国際顧問グループ（IAG）が助言委員会の不在の穴を埋めていると弁明している．IAGは世界銀行グループの事業監理を外部遵守モニタリンググループ（ECMG）と一緒に担っており，その役割は世界銀行グループへの報告である．その一方で，世界銀行の政策に定められた助言委員会の目的は，環境アセスメント報告書に盛り込まれた勧告の実施や現地の事業実

施機関の環境管理能力の向上などであり，IAG とは役割を異にしているとの見解を独立審査委員会は示している（8. 審査パラ 17-27）．

これに対して世界銀行は，独立審査委員会の指摘通り，助言委員会は設置されるべきだったとの認識を見解書で明らかにしている．善後策としては，委員会ではなく，事業と無関係な独立した個人専門家を雇って事業の実施とモニタリングに関与してもらうことでカメルーン側と合意していると述べている（8. 見解パラ 18-22）．

独立審査委員会も世界銀行も，政策で求められている助言委員会がある時期以降存在しなかったことを認めている．理由は，カメルーン政府との関係が悪化したことで独立した専門家による助言委員会がプロジェクト準備の途中で契約更新されなかったからである．助言委員会はプロジェクトから独立しているとはいえ，雇い主がプロジェクト実施者である以上，その指示に従わなければ委員の任を解かれてしまう．このケースでは，なぜカメルーン政府と専門家の関係が悪化したかは明らかにされていない．契約を更新するかどうかは雇い主の正当な権利なので，契約途中の解雇とは異なり，その理由は明示されにくい．雇い主の意向にそぐわなかったため契約が更新されなかった可能性も否定できない．

しかし，権力に着目しながら調査の機能を考えるという本書の趣旨に照らすと，重要なのは助言委員会が設置されていないのを承知で世界銀行が事業を進めている点である．世界銀行は政策遵守を確保するための条項を借入国との融資契約に盛り込んでおり，それが実施されない場合は融資の停止も可能である．ところが，そうした手段を検討した形跡は見解書には見出せなかった．世界銀行はこのケースでも調査を通じて借入国に権力を行使しているというよりは，借入国の事情に配慮しているといえる．

8 カルタヘナ上下水道および環境管理プロジェクト（コロンビア）

a 調査の必要性をめぐる専門家同士の対立

このプロジェクトは，コロンビアのカルタヘナ市の汚水をパイプラインで約 24 km 離れた処分場に送り，処理後の汚水を沖合約 3 km，深さ 20 m に海洋投

棄するという事業である．申立者の懸念は漁業への影響だった．独立審査委員会の最終報告書によると，影響を受ける村に住んでいる漁民たちは，カヌーと網を使った伝統的な方法で小魚やえび，ロブスターを自家消費や余剰の販売のために捕っており，海洋投棄に伴う汚染が魚の減少や人体への悪影響につながることを懸念していた．こうした懸念に対して世界銀行は，漁業への影響は無視できるほど小さく，そもそも排水口が計画されている海域は魚が豊富ではないと述べている．

これに対して独立審査委員会は，プロジェクトによる漁業への影響があるかどうかを明確にするには，海洋学的な状況や投棄場所の受容能力を調査する必要があると指摘している．通常の年だと，春は海水表面の栄養分が魚や甲殻類の食物連鎖の助けとなるが，穏やかな夏の時期は，藻が繁殖して酸欠や毒性の問題を引き起こして海岸近くで魚が死んでしまう．さらに，汚水はかなりの量の水銀や他の金属類を含んでおり，食物連鎖を通じた生物内の蓄積となる恐れがあると述べている．汚水の影響を最小限にするように排水口が設計されていることは認める一方，汚水によって漁業を取り巻く状況が変化しうるとの見解を示している．したがって，プロジェクトの準備段階で，海洋投棄する地域の漁業への影響について適切に扱わなかったことは政策に違反しているというのが独立審査委員会の結論だった（9. 審査パラ 149-152）．

世界銀行は，問題となっている地域では，収入は低いとはいえ漁業が重要であると認識している．海洋投棄場沿岸の町プンタカノアの年間漁業収入は132人の漁民合わせて2万4000ドルである．この地域では15歳以上の4人に1人が調査時に漁業に従事していた．しかし，漁業への影響は以下の3つの理由で小さく重要ではないと世界銀行は反論している．第一に，汚水が投棄される場所はすでにマグダレナ川によって環境は劣化しており，生物学的な活動はほとんど見られなかった．したがって，投棄場所近辺に魚の産卵場所や生育場所はない．第二に，投棄地点を越えた海洋環境へのリスクは無視できるほどである．第三に，この地域の漁民は，モーター付きのボートでプンタカノアから数時間も移動しており，この排水口の影響は受けない．ただし，漁民の懸念に応えるため，漁業支援をすることに合意するという見解を示している（9. 見解 ANNEX1 No.12）．

第 2 節　15 カ国 14 プロジェクトの事例研究　　139

　独立審査委員会の指摘と世界銀行の見解の双方から，汚水の海洋投棄に伴う漁業への影響が調査されていなかったことは合意されている．調査の必要性を指摘した独立審査委員会に対して，世界銀行は本格的な調査を実施しないでも，海に流れ込む川の環境情報から影響がほとんどないことは明らかであるという見解である．

　このケースは 2 つの論点を示している．第一に，調査の必要性をめぐって世界銀行と独立審査委員会の専門家が対立している，別の見方をすれば既存のデータをもとにした経験的な判断は専門家同士でも異なるという点である．他の事例でも取り上げた専門家の経験知を含む「知のあり方」に関係している．第二に，影響調査は必要ないとしながらも，世界銀行は漁業支援に合意している点である．結果的には，事前調査より事後的な救済策を選んでいることになる．事前の調査が面倒だから後回しにされているだけなのか，それとも調査を事後的な救済に置き換えることに何らかの働きが内在しているのか，他の事例と合わせて分析する．

b　調査の適切さをめぐる専門家同士の対立

　このプロジェクトでは，代替案（複数案）分析に対して政策不遵守が指摘されている．独立審査委員会は，プロジェクトの実施可能性調査に含まれている代替案（複数案）分析が様々な組み合わせを扱っていることを認めている．具体的には，処理レベル，立地，人間の健康，海洋環境，自然，人口，技術的な実施可能性，費用対効果を組み合わせて 15 の案を検討している．しかし，カルタヘナ市近郊に処分場を作って近くの潟湖（ラグーン）に処理後の水を流すという案や，処理後の水を灌漑用に利用するという案を簡単に片づけていると指摘している．実施可能性調査報告書と環境アセスメント報告書は非常に分厚いものの，申立者が懸念しているプンタカノア沖の海洋投棄以外の選択肢については，おおざっぱにしか検討していないと結論づけている（9. 審査パラ 69-76）．

　これに対して世界銀行は，実施可能性調査と環境アセスメントでは，処理法，排水場所，パイプの材質，排水用のパイプの直径，地上部分の輸送ルート，投棄の深さの代替案を検討したと反論している．さらに，国際的に認知された専

門家による委員会を設置してこれらの調査を検証してもらい，汚水処理方法，投棄場所の選択，設計に専門家委員会のお墨付きを受けたという．また，独立審査委員会が挙げた具体的な選択肢については，見解書の中で次のように述べている．まず，潟湖への放水は富栄養化を引き起こし，マングローブや観光業に悪影響を与える．費用面でも，採用されたプンタカノア沖の海洋投棄よりもコストがかかると分析している．次に灌漑用水への利用に関しては，需要がなく，新たな処理場と施設が必要になるのでコストがかかると指摘している．これらに比して，カルタヘナ市から北に 20 km ほど離れたプンタカノアに処理施設を作り，2.85 km の海底排水路を通じてカリブ海の深さ 20 m の海底に投棄する方がコストはかからない．また世界保健機関（WHO）の見解では，この方法であれば人体の健康へのリスクは低く，環境アセスメント報告書に書いているようにこの海底では生物の活動が活発ではないので漁業への影響もないと結論づけている（9. 見解パラ 23-32）．こうした根拠を挙げて，世界銀行は，代替案の分析は適切であり追加調査をしても結果は同じだと主張している（9. 見解 ANNEX1 No.3）．

　このケースでも，事前の調査が十分だったかどうかをめぐって，同じ調査報告書を分析した独立審査委員会と世界銀行が真っ向から対立している．独立審査委員会が「おおざっぱ」と指摘した内容は，世界銀行の見解書に基づけば「コスト」中心の分析だと考えられる．現行の海洋投棄の方が他の案に比べてコストが低いことが世界銀行の見解書では繰り返し強調されているからである．また，申立者の懸念の的となっている漁業や人体への影響は，WHO や環境アセスメント報告書の記述を根拠としている．この点に関しては，独立審査委員会と世界銀行の専門家同士が異なる見解を示しているといえる．ともに優れた専門家を抱える組織なだけに，両者の見解が対立することそのものが調査の1つの機能と考える必要がある．

9　ムンバイ都市運輸プロジェクト（インド）

a　環境影響は調査されたのか

　中国の『西部貧困削減プロジェクト』やパラグアイとアルゼンチンにまたがる『ヤシレタダムプロジェクト』と同様に，インドの『ムンバイ都市運輸プロ

ジェクト』でも，事業に伴って立ち退きを迫られた住民の移転先の環境影響調査がなされていなかったと政策の不遵守が指摘された．

このプロジェクトでは，人口過密都市のムンバイでの立ち退き事業だったため，「開発権の移転」(TDR) という方式で移転先の土地を取得した．この方式は，移転先候補になっている土地の所有者が別の用地の開発権と引き換えに自分の土地を移転地としてプロジェクトに提供するというものである．TDR方式によって提供された土地を立ち退き住民の移転地とするかどうかを調査する際に，環境面での影響を判断基準にしなかったと独立審査委員会は指摘した．立ち退きを求められた住民が現在暮らしている状況と，移転先での生活環境を比較検討せずに，移転地を決定したという指摘である．

例えば移転先はごみ処分場や大規模な排水路に隣接しており，それらの生活への影響が移転後の住民にとって重大な懸念になっている．土地所有者が提供を申し出た移転候補地の順位づけに使われた項目に，移転地の環境や社会状況に関わる指標が盛り込まれていない．独立審査委員会が確認した範囲では，移転地を対象にしたコミュニティ環境管理計画の中で，水供給と水質，下水道と下水処理，固形廃棄物処理など利用可能な公共サービスの検討は行なわれていたが，移転地の環境が生活に及ぼす影響は調査の対象に含まれていなかった．(10. 審査パラ 630-637)．

これに対して世界銀行は，ムンバイという地価が高額な過密都市で，移転後も通勤可能な距離の範囲で移転先を探すことは極めて制約があったことを繰り返し主張している．ただし，環境問題については認識していたので，独立審査委員会も言及している移転地のコミュニティ環境管理計画を作成したと弁明している．この計画の目的は基礎的な都市環境インフラサービスを利用できるかどうかの検証，および健康面のリスクの緩和にある．融資審査の段階で，世界銀行は7つのコミュニティ環境管理計画を審査したと述べている (10. 見解 p. 56)．

両者のやり取りはかみ合っていない．独立審査委員会の指摘は，移転地の環境が住民生活に及ぼす影響を調査していないというものなのに対して，世界銀行の回答は，環境関連の設備の利用可能性や緩和策に関するものであり，影響を調査したかどうかについては明言していない．世界銀行が見解書で参照して

いる別添資料には環境関連の調査報告書のリストが掲げてあり，その数は83種類にも及んでいるにもかかわらず，調査をしたかどうかという質問に適切な回答をしていない．調査の量が必要な調査の実施を担保しているとは限らない上，どの調査で何が明らかになったのかを世界銀行でさえ十分把握できていない実態が現れている．

b 所与の条件を理由に実施されない調査

　世界銀行の政策では，なるべく住民の非自発的な立ち退きを避け，それが困難な場合に補償・緩和策を講じることになっている．このプロジェクトでは，結果的に住民の大規模な立ち退きが生じたが，その前の段階で移転先の代替案分析が環境影響という面から実施されなかったと指摘された．

　このプロジェクトの「統合的環境アセスメント」報告書において3つの戦略的な領域での代替案が分析されている．具体的には，公共交通分野の投資，鉄道のような公共交通と車両による交通の需要管理，それに自家用車の利用を促進するための道路への投資，である．しかし，全部合わせてもわずか3ページしかないと独立審査委員会は指摘している．したがって，道路や移転地の代替案について系統的な比較検討はしていない（10. 審査パラ 647）．「統合的環境アセスメント」からは，このプロジェクトが当初からスラム居住者の立ち退きという選択肢に大きく依存していることが明白だと述べている．また，道路幅やその構造，それに道路敷地内での路線の引き方による効果や影響の違いも分析すべきだったとしている（10. 審査パラ 648-649）．

　これに対して世界銀行は，プロジェクトの当初から上位計画であるムンバイ市の開発計画があったため，道路のルートはそれに則らなければならなかったと説明している．また，人口過密都市であるムンバイにおいて移転地の候補を探すことは容易ではなかったと弁明している．その一方で，実施可能性調査の一部として代替案を調査し，微細なレベルではなるべく影響を小さくするような対応を検討したということである（10. 見解 ANNEX1 No29, No. 32）．

　次章の社会影響で詳しく述べるように，このプロジェクトでは少なくとも数万人規模の立ち退き住民が生じた．したがって，環境影響を含めた移転先の代替案調査が必要であったことは，独立審査委員会も世界銀行も認識しており，

そうした調査が実施されなかったことは合意されている．理由は上位計画の縛りがあることに加えて，人口過密都市なので比べるほどの代替地がなかったことが挙げられている．ここで考えなければならないのは，上位計画の存在もムンバイが人口過密都市であることも，プロジェクトの計画当初からわかっている所与の条件だという点である．政策で定められた代替案調査が困難であることは最初からわかっており，それを承知で世界銀行は融資を検討し承認したことになる．また，世界銀行が弁明として挙げた微細な点での代替案検討を含む実施可能性調査が完成したのは 2003 年 11 月だったが（10. 見解 ANNEX1 No. 32），世界銀行がこのプロジェクトへの融資を承認したのはその 1 年以上前の 02 年 8 月であった（10. 見解パラ 16）．このケースでも，環境面を含めて事業が実施可能かどうかの調査が融資承認の後に実施されている．

c 調査されやすい項目とされにくい項目

このプロジェクトの最後に，住民生活への影響調査の欠如について取り上げる．独立審査委員会の最終審査報告書によれば，事前の段階では，大気，騒音，生態系，社会の 4 分野の環境アセスメントが実施された．道路建設が中心の事業だったため，大気汚染に関しては，コンピュータモデリングなどを駆使した影響予測調査が重点的に実施されたと独立審査委員会は述べている．しかし，自然環境と社会環境の統合的な影響については調査されておらず，独立審査委員会によれば，社会影響として調査されたのは移転対象となる家屋や施設の数だけだった．自然環境の変化が生活に及ぼす影響や，大規模な住民移転が自然環境に及ぼす影響など，2 つの側面を統合的に調査・分析していないと独立審査委員会は政策の不遵守を指摘している（10. 審査パラ 638-640）．

これに対して世界銀行は，自然環境と社会的側面の統合については，環境アセスメント報告書の中で，コミュニティレベルの環境管理計画に盛り込むと記述していたが，実際には十分できていなかったことを認めている（10. 見解 ANNEX1 No. 30）．

大気汚染のシミュレーションのように，予測方法がある程度確立され，研究分野としても独立したものであれば，事前調査も定式に則って速やかに実施できる．それに比べて自然環境と社会的側面が相互に関係し合うこみ入った調査

項目は，その重要性が広く認識されているにもかかわらず，調査としては後回しにされてしまった．しかも，後回しの調査すら実質的には行なわれなかったことを世界銀行も認めている．見解書にはその理由は明記されていない．大気汚染のシミュレーションとの比較で考えると，自然環境と社会的側面が相互に関係し合う影響は調査が容易ではないとの認識が見解書には示されている．調査には，事前に実施されやすいタイプとされにくいタイプがあり，ここでは前者が大気汚染のコンピュータモデリング，後者が環境と社会の統合的な影響評価であることを示唆している．

10　国家排水プログラムプロジェクト（パキスタン）

a　調査より優先される対策

　インダス川の氾濫と塩水遡上に伴う被害を防ぐことを目的とするこのプロジェクトは，当初は堤防の建設や制度の構築を中心に据えていたが，事業実施の過程で投資計画が縮小されて，排水問題に対する新たな方策などを盛り込んだ「排水基本計画」の策定支援に移っていった．海に向かって幾筋にも川が分かれる広大なインダス川下流地域の排水対策であり，計画の策定にあたっては，排水セクター全体からの視点が早い段階から求められていた．

　独立審査委員会は，1993年に作られた「排水セクター環境アセスメント」はインダス川流域の環境について十分な情報を含んでいたと評価する一方で，このプロジェクトの前提となる調査としては賞味期限切れであると指摘している．というのも，セクター環境アセスメントが完成してからこのプロジェクトが始まるまでの間に，インダス川左岸河口排水事業に問題が生じ，1998～99年には堤防の決壊による甚大な被害を引き起こしたからである．堤防の決壊の可能性は93年のセクター環境アセスメントでは予測されていなかった．それどころか，このセクター環境アセスメントが特定した5つの代替案の1つが，その後問題になるインダス川左岸河口排水事業を延伸して海に排水するという案であり，当時は環境への悪影響はないと分析していたのである．93年のセクター環境アセスメントは，このプロジェクトが始まる段階では説得力を失った時代遅れの調査報告書になっていたというのが独立審査委員会の見解である（11．審査パラ276-285）．

これに対して世界銀行は,「排水セクター環境アセスメント」は,インダス川左岸河口排水事業の延伸・拡張の実施可能性を評価するためのさらなる調査を勧告しており,その中には環境社会影響や潜在的なリスクの調査を含んでいたと説明している．このプロジェクトは,左岸河口排水事業の延伸の初期実施可能性調査を支援しただけだという位置づけである．しかも,事業実施途中で検証した結果,パキスタン政府と世界銀行は,大規模インフラ建設ではなく環境社会面を含めた広い視野から課題を調査する「排水基本計画」の策定を決め,2002年から05年に計画策定を実施したと説明している（11. 見解ANNEX1 No. 15）．セクター環境アセスメントが1990年代末の堤防崩壊による壊滅的な被害を予測できなかった点について,世界銀行の見解書は,決壊前に必要な対策がすでに講じられていたことを挙げて次のように理由を説明している．93年のセクター環境アセスメントの完成より前に,インダス川左岸河口排水事業の環境アセスメントが89年に行なわれ,そこで指摘された潟湖（dhand）への影響に対処するために,この左岸河口排水事業は設計変更されていた．したがって,世界銀行としては,89年の環境アセスメントで指摘された問題がすでに対応されていたため,はっきり感知できる環境影響は予測されないと結論づけたということである（11. 見解ANNEX1 No. 16）．

「賞味期限」が切れた1993年のセクター環境アセスメントに代わる調査を実施すべきだったという独立審査委員会の指摘に対して,世界銀行はこのプロジェクト自体が部分的にそのフォローアップ調査を含んでいたと弁明している．このプロジェクトの有効性を事前に判断する1つの材料がセクター環境アセスメントだが,世界銀行はプロジェクトを進めながら調査を行なうという方針だった．一方で,セクター環境アセスメントが90年代末の堤防崩壊による被害を予測できなかった理由については,設計変更という対策の存在によって調査の必要性が否定され,その後の堤防崩壊の危険性まで検討しなかったことを挙げている．このプロジェクトに関連して,89年にインダス川左岸河口排水事業の環境アセスメントが,93年に「排水セクター環境アセスメント」が,そして2002年から『国家排水プログラムプロジェクト』の環境調査が行なわれた．しかし,独立審査委員会が指摘するように98～99年に続き03年にも,インダス川下流の2つの郡で100人以上が犠牲となる洪水が起きており,住民た

この間が決壊した

写真 3.4 決壊した Tidal Link. 撮影田辺有輝（2006 年 9 月）

ちはその原因は堤防にあると訴えている（11. 審査パラ 466-467）.

　このケースからは2つの論点を導くことができる．他の事例でもたびたび指摘しているが，調査の時期をめぐる専門家同士の見解の違いである．このプロジェクトでは，独立審査委員会は政策に則って事前の調査が必要だとする一方で，世界銀行はプロジェクトを進めながらの調査で十分だと反論している．もう1つは，対策と調査の関係である．これまでの事例では，事前調査と事後的な対策の対照が見られていたが，このプロジェクトの場合，あらかじめ講じられた対策の適切さは吟味されず，対策の「存在」によって調査が不要だとの認識につながった．結果として，堤防の決壊と甚大な被害が生じる前に調査は実施されなかったといえる.

b 誰が調査の必要性を決めるのか

　独立した専門家による助言委員会の設置をあらゆる事業に求めるのは現実的ではない．世界銀行の環境アセスメント政策でも，多方面にまたがる深刻な環境面の懸念がある大規模でリスクが高く論議の的となっている事業に限定されている．

　このプロジェクトは，インダス川の氾濫と塩害を防ぐパキスタン最大のインフラ事業として知られており，独立審査委員会は政策に記された助言委員会を設置すべきタイプの事業だと判断した．専門家の知見をプロジェクトに反映するには，準備段階の 1994 年頃には助言委員会が設置されているべきだったにもかかわらず，2004 年までそうした委員会は作られなかったと独立審査委員

会は指摘している（11. 審査パラ 323-327）．

これに対して世界銀行は，このプロジェクトは当初環境アセスメントの必要ない事業だと考えていたため助言委員会を設置しなかったと述べている．1993年に作成した「排水セクター環境アセスメント」では，このプロジェクトや他の排水インフラ投資に伴う環境リスクを管理する枠組みを示し，個々の投資事業レベルで環境アセスメントをすべきだと定めていた．しかし，このプロジェクトを一緒に準備していた複数の援助機関が，「排水セクター環境アセスメント」を検証し，このプロジェクトに対しては環境アセスメントを実施しないことに賛同したと見解書の中で述べている．世界銀行は，その後このプロジェクトは環境アセスメントを実施すべき案件だったと方針を転換し，実施段階で助言委員会を設置したと弁明している（11. 見解 ANNEX1 No. 14, No. 21）．

政策で定められた助言委員会が事前の準備段階から設置されていなかったことは合意された事実である．世界銀行によれば，その理由は最初の段階で環境面の影響はさほど大きくないと複数の援助機関が判断したことにある．調査の結果を左右する重要な要素には，調査の中身だけではなく，調査を始める前段階での見通しも含まれる．その意味では調査が必要ないと判断する専門家の役割は大きい．論議をよぶような事業において，専門家が何を根拠に調査の要不要を決めるのかは，目的を果たさない調査が何を維持しているのかを考える上で重要な要素である．

11　森林伐採権管理監督試験プロジェクト（カンボジア）

a　調査をいつ実施するのか

世界銀行は長年カンボジアの違法伐採問題に取り組んできた．その経緯の中で支援したこのプロジェクトは，森林計画，伐採権の規制，違法伐採のモニタリング，プロジェクト監理の4つの要素から成っている．

企業が伐採権を持っている森林の周辺地域が調査対象に含まれなかったことに対して，住民は異議を申し立てた．森林が環境面で影響を及ぼす範囲は保水機能などを考えれば木がある場所に限らないし，開発途上国の農村部で森林を利用している人たちは森林の外で暮らしていることがほとんどである．伐採権が設定された森林の周辺を調査範囲にしなければ，プロジェクトに伴う影響を

明らかにすることはできないと申立者は指摘した．

　独立審査委員会は調査の対象としたプロジェクト影響範囲が狭すぎたと結論づけている．このプロジェクトでは，伐採権を持つ企業に対して，戦略的森林管理計画（SFMPs）の策定や環境社会影響評価（ESIAs）の実施を求めた．しかし，独立審査委員会の調査によると，例えばESIAsの内容を定めた仕様書（TOR）には，世界銀行の政策で求めている「影響を受ける範囲の特定」が盛り込まれていなかった（12. 審査パラ213）．伐採道路やプランテーションの造成などの副次的な開発（induced development）に伴う影響は十分に想定されるはずであり，伐採権が定められた森林以外の地域を調査対象に含むべきだったと独立審査委員会は政策の不遵守を指摘している（12. 審査パラ214-215）．

　これに対して世界銀行は，伐採企業が実施したほとんどのSFMPsやESIAsが，プロジェクト影響範囲を伐採権が設定された境界から5km以内としていたと述べている．世界銀行が調査範囲の狭さを認識したのは2001年で（なお，世界銀行の融資は00年6月），伐採権が設定された森林の樹脂や非木材林産物を利用している村人の中には30kmも離れた村から来ている人もいたことを確認している．さらに，04年と05年に実施したSFMPsの独立評価においてこの問題が強調されたと世界銀行の見解書には記されている（12. 見解ANNEX1 No.11）．

　このやり取りは少しかみ合っていない．独立審査委員会の指摘は調査の地理的範囲の狭さであり，その例示として副次的な開発を挙げている．これに対して世界銀行は，副次的な開発を考慮しなかったというよりも，村人と林産資源のつながりという視点から調査範囲が狭かったことを認めている．この点について独立審査委員会は，以下のように調査の地理的範囲とは別の切り口で政策の不遵守を指摘している．

　最終審査報告書では，カンボジアの農村地帯，特に北東部においては，樹脂の採取は住民の暮らしに極めて重要であり，約10万人の住民が貴重な収入源としている実態を記している．したがって，樹脂が採取できる木の違法伐採は，住民生活に重大な悪影響を及ぼすとの理解を示している．世界銀行もこうした問題を住民からの苦情で認識しているにもかかわらず，プロジェクトで調査の対象としていないのは政策に違反しているというのが独立審査委員会の指摘で

写真 3.5 非木材林産資源の1つである竹を森から採取
する村人（カンボジア中西部，2006年10月，
筆者撮影）

ある．加えて，先住民族らが伝統的に活用してきた樹脂が採れる木や他の木材，非木材林産物（NTFPs）の量的把握をしなかったことで生活への影響を事後的に判断できないと問題視している（12. 審査パラ 241-242）．すなわち，村人，特に先住民族の林産資源の利用状況というベースラインデータを調査しなかったことが政策の不遵守に当たると指摘している．

これに対して世界銀行は，プロジェクトチームは樹脂が採れる木の重要性は認識していたし，そうした樹脂の木の無差別な伐採や違法伐採が何の補償もなく行なわれていたことを認識していたと見解書で述べている．その半面，プロジェクトの設計から考えると，インベントリーや量的把握を準備段階で実施することは不可能だったので，プロジェクトの実施段階で伐採権を持つ企業が環境社会影響評価の一環として行なうことを世界銀行としては想定していた．しかし，伐採企業はこうした関心を持っていなかったため，結局調査が実施され

なかったとの見解を示している（12. 見解 ANNEX1 No.12）．

　森林の周辺を調査範囲に含めなかったことも，村人の林産資源の利用を調査しなかったことも合意された事実であり，そのことが政策の不遵守であることを世界銀行は認めている．前者の調査範囲の限定については，見解書に理由は明記されていない．世界銀行が見解書で認めたような村人と森林の結びつきは，世界銀行が1990年代からカンボジアの森林セクターの事業を支援していたことを考えれば当然認識していたと考えられる．さらにいえば，東南アジア半島部の林産資源と人々の暮らしのつながりは，その地域で開発プロジェクトを実施している国際機関にとってはいわば常識に相当する知識である．したがって，影響範囲が森林に留まらないことをわかっていながら調査の仕様書（TOR）に盛り込まれなかった可能性は否定できない．その結果として，先住民族を含め，森林から5km以上離れた地域に暮らしながら森林に依存している人たちや，間接的に影響を受ける周辺の人たちへの影響が見過ごされたのである．しかしここで注目すべきことは，村人と林産資源の結びつきは調査されなかったのではなく，融資決定の1年後，4年後，5年後に調査され，その結果として事前段階の調査範囲の不適切さが世界銀行の調査からも明らかになっている点である．調査は実施されないのではなく，事前に実施されていなかっただけなのである．

　後者については，異議を申し立てた住民や独立審査委員会が指摘した通り，生活に密接につながる木の調査が実施されていなかった．その理由は，世界銀行の資金提供後に伐採企業自身によって調査を実施する設計になっていたものの，企業は関心を持っていなかったことにある．ここでも莫大な資金と専門性を背景に開発プロジェクトをコントロールしているはずの世界銀行の「権力」への疑問が生じる．支援される側であるカンボジアの企業に気を遣い，自ら政策不遵守を受け入れている世界銀行の姿を見てとることができる．

b　実施されないことによる調査の機能

　このプロジェクトでは環境アセスメントが実施されなかった．独立審査委員会の照会に対して世界銀行は，「物理的な作業」を伴わないので政策上事前の環境アセスメントが義務づけられていない「カテゴリB」に分類したと説明し

ている (12. 審査パラ 201). このプロジェクトが直接伐採を支援しているわけではないことは独立審査委員会も認識している. しかし, プロジェクト期間中も環境に深刻な影響を与える可能性がある伐採は続けられており, そうした伐採を適切に管理するための技術支援であるからには伐採と無関係ではないと独立審査委員会は指摘している. このプロジェクトは, 伐採権システムがもたらす深刻な問題と密接に関係しているというのが独立審査委員会の見解である. さらに, プロジェクトが終了した時点から振り返ると, 伐採権に内在する環境社会問題を適切に捉えずにこのプロジェクトを設計し実施してきたことは明らかだとの認識を示している. 独立審査委員会の最終審査報告書は, 適切なカテゴリに分類して環境アセスメントを実施していれば, プロジェクトを始める前にそうした問題に光を当てることができたと政策不遵守の影響を指摘した (12. 審査パラ 203-205).

これに対して世界銀行は, このプロジェクトを環境アセスメントが義務ではないカテゴリ B に分類したことは政策に合致していると反論している. なぜなら, このプロジェクトは技術協力であり, プロジェクトの一環として伐採権制度を含めた森林管理計画における環境社会影響分析の手続きやガイドラインを策定するからである. したがって, このプロジェクトの設計段階では森林伐採権の管理に関わる環境社会面の問題をはっきりと認識して, 対処方法を入れ込んだと主張している. 環境アセスメントは実施しなかったが, 世界銀行が支援を決める前に, 技術協力プロジェクトの一環として環境社会問題を調査したとの見解を示している (12. 見解 ANNEX1 No.9).

環境アセスメントが実施されなかったことは双方が認める事実だが, それが政策に示された目的を達成していないかどうかについては見解が分かれた. 世界銀行は, 物理的な作業を伴わない技術協力には環境アセスメントは必要ないと主張する一方, 独立審査委員会は, 伐採権管理の制度作りへの技術協力は, 伐採そのものに影響を及ぼすとの観点からこの制度作りの環境アセスメントが必要だったと判断した. この対立は調査を実施するかどうかの線引きの重要性と難しさを表している. 環境への影響が深刻な事業の典型は大規模なインフラ開発である. 巨大なダムや数百キロものパイプライン建設に環境アセスメントが必要なことは明らかである. ところが, このプロジェクトのように環境に大

きな影響を与えるものの伐採権制度を構築するソフト事業については専門家の間でも見解が分かれる．調査の機能を考えるとき，調査されなかったことに目を向けることの重要性をこのケースは示しているといえる．調査は実施されることによってだけでなく，実施されないことによっても社会に働きかけているのである．

12　経済回復と社会再統合プロジェクト（コンゴ民主共和国）
　　——制度作りによる環境影響——

　カンボジアのプロジェクトと同じように，環境アセスメントが実施されなかったことが政策不遵守だと指摘されたのが，このプロジェクトである．申立の対象となったのは，『経済回復移行支援贈与プロジェクト』（TSERO）と『緊急経済社会再統合支援プロジェクト』（EESRSP）の2つのプロジェクトだが，便宜上2つを合わせて『経済回復と社会再統合プロジェクト』とよぶことにする．なお，環境アセスメント政策の不遵守という点で問題となっているのはEESRSPのみである．

　EESRSPプロジェクトは5つのコンポーネントから成っているが，申立の標的となったのは天然資源，特に森林資源の管理に関わる「第二コンポーネント」である．コンゴ民主共和国は国土の6割が森林に覆われており，周辺国を含む「中央アフリカ熱帯雨林」はアマゾンに次ぐ世界で2番目に広い熱帯林である（13. 審査 p. ix）．申立者は，このプロジェクトによって策定される森林政策や制度が環境や社会に重大な影響を及ぼす恐れがあるので，環境アセスメントを実施すべきだったと訴えている（13. 審査パラ 336）．

　独立審査委員会の最終審査報告書によると，申立に対して世界銀行は，このプロジェクトは試験的（パイロット）事業であり，違法伐採を止めさせ，参加型の持続可能な森林管理を推進することが目的なので，マイナスの影響が生じることは考えられないと回答している（13. 審査パラ 337）．独立審査委員会が確認したところ，道路建設を含む「第三コンポーネント」については環境アセスメントが行なわれたが，試験的なゾーニング（森林地の区分）や森林伐採権に関わる「第二コンポーネント」の環境アセスメントは実施されていなかった．これに関して独立審査委員会は，ゾーニングによって森林地がコミュニティフ

写真 3.6 独立審査委員会が森林伐採権の視察をした際の写真（13. 審査 p. 26）

ォレスト，保護林，商業伐採など様々な用途ごとに分配されることで環境面での深刻な影響が生じる可能性があると指摘している（13. 審査パラ 343-344）．また，森林伐採権の見直しについても，それによって世界的に貴重な生物多様性地域の森林地における商業伐採の行政監督を資金的に支援することになると判断している（13. 審査パラ 349-354）．この2つの点から，独立審査委員会は，「第二コンポーネント」に対して環境アセスメントを実施しなかったことは，世界銀行の政策に違反していると結論づけた．

これに対して世界銀行は，まずEESRSPが緊急プロジェクトであり，「第二コンポーネント」の26の活動のうち森林に関係するものは2つで，資金的には全体の2%にすぎないと説明している．また，申立の対象となっている森林地を区分する試験的なゾーニングは，途中でプロジェクトから除かれた点を強調している．申立のもう1つのポイントである森林伐採権に関する法律の見直しについては，その実施を国際的な監視者（世界資源研究所，WRI）がモニタリングし，そこには地域のコミュニティも参加していると主張している．その上で，この活動は伐採権の中止や伐採権におけるより厳格な環境義務を導入するものであり，環境にはプラスの効果があると反論している（13. 見解 ANNEX1 No.7）．

環境アセスメントが実施されなかったこと自体は合意された事実だが，それが政策に沿っているかどうかで見解が対立している．対立の原因は2つあると考えられる．1つは「はかり」である．独立審査委員会は森林地のゾーニングが環境に及ぼす影響を懸念している．用いられている「はかり」は林産資源に依存する村人の生活や自然生態系の重要性である．金額では置き換えにくいが，一度破壊されると回復することが難しい．一方の世界銀行側は，資金的な大きさを「はかり」にしている．その結果，第三コンポーネントの道路建設では環境アセスメントを必要と判断し，第二コンポーネントでは不要と判断した．何を「はかり」にして影響の見通しを立てたかによって，調査の必要性は正反対の結論に導かれている．

　もう1つは，調査と対策の順序である．森林伐採権の見直しについて，独立審査委員会はそれによる悪影響を懸念している．一方の世界銀行は，プラスの側面を強調している．しかし，世界銀行の主張の根拠である国際的な監視者や伐採権の厳格化は，森林伐採権によって負の影響を引き起こさないための対策だといえる．調査を実施してから対策を講じるのか，対策を講じるのだから調査は必要ないのか——調査と対策の順序は，調査の機能を考える上で重要な要素である．

13　西アフリカ・ガスパイプラインプロジェクト　　（ガーナ/ナイジェリア）

a　費用便益調査は十分だったのか

　『西アフリカ・ガスパイプラインプロジェクト』は，ナイジェリアからガーナ，トーゴ，ベニンの3カ国に天然ガスを送るパイプラインシステムを新設するというものである．パイプラインはナイジェリア国内の既存のガスパイプライン（Escravos-Lagosパイプライン）との接続点から678 kmに及ぶ．天然ガスは，ナイジェリア国内のパイプラインを58 km通った後，海岸線を通るパイプラインでガーナのタコラディまで運ばれる（図3.3参照）．世界銀行の関与はプロジェクトへの直接融資ではなく保証業務であり，ガーナがこのプロジェクトから天然ガスを購入することを確保している．したがって，世界銀行ではこのプロジェクトはガーナに区分されるが，実際にはナイジェリアとガーナの

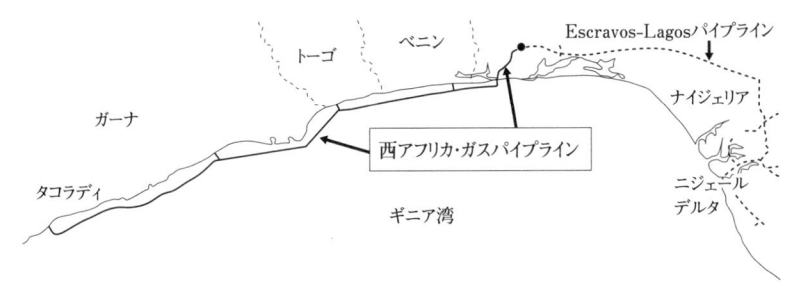

第2節　15カ国14プロジェクトの事例研究　　　155

図3.3　西アフリカ・ガスパイプラインプロジェクト関連地図
出所:「15. 審査」をもとに筆者作成

双方への影響に対して，独立審査委員会に政策不遵守が申し立てられている．

　このプロジェクトでは，パイプラインのルートの複数案比較をめぐって異議が申し立てられた．独立審査委員会の最終審査報告書によると，広域的な環境アセスメントの中で3つのルートが比較・評価されている．第一がベニンとトーゴを通過してガーナに至る750 kmの完全陸上ルート，第二がニジェールデルタからガーナまでの完全海底ルート，第三がナイジェリア国内を通過した後，ガーナ沖の海底を通す混合ルートである．独立審査委員会は，このルートの比較調査は厳密さが欠けていると指摘している．広域的な環境アセスメント報告書では，完全海底ルートの環境社会影響は混合ルートよりやや小さい一方，混合ルートは建設コストが最も安いと結論づけている．ところが，混合ルートについて詳細な費用便益分析がなされておらず，独立審査委員会は極めて重大な調査の欠陥であると指摘している（15. 審査パラ337）．

　これに対して世界銀行は，独立審査委員会が参照している広域的な環境アセスメント報告書の中で3つのルートを比較しており，陸上と海底の環境影響，社会経済面の影響，移転，妨害活動のリスク，経済費用について分析したと説明している．その結論として，完全陸上ルートが最もコストが高く，次が完全海底ルートで，最も安く環境面と社会経済面で影響が低いのが混合ルートだと分析している．環境アセスメント報告書によれば，混合ルートに対する海底ルートの追加的費用は100万BTU（英国熱量単位）当たり2〜8セント（3つの需要シナリオで異なる），混合ルートに対する陸上ルートの追加的費用は同じ3つの需要シナリオを考慮すると平均で20セントとなる．世界銀行の見解書

はこの追加的費用を根拠に混合ルートが経済的に選好されたと反論している（15. 見解 ANNEX1 No.15）．

　代替案の比較の際に環境社会面を含んだ費用便益分析が必要であるという認識は，独立審査委員会と世界銀行の両者で共有されているが，このプロジェクトでの調査が政策上の目的を達成したかどうかについては意見が分かれている．調査を実施すべきかどうかだけでなく，その調査が政策に照らし合わせて十分なものかどうかも，専門家によって評価が異なる．

　こうした事態に対して，「専門家といえども評価が異なるのは当然である」とか「重箱の隅を突くように全てを調査するのは非効率だ」といった反論が予想される．しかし，本書の事例で重要なのは，それが開発途上国のプロジェクト地周辺の住民の被害につながっていると指摘されていることである．重箱の隅を突くような政策の完全な遵守を吟味しているのではなく，現地の住民に物理的被害が及ばないように必要な調査が実施されたかどうかが問われているのである．

　調査の適切さをめぐって専門家同士ですら見解が異なる場合に，負の影響の可能性を指摘する専門家とそれを否定する専門家が存在している．どちらが正しいかではなく，その働きに着目する本書では，異なる結論を導く専門家同士の力関係がどのように調査を左右するかに目を向けることが大切である．

b　非公開調査の活用

　時間とお金をかけてせっかく実施した調査も，それが融資の判断など意思決定に活かされる文書に反映されなければ意味がない．このプロジェクトをめぐって，その点が政策不遵守として指摘された．このプロジェクトは，ナイジェリア国内の既存のガスパイプライン（Escravos-Lagos パイプライン）と新しいパイプラインをつなげる設計になっている．独立審査委員会の最終審査報告書によれば，プロジェクト実施企業体は，Escravos-Lagos パイプラインとつなぐことによる影響について，世界銀行の環境アセスメント政策で定められている「環境監査」（リスク評価）を実施した（15. 審査パラ 361-363）．にもかかわらず，この調査は公開されず，その結果や勧告は意思決定文書である環境アセスメント報告書に取り上げられなかったと指摘している（15. 審査パラ 346）．

第2節　15カ国14プロジェクトの事例研究　　　　　　　　　　　　　157

　これに対して世界銀行は，「環境監査」が公開されず，環境アセスメント報告書に反映されなかったことには合意している．その理由について，(i) Escravos-Lagos パイプラインの「環境監査」はこのプロジェクトの一部として世界銀行が求めた調査ではないこと，(ii) Escravos-Lagos パイプラインの信頼性や安全性は必要な注意（due diligence）ではあるが，「環境監査」はこのプロジェクトではなくナイジェリア国家石油公社のために実施されたこと，(iii)「環境監査」報告の情報はナイジェリア国家石油公社にとっては神経質になる内容であり世界銀行は機密保持に合意したこと，(iv) パイプラインをめぐる過去の妨害活動の歴史を考慮すると世界銀行としても情報の取り扱いには慎重にならなければいけないこと，などを挙げている（15. 見解 ANNEX1 No. 17）．

　独立審査委員会は，「環境監査」の結果が，公開文書である環境アセスメント報告書などに盛り込まれなければ，プロジェクトに活かされたとは見なしていない．一方で，世界銀行は監査の結果は公開しないが，プロジェクトのモニタリングには反映させていると主張している（15. 見解 ANNEX1 No. 17）．しかし，監査の結果が明らかにされない以上は，それが活かされているかどうかは公に検証することは不可能である．

　このケースは2つの点で興味深い．第一に，政策の遵守よりも世界銀行とナイジェリア政府の関係が重視されている．資金力と専門性を背景に顕示的な「権力」を持っているはずの世界銀行が，むしろ借り手の事情に従属しているように映る．調査をめぐる力関係は本当に資金や知識の権力関係と同じ方向にあるのだろうか．第二に，調査を公開せずとも活用しているという世界銀行の主張である．透明性ではなく，「知のあり方」という本書の視座から見ると，公開とは，調査によって産出された知が「それ以外の仕方でもありうる」ことを担保していると考えられる．しかし，理由は何であれ，その知を世界銀行側が独占し覆い隠してしまえば，たとえ産出された知をプロジェクトに活かしていたとしても，「知のあり方」という点では「それ以外の仕方ではありえない」ものとなってしまうのである．

第3章　環境影響と調査

c　融資の3年後に設置された助言委員会

　世界銀行の環境アセスメント政策では，独立した専門家による助言委員会は環境アセスメントに関わる全ての側面についてアドバイスをすることになっている．具体的には調査の仕様書，注意すべき問題や方法，調査の結果として出される勧告や結論などを含む．独立審査委員会によれば，このプロジェクトの助言委員会が初めて現地訪問したのは2007年8月だった（なお，世界銀行が支援を承認したのはその3年近く前の2004年11月23日である）．政策に定められたような国際的に認められる環境の専門家による独立した助言委員会が，事業の計画段階や設計段階に結成された形跡がないと独立審査委員会は指摘している（15. 審査パラ329-330）．

　これに対して世界銀行は，事前の計画段階で助言委員会が設置されていなかった事実を認め，その理由はコンサルタントの契約が遅れたためだと説明している．具体的には，文化人類学者とパイプラインの安全性の専門家はそれぞれ2006年末と07年初めに契約に至ったが，3人目の海洋学者は07年4月に突如就任を断ってきたという．そこで同年5月14日に2人の専門家で環境社会助言委員会（ESAP）を開催した．なお，同年7月には新しい海洋学者と契約をしたということである（15. 見解ANNEX1 No.14）．

　政策で求められている助言委員会が事前の準備段階で設置されていなかったことは双方が認めており，その理由として世界銀行は契約の遅れを挙げている．しかし，契約で混乱があったのは世界銀行が支援を決定して2年以上が経ってからであり，事前の準備段階での未設置の説明になっていない．ここで明らかなことは，政策で求められている事前の助言委員会の設置はできなかったが，融資決定から3年を経て設置しているということである．助言委員会を設置できなかったわけではなく，あくまで事前に設置できなかったのである．

14　民間発電（ブジャガリ）プロジェクト（ウガンダ）

a　対策を前提にした「影響なし」

　環境アセスメント政策の事例研究の最後に，ウガンダの『民間発電（ブジャガリ）プロジェクト』を取り上げる．5で分析した『ブジャガリ水力発電プロジェクト』と実質的には同じ事業だが，プロジェクトの実施主体が変更になっ

た際に世界銀行がいったん撤退したため，改めて審査して融資した事業である．このプロジェクトは，ビクトリア湖を源流とするビクトリア―ナイル川に民間投資によってブジャガリダムを建設し，250 MW の発電をするものである（図 3.2 を参照）．それによって，景勝地や信仰の対象として名高いブジャガリ滝や自然生息地が水没する．何点か政策の不遵守が指摘されたが，まず地理的な調査の不在という点からビクトリア湖への影響について検討する．

　独立審査委員会によれば，社会・環境アセスメント（SEA）はブジャガリダムの上流域の影響範囲を約 7 km 離れたオーウェン滝までに限定し，そこからさらに約 3 km 上流のビクトリア湖を含んでいない（16. 審査パラ 224）．その理由として，世界銀行が最終的な融資判断をする理事会に提出される「プロジェクト審査文書」（PAD）で使われた「合意曲線」（Agreed Curve）が挙げられている．この合意曲線とは，オーウェン滝にダムができた 1954 年に，当時まだ宗主国だったイギリスとビクトリア―ナイル川下流のエジプトとの間で合意されたビクトリア湖からの放水ルールを指す．このルールによってビクトリア湖からの取水は制限されているため，新たなブジャガリダム建設に伴うビクトリア湖への影響はないと考えられ影響範囲に含めなかった．

　しかし，独立審査委員会は，合意曲線は 2 つの点で合理的な理由になっていないと指摘する．1 つは，世界銀行理事会に出された PAD と経済分析の矛盾である．PAD は合意曲線を用いて事業の合理性を説明しているのに対して，経済分析は発電量を増やすために 2006 年 6 月に定められた新たな「一定放水ルール」（Constant Release）に基づいて便益を算出している．この新ルールに基づけば，下流のダムのためにビクトリア湖からの取水を増やすことになる．独立審査委員会は，意思決定に関わる 2 つの文書が異なるルールを根拠に融資の承諾に都合のいい結果を導いていると指摘した．2 つ目は，オーウェン滝ダムが拡張された 03 年から 05 年に合意曲線を上回る取水をしており，ビクトリア湖の深刻な水量減少につながった点である．独立審査委員会としては，一定放水ルールの導入や 03 年以降のダム運用実績から，ビクトリア湖はすでに下流ダムの貯水池の役割を果たしており，ビクトリア湖も調査範囲に含むべきだったと結論づけた（16. 審査パラ 221-229）．

　これに対して世界銀行は，ブジャガリダムはオーウェン滝ダムおよびその拡

張プロジェクトより下流に建設される「流れ込み式」ダム（大規模な貯水池を造らないダム）であり，ビクトリア湖からの取水を左右しないと述べている．ウガンダ政府，投資している民間企業，それにドナーの支援によって実現する投資計画は，合意曲線に一致した放水量の維持を支援するだろうとの見解を示している（16．見解 ANNEX1 No. 11）．

　独立審査委員会の指摘と世界銀行の見解は明らかにすれ違っている．独立審査委員会は，事実として，PAD と経済分析の矛盾や，オーウェン滝ダムの拡張以降ビクトリア湖からの取水が増え，1954 年の合意曲線は過去のものとなっていることを示している．それに対して世界銀行は，文書間の矛盾やビクトリア湖からの取水量には触れず，将来的な見通しとして合意曲線の維持を主張している．

　過去の事実確認に対して，世界銀行が将来の見通しで応答したことは興味深い．環境アセスメント報告書に，「～のような対策を実施するので環境への影響はない」と記述されることがあり，順序が逆ではないかと批判を受けてきた．正しくは，「……のような環境影響があるので，～のような対策を実施すべきである」と書いた上で，対策の実効性を確保すべきだというわけである（島津1997）．このケースに置き換えれば，ビクトリア湖に生じる影響をまず調査した上で，対策として合意曲線の維持を勧告するということである．事前の影響調査よりも，事後の対策が選好される傾向がここでも見てとれる．

b　正の影響と負の影響の重みづけ

　以前の事業実施主体による『ブジャガリ水力発電プロジェクト』への異議申立から 6 年が経過していたにもかかわらず，実質的に同じこのプロジェクトについても 2 つの点で累積的影響評価が行なわれていないと独立審査委員会は指摘している．

　第一が，ビクトリア―ナイル川流域全体に与える影響の詳細分析の欠如である．「戦略的セクター環境アセスメント」（SSEA，全部で 33 ページ）が，ナイル赤道直下湖地域全体の電力開発オプションの比較を含んでいる点は独立審査委員会も確認している．しかし，既存のオーウェン滝ダムとその拡張事業，ブジャガリダム，それに計画中のカルマプロジェクトという，ビクトリア湖と

第2節　15カ国14プロジェクトの事例研究　　　161

写真3.7　ブジャガリ滝（16. 審査 p.26）

下流のキオガ湖の間のビクトリア―ナイル川に位置する事業の累積的影響についての系統だった調査が行なわれていないと独立審査委員会は指摘している（16. 審査パラ 139-140）．

　第二に，これらの水力発電所とカンパラ間に建設された追加的な送電線網の影響が調査されていない点である．SSEA の第14セクションの表題は累積的影響評価（CIA）だが，その内容は概要程度にすぎず，分析は証拠によって十分裏づけられたものでもなければ，慎重な事実に基づいた検証というよりは単なる見解にすぎないと独立審査委員会は分析している（16. 審査パラ 139-140）．また，「社会環境評価」（SEA）にも累積的影響に関する記述があるが，(i) プロジェクトに伴う負の影響が取るに足らないものだと判断した根拠となるデータがない，(ii) どのくらいの人々が自分たちの資産の利用を失うのか，(iii) どのくらいの農地を失うのか，(iv) どの程度河畔林の生息地が失われるのか，(v) どの程度観光が影響を受けるのかなど，具体的な点をはっきりさせていないと独立審査委員会は述べている（16. 審査パラ 141-142）．

　これに対して世界銀行は，カルマプロジェクトはキオガ湖より下流にあり，ビクトリア湖との間に位置してはいないと審査報告書の誤りを指摘した上で，SSEA と SEA を通じて累積的影響評価は実施したと反論している．世界銀行

の見解書は SEA で使用した評価方法について具体的に説明している．それによれば，過度に量的・統計的なものにしないで様々な関係者に伝えやすくするために，累積的影響評価については「Limits of Acceptable Changes」（許容可能な変化の限界）というアプローチを採用した．それには，評価の対象とする空間的・時間的な範囲，および人々の社会面，経済面，環境面の優先度を反映する指標の選択が必要になる．このプロジェクトでは，調査の空間的な範囲はウガンダのビクトリア—ナイル川流域，時間軸は向こう 20 年とした．その結果，評価の対象となったプロジェクトはオーウェン滝ダムとその拡張事業，ブジャガリダム，それに計画中のカルマプロジェクトに限定された．世界銀行の見解書はまた，正の累積的影響を挙げている．建設により 1000〜2000 人の現地雇用が創出される．操業中は関連する観光によって雇用が伸び，観光客は 2006 年の 4500 人から毎年 6000 人に増えると見込んでおり，新たな電力供給は貧困層にも届くので貧困削減にも貢献すると主張している．一方，悪影響を受けた人たちには補償が行なわれるし，雇用や小規模ビジネスの機会も生まれる．具体的な負の累積的影響としては，住民の移転，景観面での影響，自然な川の流れの一部遮断による水生生物への影響や漁業への影響が考えられるが，漁業についてはプラスの影響になる可能性もあるとしている．半面，ブジャガリダムからの送電網の整備に伴う累積的な影響は SEA で実施したと反論しているものの，その詳細については見解書には記述がない（16．見解 ANNEX1 No. 6）．

　独立審査委員会と世界銀行は真っ向から対立している．独立審査委員会が問題視したのが根拠となるデータの不在だったのに対して，世界銀行は，根拠のありかを示すのではなく事前調査の結論を繰り返している．対立のポイントは明らかである．独立審査委員会は調査で考慮されていない負の影響を，一方の世界銀行は正の影響を主張し合っている．こうした場合，開発援助における環境アセスメントの実務では，様々な利害関係者による正負両面の影響の重みづけが評価手法として取り入れられており（国際協力機構 2004），このケースをアセスメントの方法論から議論することは可能である．しかし，本書では度重なる方法の改善によっても調査の目的が達成できていないとき，調査が何を維持しているのかに目を向けている．その観点からは，世界銀行内部で異なる分野

第2節　15カ国14プロジェクトの事例研究　　163

の専門家がどのように意思決定に関わっているのかという論点が浮かび上がる．プロジェクトに伴う正負両面の影響をそれぞれ誰が主張し，いかなる力関係のもとで意思決定に反映され，そのことが調査のいかなる働きと関係しているのか——事例研究をふまえた考察が必要である．

c　代替案の重みづけ

　重みづけという点でもう1つ政策不遵守が指摘されたのは代替案の比較である．独立審査委員会の最終審査報告書によれば，最大規模の水力発電を最も安く建設する最適オプションは，ダンベル（Dumbbel）島を横切る高さ30mのダムを建設することだと「社会環境アセスメント」は結論づけている．しかし，この構造だと，大きな水路を造って信仰の対象であるブジャガリ滝の周辺の景観を変え，山を壊し，水の流量を大きく減らすことで滝の美観を変貌させる．代替案を比較する際に，経済・社会・環境の各側面の相対的な重みづけが十分明らかになっていないと独立審査委員会は指摘している．具体的には，発電量を最大化する経済的なメリットに重きが置かれ，社会経済面の影響や環境影響を視野に入れていない．独立審査委員会は，代替案の分析はアプリオリな判断に基づいており，ブジャガリ瀑布群を水没させないような技術的な選択肢を著しく狭く分析したと結論づけている（16. 審査パラ366-370）．

　これに対して世界銀行は，「社会環境アセスメント」の具体的なページ番号を示して代替案にはブジャガリ瀑布群を保全する選択肢も含まれていたと指摘し，技術・環境・社会面の理由で判断したと反論している．また，1998年の早期段階の報告書や環境アセスメントの方法書（scope of work）では，代替案を比較・評価することを1つの目的としており，調査項目としては発電能力，コスト，環境・社会面を提示していたと説明している（16. 見解ANNEX1 No. 17）．

　このケースでは「社会環境アセスメント」という同じ調査報告書を根拠に，独立審査委員会が経済・社会・環境の各側面の相対的な重みづけが不十分だと指摘したのに対して，世界銀行は適切な比較・評価を行なったと反論している．ただし，先に分析したb項のように，一方が環境社会面の負の影響を，もう一方が経済面の正の影響を主張し合って対立しているわけではない．むしろ，

『西アフリカ・ガスパイプラインプロジェクト』の費用便益分析で見たように，同じ調査報告書をめぐって，調査が十分かどうかを専門家同士が争っているケースといえる。

d 事後に実施される必要な調査

　世界銀行の環境アセスメント政策の別表には，現地への悪影響を軽減するために，プロジェクトの実施中にとるべき影響緩和策，モニタリングの方法，必要な制度的な対策を，環境アセスメント報告書に不可欠である環境管理計画に盛り込むよう定めている。独立審査委員会によれば，このプロジェクトの「社会環境アセスメント」報告書には「社会環境行動計画」の概要は書かれているものの，環境影響の緩和とモニタリングに関連する計画は実施に向けたものになっておらず，環境管理計画が「社会環境アセスメント」に統合されていないと指摘している（16．審査パラ 124-125）。

　これに対して世界銀行は，環境管理計画がプロジェクトの「社会環境アセスメント」に含まれていないことは認めたものの，民間セクターが主体となったプロジェクトでとられるアプローチや計画のタイミングには矛盾していないと反論している。世界銀行の見解書によれば，民間セクターが実施する大規模インフラ事業の場合，環境アセスメント報告書には環境管理計画の枠組みだけ含まれていればよく，詳細な計画は，環境管理の責任を持つ「設計・調達・建設」（EPC）契約業者が選ばれてから策定されるということである。なお，このプロジェクトのケースでは，環境管理計画の枠組みを含む「社会環境アセスメント」報告書が完成したのは 2006 年 12 月，世界銀行の支援が承認されたのが 07 年 4 月，EPC 契約業者が選ばれたのは 07 年 12 月である（16．見解 ANNEX1 No. 2）。

　このプロジェクトの「社会環境アセスメント」報告書に，詳細な環境管理計画が含まれていなかったことは，独立審査委員会と世界銀行の共通見解である。しかし，世界銀行は，政策で求められているのは環境管理計画の枠組みだけであり，民間セクターが実施するプロジェクトでは具体的な中身は後から策定してもよいとの見解を示している。ただし，独立審査委員会の最終審査報告書には政策不遵守の根拠となる政策の該当箇所が明記されているのに対して，世界

銀行の見解書には参照箇所の提示はない．仮に世界銀行の見解通り，環境アセスメントに基づく環境緩和計画が契約された業者によって事後策定されることが政策で認められているとしても，その計画は世界銀行が融資の判断に使用する意思決定文書ではない．調査を世界銀行の政策に則って行なうためには意思決定に直接関係した報告書にまとめられるべきだと独立審査委員会が指摘しているのに対して，世界銀行はその必要性を否定しているため，両者の見解に食い違いが生じている．

このケースでも，意思決定と調査の順序が対立点となっている．政策の解釈をめぐる相違があるとはいえ，必要な調査は意思決定前に実施されるべきだと主張する独立審査委員会に対して，世界銀行は事後で構わないと反論する．無論，事前に環境管理計画を策定することは政策不遵守ではないのだから，事前か事後かは政策の解釈を越えて，選択の問題と考えることも可能である．世界銀行としては，政策上義務でないのならば，必要な調査は事後的に実施することを選んでいるといえる．

e 助言委員会は存在したのか

独立審査委員会は，プロジェクトに利害関係を持たない専門家による助言委員会が設置されていなかったことが政策不遵守に相当すると指摘している．世界銀行グループに提出された評価報告書など，このプロジェクトに関わる複数の調査報告書において，世界銀行および実施企業は，事業の様々な側面について外部からの見直しと助言を求めるための独立した専門家の雇用を約束していた．このプロジェクトが以前の実施企業の時代から論議をよんでいたことや，多方面にわたる環境影響を及ぼす恐れがあったことを考えれば，政策で定められたように国際的に認められた環境の専門家による独立した助言委員会を設置すべきだったと独立審査委員会は結論づけている（16. 審査パラ 127）．

これに対して世界銀行の見解書は，このプロジェクトの実施企業が途中で変更になった経緯との関連を次のように説明している．まず，以前の実施企業の時代の 1997 年に 3 人の委員による環境社会専門家委員会が設置され，最初の報告書を 98 年に提出した．その後環境アセスメント報告書の内容を検討し，99 年 2 月まで 5 回の報告を当時の実施企業に対して行なった．一方，現在の

実施企業になってからも，2006年に環境と社会影響を専門とする2人の委員からなる独立専門家委員会を設置した．委員会の仕様書は社会環境アセスメント報告書の一部として公開されていると見解書は述べている（16. 見解ANNEX1 No.4）．

　助言委員会は設置されなかったと指摘する独立審査委員会と設置したと反論する世界銀行の見解は真っ向から対立している．世界銀行が現在の実施企業への支援を決めたのは2007年4月であり（16. 審査 p. xvii），仮に世界銀行のいう通りだとすれば，事業の事前調査段階で，助言委員会が設置されていたことになる．独立審査委員会による審査の過程で，必ず担当した世界銀行の部署などとやり取りが行なわれる．それにもかかわらず，助言委員会が設置されたかどうかという単純な事実関係についても，両者の専門家の見解が異なっているのである．

第3節　環境影響の事前評価と政策改善のずれ

　環境アセスメント政策の不遵守の指摘は，他の政策に比べて圧倒的に多い．住民らが独立審査委員会に申し立てることができる要件の1つは，世界銀行が融資した事業によって物理的な被害を受ける蓋然性である．自然環境の破壊や政策違反が疑われるだけでは申立の要件を満たさない．環境の破壊が，住民たちにとって物理的な被害につながっている必要がある．環境アセスメント政策の不遵守申立が多いということは，開発事業が人々の暮らしと直接関係している自然環境に負の影響を与えていることを意味している．

　第1章第3節1「既存研究の批判」の中で，開発援助研究，影響評価研究，それに調査の働きに関する諸研究の3つの領域全体に関わる課題として，調査内容への洞察があまりなされていないことを指摘した．調査の機能を分析しようとすると，調査を取り巻く状況や組織にばかり目がいき，調査そのものがどのように問題だったかを見落としてしまいかねない．

　そこで本節では，環境アセスメント政策の不遵守が指摘された事例研究のまとめとして，14のプロジェクトについて，いかなる点で調査の問題が指摘され，それに対して世界銀行はどのような見解を示したのかを整理する．その際，

第3節　環境影響の事前評価と政策改善のずれ　　　　167

事例研究でケースごとに記した考察を「調査の論点」としてまとめておく．本書は，世界銀行のように優れた専門家を多く抱え，政策改定を重ねてきた組織が，なぜ政策に定めた調査の目的を達成できないかという問いに取り組むことを通じて，調査の機能を明らかにしようというものである．「調査の論点」は，この問いの答えにつながる視点として，第5章で詳しく分析する．

　調査の内容に着目して分析すると，独立審査委員会の政策不遵守の指摘は次に挙げる5項目に分類することができる．

1　ある地域が調査対象に含まれない

　14の事業のうち，半数の7事業で指摘されたのが調査範囲の地理的な偏在である．表3.2に，該当する「事業名」（数字は前節の事例研究の番号），独立審査委員会が政策不遵守だと指摘した調査されなかった「地域」，それに対する世界銀行の「見解」，各ケースで考察した「調査の論点」をまとめた．

　この中で「ある地域が調査されなかった」という独立審査委員会の指摘を否定したのはケニアの『ビクトリア湖環境管理プロジェクト』だけである．それ以外に関しては，政策不遵守に相当するかどうかという点では世界銀行から異なる見解が示されたものもあるが，調査が行なわれなかったことに関しては合意された事実だといえる．これらのケースからは，5つの論点を示すことができる．

　第一に「調査と対策の順序」もしくは「調査と意思決定の順序」である．政策に定められた調査は，「事前に」行なわれ，その結果に基づいて事業を支援すべきかが検討され，支援すると決まった場合は調査の結果に基づいた対策が講じられることになっている．しかし多くのケースでその順序が逆になっている．中国の『西部貧困削減プロジェクト』では，灌漑水路建設の影響を調査する前に，もっといえば水路のルートも決まっていない段階で世界銀行の融資が決まった．灌漑水路建設の影響が調査されたのはその後である．エクアドルの『鉱山開発および環境抑制技術協力プロジェクト』では，すでに世界銀行の支援が終了しているにもかかわらず，モニタリングによって問題の回避をすると説明している．チャドの『石油パイプラインプロジェクト』では，対策を講じるために策定される環境管理計画に事前調査の役割を代替させている．インド

表 3.2　ある地域が調査されなかったと指摘された事業

事業名	地域	見解（合意・否定・理由）	調査の論点
(1) 中国・西部貧困削減	灌漑水路沿いの影響	合意．灌漑水路のルートが未確定．事後の住民移転計画の改定で対応	調査と意思決定の順序
	移転先への影響	合意．政策不遵守は否定．専門家の経験知から必要なしと判断．移転する人口の大きさではなく，移転住民 1 人当たりの消費額の小ささから調査の不要を判断	専門家の経験知，調査の必要性を判断する「はかり」
(2) ケニア・ビクトリア湖環境管理	湖全体ではなくローカルな影響	否定．様々な調査で実施済み	文書の有無
(3) エクアドル・鉱山開発，環境抑制	北部の生態系保護地域への影響	合意．調査の前段階の協議の遅れ，モニタリングで対応するとしているが，世界銀行の関与は終了	調査と意思決定の順序
(4) チャド・石油パイプライン	影響地域の特定根拠	合意．理由の記述なし．事後的な環境管理計画で実施	調査と対策の順序
(9) インド・ムンバイ都市運輸	移転先への影響	否定せず．事後的な緩和策での対応を主張	調査と対策の順序
(11) カンボジア・森林伐採権管理監督試験	森林以外への影響	合意．理由の記述なし．認識したのは融資後の調査．ただし，世界銀行はカンボジアの森林伐採権事業に長年関与	所与の条件
(14) ウガンダ・民間発電（ブジャガリ）	源流のビクトリア湖への影響	合意．政策不遵守は否定．影響を与えないので調査は不要．影響を及ぼさない運用ルールとなる見通し	調査と対策の順序

出所：筆者作成

の『ムンバイ都市運輸プロジェクト』では，過密都市で移転先を探すのが困難だという状況から，移転地の環境が住民生活に与える影響については調査ではなく実際に生じた問題への対策で代替している．ウガンダの『民間発電（ブジャガリ）プロジェクト』では，合意曲線と名づけられたかつてのダムの運用ルールに戻るという将来の見通しを前提にビクトリア湖を調査対象に含めなかった．共通しているのは，事前の調査を事後的な調査や対策で代替している点である．しかも，『民間発電（ブジャガリ）プロジェクト』を除けば，世界銀行は独立審査委員会の政策不遵守の指摘を受け入れている．

　第二に「専門家の経験知」，第三に調査の必要性を判断する「はかり」であ

る．いずれも中国『西部貧困削減プロジェクト』のケースで詳しく述べた．世界銀行は20年間の中国での経験から移転先への影響調査の必要性を否定した．また，既存の村落の人口規模と移入人口の比較から影響の大きさを指摘した独立審査委員会に対して，世界銀行は移転者1人が地元に落とす額の小ささから影響調査は不要だと反論している．

第四に「調査の存在」をめぐる専門家の見解の違いである．ケニアの『ビクトリア湖環境管理プロジェクト』では，複雑な影響予測などではなく特定の文書が存在するかどうかをめぐって，独立審査委員会の専門家と世界銀行の意見が異なっている．膨大な調査と対照的な現象である．

第五に，「所与の条件」，すなわち事前の段階で明らかだった条件が，調査を実施しなかった理由になっていることである．カンボジアの『森林伐採権管理監督試験プロジェクト』では森林から遠く離れた村人も林産資源を利用している実態を融資後に把握したと世界銀行は弁明しているが，世界銀行が長年カンボジアの違法伐採問題など森林セクターの活動に関与してきたことを考えると不自然な説明である．

2　あるタイプの調査が実施されていない

環境アセスメント政策では，様々な調査の実施が事前の段階で求められている．表3.3は，独立審査委員会から政策を遵守していないとされたものの「あるタイプの調査が実施されていない」と指摘された事業を整理したものである．

14事業のうち11事業でこうした指摘がなされた．具体的には，生活に直接関わる影響調査，ベースラインデータ，累積的影響調査，環境アセスメント，セクター環境アセスメントなどが挙げられる．なお，ウガンダの2つの事業とパキスタンの『国家排水プログラムプロジェクト』以外は，政策不遵守かどうかの見方は分かれるものの，調査の不実施に関しては世界銀行も認めている．

前項で取り上げた調査の論点がこの表には多く含まれている．ここでは異なる論点や，類似する論点でありながら含意に違いがあるものについて述べる．

第一に「借入国への配慮」である．『ヤシレタダムプロジェクト』では世界銀行の政策に合致しないのを承知の上で，パラグアイの法律に従って環境アセスメントを実施しなかった．カンボジアの『森林伐採権管理監督試験プロジェ

表3.3 あるタイプの調査が実施されなかったと指摘された事業

事業名	不実施調査	見解（合意・否定・理由）	調査の論点
(2)ケニア・ビクトリア湖環境管理	ベースラインデータ	合意．理由の記述なし．事後のモニタリングは実施しているが変化を比較できないことを認識	調査と意思決定の順序
(4)チャド・石油パイプライン	累積的影響調査	合意．政策不遵守は否定	調査と対策の順序
	ベースラインデータ	合意．理由の記述なし．追加的に情報収集	調査と意思決定の順序
(5)ウガンダ・第三次・第四次電力およびブジャガリ	累積的影響調査	否定．実施済み	調査の有無
	セクター環境アセスメント	否定．実施済み	調査の十分さ
(6)パラグアイ/アルゼンチン・ヤシレタダム	環境アセスメント	合意．パラグアイの法律に則った．融資後実施	借入国への配慮，調査と意思決定の順序
(7)カメルーン・石油開発およびパイプライン	ベースラインデータ	合意．政策不遵守は否定．意思決定の重大な遅れを回避	重要性を判断する専門家の経験知
	累積的影響調査	合意．政策不遵守は否定．必要ない．累積的影響は将来の事業で調査すべきと判断	プロとしての判断，調査の実施時期
(8)コロンビア・カルタヘナ上下水道および環境管理	漁業への影響調査	合意．政策不遵守は否定．影響の小ささは自明．調査はしなかったが懸念に応えて漁業支援を行なうことで合意	専門家の経験知，調査より救済

クト』では，村人の生活に欠かせない非木材林産資源の調査を借入国の企業が実施すると想定したものの，関心のなさから実現しなかった．世界銀行が調査を通じて借入国の政府や企業に対して顕示的な権力を行使してはいない．

第二に，「専門家同士の対立」である．これは1の「調査の存在」と同じ論点である．表3.3の事例では，ウガンダの『第三次・第四次電力およびブジャガリ水力発電プロジェクト』で累積的影響調査の有無とセクター環境アセスメントをめぐって両者の専門家の見解が異なっている．同じウガンダの『民間発電（ブジャガリ）プロジェクト』では，やはり累積的影響調査をめぐって，一方の専門家が正の影響を，他方が負の影響を指摘する事態となった．専門家ですら判断が異なる場合，調査の必要性や妥当性を誰が決めるのかが重要になる．

第三に，「調査の実施時期」である．カメルーンの『石油開発およびパイプラインプロジェクト』では，累積的環境影響は後続の事業で実施すべきとの見

第3節　環境影響の事前評価と政策改善のずれ

事業名	不実施調査	見解（合意・否定・理由）	調査の論点
(9)インド・ムンバイ都市運輸	移転地の代替案分析	合意．上位計画の存在．人口過密で他の選択肢なし．融資承認後，微細な点の代替案調査を実施	所与の条件，調査と意思決定の順序
	自然環境の変化が生活に及ぼす影響の調査	合意．理由の記述なし．大気汚染のシミュレーションのような方法が確立した調査は事前に実施	調査しやすい項目としにくい項目
(10)パキスタン・国家排水プログラム	セクター環境アセスメント	否定．このプロジェクトが該当．堤防決壊の懸念はすでに対策がとられていたので調査せず	調査の実施時期，調査と対策
(11)カンボジア・森林伐採権管理監督試験	非木材林産資源の調査	合意．実施段階で企業が行なうと想定したが不実施	借入国・企業への配慮
	環境アセスメント	合意．政策不遵守は否定．必要なし．物理的作業を伴わない制度作りのため	調査の必要性の判断
(12)コンゴ民主・経済回復と社会再統合	環境アセスメント	合意．政策不遵守は否定．必要なし．規模の小ささと環境へのプラスの影響のため	影響の見通しを立てる「はかり」，調査と対策の順序
(14)ウガンダ・民間発電（ブジャガリ）	累積的影響調査	否定．適切に実施	正・負の各々の影響を指摘する専門家

出所：筆者作成

解が世界銀行から出された．また，パキスタンの『国家排水プログラムプロジェクト』では世界銀行はそのプロジェクト自体をセクター環境アセスメントと見なしていた．政策に沿った調査の必要性では合意できても，実施する時期で見解が異なるのは，調査のいかなる働きと関係しているのか，考察が必要である．

　第四に，すでに取り上げた「調査と対策の順序」と類似しているが，「調査と救済」という論点がある．コロンビアの『カルタヘナ上下水道および環境管理プロジェクト』では，世界銀行は漁業への影響調査は必要ないとしながら，漁民の支援に合意している．事前調査よりも，事後的な救済を選択していると考えられる．

　そして第五に，「調査しやすい項目としにくい項目」である．インドの『ムンバイ都市運輸プロジェクト』では，大気汚染のシミュレーションが実施された半面，自然環境の変化が生活に及ぼす影響は調査されなかった．調査項目の

表 3.4 ある開発オプションが調査されなかったと指摘された事業

事業名	審査委員会の指摘	世界銀行の反論	調査の論点
(1) 中国・西部貧困削減	灌漑農業が伝統的な生計手段より優れているとアプリオリに決めつけている	様々な調査を通じて判断．ただ具体的な調査報告書名は示さず	調査の有無
(4) チャド・石油パイプライン	環境影響の定量的な分析や経済分析が限定的	可能な範囲で実施．使用価値や非使用価値の測定は困難	可能な範囲の定量化
(8) コロンビア・カルタヘナ上下水道および環境管理	採用された案以外の代替案の調査が大雑把で，コストの比較偏重	コストを中心に十分な調査を実施．健康面ではWHOのお墨付き	調査の十分さ
(13) ガーナ/ナイジェリア・西アフリカ・ガスパイプライン	環境社会影響面を含めた費用便益分析がなされていない	費用便益分析には環境社会面を含んでいる	調査の十分さ
(14) ウガンダ・民間発電（ブジャガリ）	経済的な効果分析中心で，社会経済環境への悪影響が比較に反映されていない	社会経済環境への悪影響は比較に反映されている	正・負の各々の影響を指摘する専門家

出所：筆者作成

特質が調査を敬遠させる効果を果たしている可能性を示唆している．

3 ある開発オプションが調査されない

　環境アセスメント政策では，事前の調査段階で複数の代替案を検討し，最適のプロジェクトを選択することが求められている．独立審査委員会は，5つの事業で特定の開発オプションが調査されなかったとして政策の不遵守を指摘した．しかし，全てのケースで，世界銀行は適切に調査したと主張し，調査の不備も政策違反も否定している．該当する事業を表3.4にまとめた．

　表3.4に挙げた「調査の論点」のほとんどは，前の2つの項で述べたことと重複している．ここでは新たに抽出した「可能な範囲の定量化」について考察する．チャドの『石油パイプラインプロジェクト』で議論となったのは，環境面の費用便益や経済評価の定量化である．独立審査委員会が定量化による代替案の比較はほとんどなされていないと指摘したのに対して，世界銀行は，自然生息地を横切るパイプラインの長さ，水路の本数，村落数などを定量的に比較したと反論している．その一方で，世界銀行は無形のものや使用価値，非使用

表3.5 調査が意思決定文書に反映されなかったと指摘された事業

事業名	調査内容	意思決定文書	見解 (合意・否定・理由)	調査の論点
(4)チャド・石油パイプライン	ベースラインデータ	環境管理計画	合意．現場レベルで手続を決め今後対応する	調査と対策の順序
(13)ガーナ/ナイジェリア・西アフリカ・ガスパイプライン	環境監査（リスク評価）	環境アセスメント報告書	合意．調査の依頼人が異なる上，治安上の理由からも非公開文書として活用	借入国への配慮，公開と活用
(14)ウガンダ・民間発電(ブジャガリ)	環境管理計画（影響緩和とモニタリングの計画）	社会環境アセスメント報告書	合意．政策不遵守は否定．民間セクター支援は融資決定後の計画策定を許容	調査と意思決定の順序

出所：筆者作成

価値などは定量化による比較が困難であるとの見解を示している．これは，前の2つの項で述べた，「はかり」や「調査のしやすさ」とも関係している．定量化が可能な「はかり」で比較すれば，「はかりにくい」実態は調査の対象から漏れてしまう．一見，現実的とも思える「可能な範囲」という譲歩は，「はかり」の機能を強化している．「調査しやすい」項目によって事業の費用便益が判断されることにつながるのである．

4 調査や勧告が意思決定文書に反映されない

調査内容に関わる政策不遵守の指摘以外にも，事前調査結果やそれに基づく勧告が，事業の実施や融資の決定に関わる意思決定文書に反映されなかったと独立審査委員会が判断した事業が3つあった．表3.5に，該当する事業名（数字は前節の事例研究の番号），反映されなかった調査内容，反映すべき意思決定文書，独立審査委員会の指摘に対する世界銀行の見解，各事例から導き出される調査の論点をまとめた．いずれも，独立審査委員会の指摘を世界銀行は認めている．

ここに挙げた世界銀行の「意思決定文書」は，意思決定の妥当性とその後のモニタリングの透明性を確保するために公開が義務づけられている．公開され

ることによって，その内容を第三者が検証できる．つまり，本書の序章で触れた「知のあり方」と関係しているといえる．なぜなら，第三者の検証を受け入れるということは，調査結果が「それ以外の仕方でもありうる」知だからである．

表3.5の「調査の論点」の中で，新たに「公開と活用」を挙げたが，これはまさに「知のあり方」を問うている．世界銀行の見解に基づけば，『西アフリカ・ガスパイプラインプロジェクト』において，「環境監査（リスク評価）」は事業に活用することで意味を成すと考えられる．しかし，非公開の調査はたとえ世界銀行の説明通りに活用されているとしても，第三者からの検証を受け入れない以上は「それ以外の仕方ではありえない」知となっている．そして，そうした知の様式に転換させたのが，「借入国への配慮」であることは興味深い．資金と専門性を背景に借入国（開発途上国）に権力を行使しているはずの世界銀行が，権力に従う側に配慮して，調査に内包された知のあり方を反転させている．調査，知，権力の結びつきを繙く契機を与えてくれるケースである．

5　事業から独立した環境専門家を活用しない

調査が事業推進に都合のいい情報に偏らないようにするため，世界銀行の環境アセスメント政策では，環境影響が大きいと考えられる事業の場合，事業と直接関係していない環境の専門家による助言委員会の設置を定めている．そうした助言委員会を設置しなかったとして政策不遵守を指摘された事業は，表3.6にまとめたように5つある．独立審査委員会の指摘はいずれも「助言委員会の不在」なので省略し，事業名（数字は前節の事例研究の番号），独立審査委員会の指摘に対する世界銀行の見解，それに調査の論点を挙げた．

表3.6に挙げた論点は，これまでに述べた点がほとんどであるが，簡単に振り返っておく．

助言が文書になっていなかったため，チャドの『石油パイプラインプロジェクト』では助言の有無をめぐって独立審査委員会と世界銀行の見解が対立した．助言は，調査が「それ以外の仕方でもありうる」知であることの表れである．文書化されて公表されなければ，「それ以外の仕方」を検証することも，新たな「仕方」を提示することもできない．

第3節　環境影響の事前評価と政策改善のずれ　　175

表3.6　独立した環境専門家を活用しなかったと指摘された事業

事　業　名	見解（合意，否定，理由）	調査の論点
（4）チャド・石油パイプライン	否定．助言は実施	助言の文書化
（7）カメルーン・石油開発およびパイプライン	合意．カメルーン政府と助言委員会との関係悪化	借入国への配慮
（10）パキスタン・国家排水プログラム	合意．影響を小さく見積もり，他の援助機関がそれに賛同．実施段階で助言委員会を設置	調査の必要性の判断
（13）ガーナ/ナイジェリア・西アフリカ・ガスパイプライン	合意．契約の遅れ．しかし，契約の混乱は融資決定の2年後．融資決定以前の不設置を事後的に解消できると世界銀行は説明	事前の要件の事後的な充足
（14）ウガンダ・民間発電（ブジャガリ）	否定．助言委員会を設置した	助言委員会の存在

出所：筆者作成

　カメルーンの『石油開発およびパイプラインプロジェクト』では，世界銀行は政策違反を承知で借入国の事情に配慮して助言委員会の不設置を黙認した．このケースでも世界銀行が優位なはずの権力関係に疑問が生じる．

　パキスタンの『国家排水プログラムプロジェクト』をめぐっては，影響の大きさに対する世界銀行の見通しに問題があった．当初は他の援助機関の賛同もあって助言委員会が不要な規模だと考えていたが，その後自らその必要性を認めた．調査の必要性がどのように判断されるかは重要な論点である．

　『西アフリカ・ガスパイプラインプロジェクト』では，本来事前に設置すべき助言委員会を融資から3年を経て設置した．意思決定や対策と調査の関係ですでに述べたように，世界銀行は事前にすべき調査を事後に実施することがしばしばある．このケースもその1つといえる．事前か事後かで調査が結果として果たす機能にどのような違いが生じるかは興味深い論点である．

　最後に，ウガンダの『民間発電（ブジャガリ）プロジェクト』では，助言委員会そのものが存在したかどうかで独立審査委員会と世界銀行の見解が分かれた．独立審査委員会に申し立てられたケースでは，審査過程で必ず世界銀行と独立審査委員会の間で情報のやり取りがあるにもかかわらず，助言委員会の存在について，審査終了段階でも共通の見解に立てないでいる．

第4節　環境影響の調査をめぐる「改善の罠」

　本章では，環境アセスメント政策の不遵守が原因で，住民に物理的な被害が生じると指摘された14のプロジェクトについて，独立審査委員会の最終審査報告書と世界銀行の見解書を詳細に分析し，「調査の論点」を抽出した．第3節で表にまとめたように，申し立てられた側である世界銀行も調査の不実施など多くの指摘を認めている．また，指摘を否定している場合でも，「調査の論点」に示したように調査が目的を達成していない原因を分析する上で興味深い視点が浮き彫りになった．詳しくは第5章で分析するとして，その前に片づけておくべきことがある．調査が目的を達成していないときに目を向けがちな「調査の改善」についてである．本書では序章で書いたように，「調査の改善」を脇に置き，結果として調査が維持しているものに目を向けることを提案した．専門性と先進的な政策を持つ世界銀行を事例にしたこと自体がそのためだが，本章の最後に改めてその妥当性を検証しておく．

　第2章で世界銀行の環境アセスメント政策が何に重点を置いて改定されてきたかを分析したが，その際に列挙した7つの改定ポイント[5]を本章の事例で検証してみる．第一の「影響の大きさを事前に判断するカテゴリ分類の一貫性」は，環境アセスメントが実施されなかったパラグアイとアルゼンチンの『ヤシレタダムプロジェクト』，カンボジアの『森林伐採権管理監督試験プロジェクト』，それにコンゴ民主共和国の『経済回復と社会再統合プロジェクト』で，いまだに問題が指摘されている．第二の「収集されるデータが適切ではない」については，「ある地域が調査されなかった」と「あるタイプの調査が実施されなかった」のほとんどが同じ問題を抱えている．第三の「代替案検討」の問題は，「ある開発オプションが調査されなかった」ケースに該当するが，本章の事例研究では世界銀行が反論しているため「合意した事実」とはなっていない．ただし，いまだに専門家同士の論争の的であることには違いない．第四の「意思決定のタイミングとのずれ」は第六の「事業設計に活かされていない」

---

[5]　第2章第2節2を参照．

第4節 環境影響の調査をめぐる「改善の罠」

こととも関係してくる.第3節で分類した「調査が意思決定文書に反映されなかった」や,「調査の論点」の中で「調査と対策の順序」と記したケースと関係していることは本章の詳細な事例分析から明らかである.第五の「影響緩和策」は,本書が事前調査を研究対象としたためスコープから外れる.第七の「実施能力と理解不足」については,前節の表の「調査の論点」で「借入国への配慮」と書いたケースはこれに該当すると考えられ,政策不遵守のポイントとなっている.

以上見てきたように,1999年以降に申し立てられ,2009年4月末までに最終審査報告書が完成した異議申立対象事業では,それ以前に盛んに議論された政策改定のいわば中心的な改善点がいまだに政策不遵守や物理的被害の原因として挙げられている.したがって,ここでもう一度調査の欠陥を探し出し,それを改善するように環境アセスメント政策の改定を検討するよりも,目的を達成していない調査において何が維持されることで改善の罠に陥るのかを構造的に分析することには意義がある.次章では,社会影響に焦点を移して同様の分析を続けていく.

第4章　社会影響と調査——断片化される人々と生活——

　第3章に引き続き，世界銀行の独立審査委員会に申し立てられ政策遵守審査がすでに終了した17の事業について事例研究を行なう．本章で扱うのは，開発プロジェクトによる社会影響を事前評価するための2つの政策である非自発的住民移転政策と先住民族政策である．手順は第3章と同じで，不遵守の指摘のうち調査に関係するものをピックアップした上で，それに対する世界銀行の合意点や対立点およびそれらの根拠を見解書の中から読み解くことを通じて調査をめぐる論点を抽出する．

第1節　社会配慮政策の不遵守

1　非自発的住民移転政策の不遵守

　この政策の中心的な目的は，プロジェクトによって自発的な意思によらない住民移転が生じないようにすることであり，それを回避できない場合は立ち退き前と比べて移転住民の生活状況を改善させるか，もしくは最低でも悪化させないことが求められている．政策では3つのタイプの住民が配慮の対象となる．第一のタイプがプロジェクトが引き起こす直接的な影響によって移転を余儀なくされる人々，第二が移転は不可避ではないが生計などへの影響を受ける人々，第三は移転してくる人々を受け入れる地域の住民，である．それぞれについて事前に影響を調査し，対策を講じなければならない．調査の観点から主な分析対象となるのは移転行動計画（RAP）である．この政策では，移転前の生活状況やプロジェクトによる影響と対策を調査し，RAPに盛り込むことが求め

られているからである．

　独立審査委員会の審査が終了した17の事業のうち，非自発的住民移転政策の不遵守が指摘されたのは9事業で，その内容を表4.1にまとめた．詳しくは次節以降で分析するが，環境アセスメント政策の不遵守と比較して，具体的な被害が実際に生じているとの訴えが多い．環境アセスメントでは調査の地理的偏りや特定の影響調査の欠如などに関係するものが多かった．これは，環境への実際の影響が顕在化するのには事業開始から数年を要するため，ほとんどの申立はまだ実害が生じていない段階で提起されていることが要因と考えられる．これに対して立ち退きの場合は，例えばインフラ建設であれば完工前に移転が完了するため，住民生活に影響が生じ始めた時点で申立をすることが少なくない．そうした側面が，住民からの申立や独立審査委員会の政策不遵守の指摘に反映している．

2　先住民族政策

　この政策で定義される「先住民族」は，先住の少数民族，部族民，指定部族など，開発プロジェクトにおいて不利な立場に置かれやすく，特有の社会的・文化的アイデンティティを持つグループ全体を指している．したがって，この政策の目的は，先住民族が開発プロジェクトによって悪影響を受けないようにすると同時に，自らの文化と矛盾しない形で社会的・経済的な便益を受けられるようにすることである．そのためには，世界銀行が支援を検討するプロジェクトの影響地域に先住民族がいる場合，社会アセスメント調査を実施して状況を把握し，影響回避・最小化のための先住民族（開発）計画（IPDPもしくはIPP）を策定しなければならない．

　実態の把握という調査自体の目的から重要なのはこの先住民族（開発）計画である．先住民族の権利に関わる法的な枠組み，社会経済面のベースラインデータ，土地所有権などについて現状を把握し，適切な対応を盛り込むことが求められている．他の政策でいえば，環境アセスメント報告書や環境管理計画，移転行動計画（住民移転計画）などに相当する調査報告書である．

　先住民族政策の不遵守が指摘されたのは17事業中6事業であり，指摘された内容を表4.2にまとめた．申立対象としてはこの表にある8事業だが，チャ

第1節　社会配慮政策の不遵守　　　181

表 4.1　独立審査委員会に指摘された政策不遵守の内容（非自発的住民移転政策）

事業名（番号は表 2.7 に従う）	不 遵 守 の 内 容
1. 中国・西部貧困削減	• プロジェクト影響地域を狭く設定している——環境アセスメントのプロジェクト地域から漏れている町や村があるので独立審査委員会が地図を作成した．灌漑水路上に住む人々がプロジェクトについて知らされていない．移転先の影響を見過ごしている． • 移転元での調査は情報源の秘匿が確保されておらず協議の要件を満たしていない． • 事業，立地，設計，環境アセスメントにおいて代替案を検討していない． • 世界銀行は移転元からの 6 万人は自発的であり，非自発的は移転先の 4000 人という考え．独立審査委員会は世界銀行の主張を受け入れたが，プロジェクト影響地域を狭く見積もっているため実際の非自発的移転住民はもっと多い．遊牧民のための補償方法は「土地対土地」だが，土地利用や自然の恵みを含むベースラインデータなし．補償の適切さを評価できない．前記全ての理由から OD4.30 不遵守．
5. インド・石炭セクター環境社会緩和	• パレイ東（Parej East）の住民移転計画は世界銀行の要件である立地を特定したものではなく実態を反映していなかった． • 再取得価格で土地が補償されていない． • 補償プロセスが不透明． • Pindra 移転地については対象住民との協議なく決められた． • 最低でも移転前と同等の立地条件を定めているが，ピンドラ（Pindra）移転地よりも劣悪な環境ながら causal labor opportunities や informal economy に近い鉱山周辺のバラック生活の方がましな状態． • 移転地の広さは人口増加を考慮するよう OD4.30 は定めているが，パレイ東の移転計画は第二世代や家庭菜園・家畜用の土地を提供せず． • 飲み水が確保できていないのに炭鉱拡張の都合でピンドラへの移転日を決めた． • 強制的に移転させられたものの学校には先生がいなかった． • 移転住民に土地の権利を付与するように定めているが，滞留地（colony）での土地の権利証書を受けていないため不安定なだけでなく，生計のための借り入れができない．世界銀行は問題を認識していた． • 部族が主張する伝統的耕作地 167 ha のうち 150 ha の補償が未解決． • 住民移転計画にはピンドラで以前同様の森林利用ができるとなっているが，同等の収入機会をもたらすのか，受け入れ集落が林産資源を共有する用意があるのかなどの具体的な支援をすることに失敗．

事業名（番号は表2.7に従う）	不遵守の内容
	• 被影響住民の炭鉱での仕事が確保されず． • 被影響住民の多くが代替地探しの支援を求めているのに「土地には土地で」の補償を放棄． • 住民移転計画において適切な自営収入の回復を確保できず． • 準備・審査段階で収入回復の実施可能性を評価せず生活・収入レベルの回復に失敗． • 部族民を地域社会から追い立て5年で「企業家」になれると考えるのは非現実的．自営による生計回復の実施可能性を確認すべきだった． • 移行期間の生計支援について適格判断の理由や手続きを世界銀行は説明せず． • ベースライン調査以外で，被影響住民が「移転計画準備中に自らの選択肢や権利について体系的に情報を伝えられ協議された」証拠はない． • ピンドラ移転地の人々はプロジェクト準備中に協議されなかったことは明らか．
6. ウガンダ・第三次・第四次電力，ブジャガリ水力発電	• 農作物への補償は行なわれていない． • 地域開発行動計画は短期的な問題しか扱っておらず現在価値で考えると予算規模が小さい． • 正当な申立者の決定と土地と農作物の査定に深刻な問題． • RAPも地域開発行動計画も観光への影響を触れておらず社会経済調査を実施せず．
7. パラグアイ/アルゼンチン・ヤシレタダム	• 人口統計から漏れている被影響住民がいる． • 収入に対する補償が「主たる職業」のみが対象． • 苦情申立の方法が被影響住民にわからない． • 移転先の人々が受けている悪影響の評価も緩和もなされず，そうした人たちへの情報提供や協議もなされず． • 移転先の代替案が検討されず． • 収入回復方法が不適切． • 非正規労働者が補償の対象から外されている． • 原料の粘土の利用が移転後5年に限られた． • 被影響地域と被影響住民を特定した後の人口流入を防げなかった． • 小川沿いで劣悪な衛生環境で生活する移転対象世帯の代替移転地を検討せず．与えられた移転地は仕事やサービスへのアクセス不便．
10. インド・ムンバイ都市運輸	• 大規模移転があるので2つの事業を統合せず移転は単独事業として扱うべきだった． • 2万世帯という移転者数なのにリスク分析が事業の遅れなど通常のレベルに留まっている． • 道路沿いの商店主を被影響住民と考えなかった．また小規模店舗の労働者が被影響住民として影響調査されていない． • 世界銀行のミッションで被影響住民を融資承認時より4万

第1節　社会配慮政策の不遵守　　183

事業名（番号は表2.7に従う）	不遵守の内容
	人（50%）多い12万人と推計し直したのに評価をやり直さなかった. • 商店主の数に関しては報告書ごとに推計が異なる. • 社会経済調査は収入の実態を適切に把握していない. • 被影響住民も商店主も事前に移転について協議されていない. • 情報が時宜を得て出されず，世界銀行の情報センター（PIC）は居住地から離れており，近くにできた後も閉まっていたり必要な情報がなかったりした. • 商店主への影響が事前に全く考慮されず，収入と生計水準の回復に取り組むことに失敗. • 移転地は上下水，ごみ処理，社会サービス（学校，病院，宗教施設）へのアクセス，建物の維持コスト高，商業用駐車場不在など問題だらけ. • 移転が実施されたのに移転実施マニュアルは未完成. • 移転後の対策実施に必要な組織的能力を確保していない.
11. パキスタン・国家排水プログラム	• 排水が深刻な被害や移転につながるリスクを審査段階で把握せず，移転の可能性を特定し備えるために，またその発生程度を評価するために必要な行動をとらなかった.
15. ガーナ/ナイジェリア・西アフリカ・ガスパイプライン	• 社会経済ベースラインデータの収集を確保せず. • 伝統的な土地所有権の複雑さを考慮せず. • 世帯当たり人数を驚くほど低くしているため移転者数が大幅に過小評価されている. • 影響を受ける女性，高齢者，貧困層，小作など脆弱グループのニーズに関する適切な情報が住民移転計画に含まれていない. • 移転者の土地と生産的な財産を実測せずに平均的な世帯の土地所有面積から求めた．収用する土地は被影響住民が耕作する全土地の4%以下だと結論づける一方，理事会では6%という数値が使われ，収入のロスは2%とされた．信頼できるデータに基づいた分析ではない. • 政策では土地には土地で補償というのが望ましいとしているが住民移転計画はそれに則っていない. • 生計回復と補償以外の移転支援や便益共有について移転者と適切に交渉していない. • 現金補償に使っているレートは世界銀行の政策下で保障された額より少ない額しか受け取れない可能性が高い．世界銀行は生計回復に基づかない計算式を使うことを受け入れた. • 移転者には住民移転計画で計画されていた額の10分の1しか支払われなかった. • 世界銀行はOP4.12の要件である開発支援（整地，融資，研修，建設工事終了後の職業機会）なしに移転開始を認めた.

事業名（番号は表2.7に従う）	不遵守の内容
	• 多くの技術文書は英語で開示されたが，住民移転計画は開示されていない．
	• 住民移転計画の要約のヨルバ語訳が補償支払終了後24カ月経って作られたと世界銀行はいうが，独立審査委員会はその存在を確認できず．あったとしても意思決定後に開示することは政策に定められた意味ある公開でも時宜を得た公開でもない．
	• 移転に関わる問題を特定し解決するのに効果的な苦情申立プロセスを作るのを確保しなかった．
	• OP4.12は実施主体が世界銀行の政策に沿って住民移転計画を実施する能力と資金を持つことを要件としているが，世界銀行がセーフガード政策についての研修を行なったのは申立後の2007年．BP4.12不遵守．さらに世界銀行は移転を含む借り手の事業実施に関する実績や能力を適切にレビューし理事会に報告せず．
16. ウガンダ・民間発電（ブジャガリ）	• 影響を小さくするどころか送電線の法定幅（Right-of-Way, ROW）を倍にしようとしている．
	• 社会経済ベースラインデータがない．また2001年住民移転計画を適切に見直して改定していない．
	• 生計リスクや生計回復の経済分析，また事業中断で生じた社会経済コストの弁済方法を住民移転計画に盛り込んでいない．
	• 農漁業の悪影響について生計上の損失を賄うことができていない⇒生計回復の農業経済分析が弱い．特に補償との関係．また換金作物が定着する期間を過小評価したため，移転住民が失った収入を再度得られるようになるのが経済的に実現不可能だった．
	• 小作や子どもなど脆弱層に対する支援方法が提案されず．
	• プロジェクトの支援を超えて持続性の問題を扱う方策が提案されていない．
	• 地域開発行動計画（CDAP）は短期建設中心で，対象がしっかり計画されず，能力向上や社会の基礎部分に向いていない．2002年の独立審査委員会報告で現在価値換算だと地域開発計画予算が非常に小さいと指摘したがそれをさらにカット．
17. アルバニア・統合的海岸ゾーン管理浄化	• プロジェクト地域内で政府が占拠者を排除．世界銀行はプロジェクトと無関係と主張していた．
	• 撤去延期の合意なし，カットオフデイトの合意なし，OP4.12適用なし⇒世界銀行は被影響住民のセーフガードに失敗．
	• インフラ建設にはOP4.12を適用するが，進行中のゾーニングや撤去については適用せず．

出所：筆者作成

表 4.2 独立審査委員会に指摘された政策不遵守の内容（先住民族政策）

事業名（番号は表 2.7 に従う）	不 遵 守 の 内 容
1. 中国・西部貧困削減	・プロジェクトエリアの曖昧さ，不確定さ，一貫性のなさ⇒影響地域，影響住民の民族構成，影響地域の境界が狭く引かれた結果，アセスメントが重要な環境社会影響の多くを扱えていない． ・移転元での調査は情報源の秘匿が確保されておらず協議の要件を満たしていない． ・OD4.20 に則って個別の少数民族ごとに IPDP（先住民族開発計画）が作られるべきだった． ・プロジェクトサイクルの各段階（事業特定，準備，審査，交渉，理事会提案）における先住民族に関する世界銀行の決定が OD4.20 パラ 16-18 に定められたプロセスや手続きに従っていない．
4. チャド・石油パイプライン	・不遵守ではない⇒被影響住民は南部チャドの多数派であり先住民族とはいえない（OD4.20 は適用外）．
5. インド・石炭セクター環境社会緩和	・部族が主張する伝統的耕作地 167 ha のうち 150 ha の補償が未解決． ・部族民にとって林産資源が持つ生計上の重要性を認識せず，林産資源の利用を続けられるように確保するのに失敗． ・地域部から条件がつけられたのに，審査段階で全ての鉱山について IPDP の見直しを求めなかった． ・年次実施計画が毎年一字一句同じ計画で 11 のコミュニティ各々の特定のニーズを反映していない． ・パレイ東の IPDP は協議や参加について一切記述していない． ・IPDP に求められた「地元参加戦略」としてパレイ東の地域開発戦略が作られたが，特定の場所に基づいていないし地域社会の構成やニーズに注意を払っていない．
8. カメルーン・石油開発パイプライン	・EMP も先住民計画（IPP）も先住民族のバコラ/バギエリ族が狩猟や採取のために沿岸林を広く使っている点について広範囲な地域アセスメントを行なっておらず，OD4.20 のベースライン調査を遵守していない．
11. パキスタン・国家排水プログラム	・不遵守判断保留⇒世界銀行は現地の文化人類学者や社会学者と相談して，漁民であるマラー族など OD4.20 に定義される先住民がプロジェクト地周辺にいないかどうかを判断する必要あり．IP はこうした人々の少なくとも一部に対しては OD4.20 に沿って事業準備中に IPDP が必要だったと記しておく．
12. カンボジア・森林伐採権管理監督試験	・プロジェクトの影響住民の特定を後まわしにした上，対象地を伐採権地域内に限ったため影響を過小評価． ・伐採権を持つ企業が ESIA を行なうまで社会影響アセスメントや協議を延期した．

事業名（番号は表2.7に従う）	不遵守の内容
13. コンゴ民主共和国・経済回復と社会再統合	• IPDPがない． • 住民との力関係を考えれば，伐採したい伐採権を持つ企業に合意形成の協議の責任を任せるのはOD4.20不遵守． • 融資決定の理事会資料にピグミーに関する記述がなし．準備段階で適切なスクリーニングを行なっていない． • OD4.20の先住民に相当するピグミーに対してIPDPが作られなかった．
14. ホンジュラス・土地行政	• OFRANEHとODECOはOD4.20でいう先住民の代表的組織であり，それらが参加しないMesa Regionalをプロジェクトの基本的な協議の枠組みとして世界銀行が支持したことはOD4.20に合致しない． • 政府とOFRANEHの間でMesa Regionalを即刻解散する合意を知った世界銀行は，被影響住民やそのリーダーたちとのさらなる協議を求めず，協議の枠組みについて提示される多くの懸念に対してOD4.20で求められている適切な対応ができていない． •「ガリフナ族とモスキート族の土地権保護のためのセクター間委員会」の存在をIPDPで捉えず，その重要性を評価していない．

出所：筆者作成

ドの『石油パイプラインプロジェクト』は政策不遵守とはいえないと判断され，パキスタンの『国家排水プログラムプロジェクト』ではこの政策の遵守判断は保留された．したがって，本章で分析するのは6事業である．

なお，非自発的住民移転政策と先住民族政策のケースを別々に分析しているが，社会影響の事前評価という共通の枠組みの中で論じるため政策ごとに節を分けていない．同じプロジェクト名の小項目（a, b, c, ……で標記）の中には，非自発的住民移転政策の不遵守の指摘と，先住民族政策の不遵守の指摘がある．それぞれの項目の記述を読めば，どちらの政策不遵守を扱っているかは判断できるような書き方になっている．また分析対象プロジェクトは非自発的住民移転政策が9事業，先住民族政策が6事業だが，2つの事業は双方の政策不遵守に関わるため，次節以降では13事業を分析する．

第 2 節　13 カ国 13 プロジェクトの事例研究

1　西部貧困削減プロジェクト（中国）

a　チベット民族とモンゴル民族は調査されたのか

　このプロジェクトでは中国青海省東部のモンゴル民族やチベット民族などおよそ 6 万人が，灌漑農業を行なうために同省中部に移り住む．それに伴って教員や医師などのプロジェクトによって直接影響を受けない専門職の人たちや商人なども住民と一緒に転居するため，相当な人口増加が見込まれていた（1. 審査パラ 24）．第 3 章でこのプロジェクトを環境アセスメント政策の視点から取り上げ，移転先の地域社会への影響調査が行なわれなかったことや，プロジェクトの影響範囲を狭く捉えすぎたという指摘について分析した．そのことは，調査対象から外れた地域に住む住民への影響を無視したことを意味し，非自発的住民移転政策の不遵守の指摘にもつながっている（1. 審査パラ 70）．

　公開文書であるプロジェクトの「非自発的移転計画」（1999 年 5 月発行）によれば，移転先で影響を受けるのは 600 世帯でちょうど 4000 人である．その内訳は，地方自治体と正式な土地のリースに合意している牧夫 63 世帯，このプロジェクトによって灌漑農地に転換され移転住民の町ができる場所を年に 2 回通過する遊牧民 289 世帯，すでに灌漑農業を営んでいる 248 世帯となっている（1. 審査パラ 89）．独立審査委員会の最終審査報告書によると，定住している牧夫は 63 世帯全てについて 2 度調査されている．また，すでに灌漑農業を行なっている漢民族やイスラム教徒など 248 世帯のうち「非自発的移転計画」の調査対象となったのは 80 世帯だが，質問票を使った詳細な調査が実施されている（表 4.3 参照）．その一方で，移動性の遊牧民については何の調査も行なわれておらず，影響を受ける遊牧民数 289 世帯は被影響住民を計画上の「600 世帯 4000 人」にするために作られた数ではないかと独立審査委員会は疑念を示している（1. 審査パラ 90-93）．さらに，最も影響を受けるチベット民族やモンゴル民族がほとんど調査の対象になっていないと指摘した（1. 審査パラ 94-95）．

　これに対して世界銀行は，独立審査委員会の最終審査報告書には誤解がある

表 4.3 土地利用形態別の被調査対象世帯（中国・西部貧困削減プロジェクト）

	牧夫	灌漑農業者	遊牧民	合計
全世帯	63	248	289	600
被調査世帯	63	80	0	143

出所：「1. 審査パラ 90」をもとに筆者作成

として次のように指摘している．まず，移動性の遊牧民を調査しなかったという指摘は誤りであり，全体の 10% に相当する 30 世帯を調査したと主張している．また，独立審査委員会は調査されたチベット民族は 3 世帯だと結論づけているが実際は 58 世帯であり，さらに独立審査委員会が「見過ごした」と指摘したモンゴル民族の 8 つの村の人々は調査対象である 4000 人の被影響住民に含まれていると反論している（1. 見解 Background Paper パラ 68）．

このプロジェクトをめぐっては，独立審査委員会が，ほとんどのチベット民族やモンゴル民族が調査から除外されていると指摘したのに対して，世界銀行は適切な割合でサンプリングをして調査したと主張している．しかし，独立審査委員会が指摘の根拠としてプロジェクトの公開文書である「非自発的移転計画」の該当箇所を引用しているのに対して，世界銀行の見解書には反論の根拠となった調査の名称や出典が書かれていない．また，立ち退き住民が受ける影響は全て移転計画に盛り込むよう政策に定められているが，世界銀行が認めた移転対象人口でさえ 4000 人にのぼるのに，移転計画はわずか 7 ページで必要な情報が掲載されていないと独立審査委員会から指摘されている（1. 審査パラ 386）．

このプロジェクトの準備のために作成され，公開されている調査報告書は 39 種類にものぼり，そのうち人口に関するものだけで 5 種類，土地利用に関するものは 8 種類もある（1. 見解 Background Paper ANNEX1 Table1）．これだけ多くの調査が行なわれて公開されているにもかかわらず，特定の調査が実施されたかどうかについて，独立審査委員会と世界銀行の間で見解が分かれている．

b 牧夫の生活状況の調査

立ち退きを伴う開発プロジェクトの事前調査で重要なのは，移転前の生活状況の把握である．それなくして，実際に生じた影響を特定することも，適切な

補償を行なうこともできないからである．世界銀行の非自発的住民移転政策では，移転の回避が不可能な場合，影響を受ける住民数を最小化し，適切な補償や生活再建支援を行なうよう定めている．プロジェクト前より生活が改善するのが望ましいが，最低でも同水準にまで回復させることが求められている．そうした政策目的を掲げている以上は，プロジェクトによって影響を受ける前の生活水準を調査することは不可欠である．

　中国の『西部貧困削減プロジェクト』では，移転を余儀なくされる牧夫に対する補償は相当分の土地ということになっていた．しかし，補償の妥当性を評価するための土地利用や自然の恵みに関するデータなど，牧畜についての基礎的な情報が集められていなかったと独立審査委員会は指摘している．政策に実施を定められているにもかかわらず，こうしたベースラインデータは収集されておらず，これでは適切な補償かどうかを評価することはできないと述べている（1. 審査パラ 71-72）．

　これに対して世界銀行は，政策は全ての損失を査定することを求めているわけではなく，住民移転計画の目的は収入の回復だと反論している．このプロジェクトの住民移転計画は，影響を受けた人たちが収入面でも生活水準の面でも改善できる，少なくとも回復できるものだと世界銀行は「信じている」と述べている．また，63世帯の牧草地，248世帯の灌漑農地，それに289世帯の遊牧民の移動ルートを「比較的小さな損害」だと捉え，便益の大きさを主張している．全ての世帯は3つの住居区画と小さな居住地を与えられ，土地や牧草地を失った人たちには代替として灌漑農地が与えられる．さらに，新しく改良された学校や病院などの社会サービスの利用や他の様々なプログラムへの参加が可能になると見解書は説明している（1. 見解 Background Paper パラ 76）．

　世界銀行の見解書を分析すると，プロジェクト前の生活状況を調査したとは書かれていない．したがって，この点は独立審査委員会の指摘の通りだといえる．世界銀行の反論は，政策目的は調査をすることではなく生計の回復もしくは改善なのだから，このプロジェクトは目的を達成しているという点にある．しかし，牧夫が慣れない灌漑農業でどれだけ生活を改善することができるのかは想像の域を出ない．学校や病院へのアクセスの改善にしても，これまでがどういう状態で，今後教員や医師の配置などを含めてどう運営管理されるのかが

具体的に書かれていない．このケースでは，牧畜を灌漑農業に替えれば自動的に生計が回復もしくは改善するという前提や，社会サービスの改良が住民の利用に直結するという前提が存在している．以前より良くなることが世界銀行から見ると自明であるがために，これまでの生計手段や社会サービスの利用について調査が実施されていないといえる．

c 受益者と被影響住民の数

このプロジェクトの影響を受ける地域には数万人のチベット民族やモンゴル民族など先住民族が生活しているが，「先住民族開発計画」は策定されなかった．その理由について，世界銀行は申立に対する回答の中で，直接的な受益者の大部分が先住民族であり，このプロジェクトそのものが「先住民族開発計画」だからであると述べている．確かに先住民族政策の第12段落はそうしたケースを認めている[1]．しかし，世界銀行の弁明に対して，独立審査委員会は3つの点から先住民族政策の不遵守だったと判断した．

第一に，受益者の数え方である．世界銀行は移転先に住んでいる4000人の先住民族を受益者としているが，プロジェクトの「自発的住民移転計画」では，これらの人々は牧草地を失うなどの負の影響を受ける先住民族だと規定しており矛盾する．仮に4000人の先住民族が被影響住民だとした場合，受益者に分類された自発的に移転してくる6万人が先住民族であれば，4000人は比較をすれば小さいといえる．それに対して独立審査委員会が挙げている第二の理由が，6万人の大部分が先住民族かどうかは確かではない点である．独立審査委員会は，この移転はあくまで自発的なもので2年以内に元の場所に戻ることが認められているので，支配民族である漢民族が多数を占める可能性も考えられるとしている．第三に，このプロジェクトでは影響を受ける地域や人々が極めて限定的に捉えられている点である．独立審査委員会は，プロジェクトにおいて被影響住民にカウントされていなかった遊牧民など実際にはさらに多くの先住民族が影響を受ける可能性を指摘している（1. 審査パラ271-280）．

---

1) 先住民族政策（OP4.10, 2005年7月）は，先住民族がプロジェクトの直接的な受益者の大部分を占める場合には，先住民族計画はプロジェクト全体の設計に含むことが認められ，その場合は独立した先住民族計画は策定しなくてよいと定めている．

独立審査委員会のこうした指摘に対して，世界銀行の見解書は，大部分の受益者が先住民族の場合は，プロジェクト自体が先住民族計画とすることが政策で許容されているという説明を繰り返している．また，世界銀行内部の多くの専門家も，プロジェクトそのものを先住民族計画と捉える方が，先住民族の懸念をプロジェクトの設計に活かすことを徹底できると考えていることが見解書の中で述べられている（1．見解パラ 64）．

独立審査委員会も世界銀行も，このプロジェクトにおいて「先住民族開発計画」が策定されなかったことは認めている．その理由は，先住民族の大部分が受益者だからというのが世界銀行の見解である．かたや独立審査委員会は，「大部分が受益者だ」という見解の根拠が示されていないことに疑問を投げかけており，被影響住民の数とともに，受益者の数も争点になっている．実際，世界銀行の見解書には裏づけとなる調査報告書が示されていなかった．

2　石炭セクター環境および社会緩和プロジェクト（インド）

a　調査の不在をめぐる 4 つの指摘

世界銀行の非自発的住民移転政策では，移転を余儀なくされた人たちが少なくとも移転前の生活水準を回復できるようにしなければならないと定めている．それは将来の貧困化のリスクを回避することでもある[2]．インドの『石炭セクター環境および社会緩和プロジェクト』では，このためのリスク調査が実施されなかったと指摘された．

このプロジェクトは石炭開発を進める『石炭セクター再生プロジェクト』の 25 の炭鉱において，炭鉱拡大に伴う環境面と社会面の影響を緩和するために国営コールインディア社を支援するもので，1996 年 5 月に世界銀行が融資を決定した．世界銀行は翌年 9 月に『石炭セクター再生プロジェクト』への融資も決定したが 2000 年 7 月にキャンセルし，『石炭セクター環境および社会緩和プロジェクト』への支援のみを続けた．独立審査委員会に申し立てられたのは，25 の炭鉱のうちパレイ東（Parej East）炭鉱に対してである．

移転後のリスク調査という観点から政策不遵守を指摘されたのは，次世代の

---

[2] 例えば 2001 年 12 月に改定された非自発的住民移転に関する業務政策（OP4.12）の第 1 段落で貧困化のリスクへの対応と緩和が謳われている．

土地問題，飲み水，林産資源，それに職業の機会の4点だった．

　第一の「次世代の土地問題」に関して，移転住民たちは世帯当たり200 m^2 の土地を与えられたが，これでは子どもたちの世代を育てることも，家庭菜園や畜産をすることも不可能だと申し立てた．独立審査委員会によると，これに対して世界銀行は，プロジェクトを実施している国営企業の方針では100 m^2 なので，その2倍の土地を付与していると繰り返し説明してきたという（5．審査パラ104）．また，他の移転地では，この面積で家庭菜園をしたり家畜を飼ったりしている世帯が複数いるところもあるし，未婚の子どもが親と同面積の土地を与えられているところもある（5．審査パラ105）．他方，申立者によれば，他の州では移転住民に400 m^2 を提供しているところもある（5．審査パラ107）．こうした情報をもとに，独立審査委員会は，プロジェクトの準備段階で，世界銀行が実施企業の方針である100 m^2 にこだわって規準を定めたことは政策不遵守だとする半面，後にそれを2倍に増加し，18歳以上の未婚男性に追加的な土地を供与するよう働きかけたことを評価している（5．審査パラ109-110）．

　第二の「飲み水」については，申立者によると1999年12月に移転した時点では，移転地の井戸水は汚染されていて飲めなかったという．既存の村の井戸を利用しようとしたが断られ，1 km離れた場所から飲み水を調達せざるをえなかったと訴えた．これに対して，移転から6週間後に鉱山職員が2本の井戸を清掃し，井戸の質向上と2本の管井（パイプ式の井戸）の提供を約束したということである（5．審査パラ115）．以上のやり取りから，独立審査委員会は，移転前に飲み水の確保が計画されていなかったと指摘した．99年の9月と11月のプロジェクト監理ミッションを通じて，世界銀行は移転の準備状況に疑問を持っていたにもかかわらず，炭鉱拡大の予定を優先して移転日を決めたため安全な飲み水の確保をおろそかにしたとの見解を示している（5．審査パラ116）．

　第三の「林産資源」については，住民移転計画には移転地に隣接して良い森林があるので林産資源に依存している世帯は今まで同様の便益を得られると書かれている．しかし，移転する人々が失った林産資源の価値――それには各世帯にとっての利用価値や収入源としての価値を含んでいる――がどの程度なのか，また失った価値の代償として移転地に隣接した森林が十分なのかどうかの詳しい分析がないと独立審査委員会は指摘している．最終審査報告書によれば，

250家族以上が移り住むことになっていたが,住民移転計画には,森林の広さ,採取できる林産物,森林の荒廃の程度などが書かれておらず,移転住民を受け入れる側の近隣のコミュニティが林産資源を共有することになっているかも記述がない(5. 審査パラ 199-204).

第四の「職業の機会」についてだが,多くの移転住民は鉱山で働くことを希望していたものの,企業から仕事が提供されなかったため結果的に自営業を選択せざるをえなくなったという.自営業の希望

写真 4.1　2つの移転村(5. 審査 p. 23)

者は1994年には生計回復支援の対象者418人のうち26人だったが,97年には625人に増えた生活回復支援の対象者のほとんどが自営業を希望した(5. 審査パラ238).しかし,独立審査委員会によれば,どのような業種に市場のニーズがあるかという調査が行なわれたのは,住民移転計画が完成してから4年後の98年だったため,生計回復策の計画自体が大きく遅れた(5. 審査パラ 240-243).さらに4年後の2002年に世界銀行が明らかにしたところでは,支援対象者のうち240人が職業トレーニングを受けたものの,その技術を使って収入を得ているのは89人にすぎなかった(5. 審査 p. 61 脚注 265).

世界銀行は,トレーニングなどの支援をしても,それを生計回復に活かせるかどうかは本人次第との見解を示しているが(5. 審査パラ248),独立審査委員会は生計回復のためにトレーニングや自営業を進めること自体が誤りだったと述べている.なぜなら,インドの貧困層は1つの収入源に頼って生きるのではなく,年中様々な仕事をする傾向があるからである(5. 審査パラ252).申立者

たちは，現地視察に訪れた独立審査委員会のメンバーに対して，影響を受けた人々はもともと周辺の自然の恵みに依存した自給的で非現金経済的な生計を営んでいたと語っている（5. 審査パラ263）．こうした事情から，独立審査委員会は，世界銀行が融資の検討段階で，生計回復手段として農業以外の自営業に頼ったわりには，その実施可能性を調査しなかったのは政策不遵守であり（5. 審査パラ258），影響を受けた住民たちが5年間で「企業家」になることを期待するのは現実的ではないと指摘している（5. 審査パラ267）．最終審査報告書は，住民移転計画を策定する段階で実施可能性を調査すべきだったと結論づけている（5. 審査パラ271）．

こうした指摘に対して世界銀行は，第一の土地問題については独立審査委員会の指摘を全面的に受け入れている（5. 見解 ANNEX1 No.4）．一方，第二の井戸の水質については指摘を否定している．2002年6月末に終了した四半期ごとの水質モニタリングの結果，インド政府が定めた基準値に収まっていたというのがその理由である（5. 見解 ANNEX1 No.6）．第三の林産資源について，詳細な分析をしていないという指摘に対して世界銀行は反論していない．一方で，移転前の場所はかなり林産資源がなくなっていたので，移転住民の林産物への依存度は限定的だとの見解を示している．さらに，世界銀行のプロジェクト監理ミッションが確認したところでは，移転前に林産資源を生計手段として利用していた住民たちは，移転地近くの林産資源を利用できていると述べている（5. 見解 ANNEX1 No.10）．最後の生計回復の問題に関しては，独立審査委員会の指摘を認め，プロジェクトの準備段階で収入回復につながる複数の選択肢の可能性を十分調査しておくべきだったと弁明している（5. 見解 ANNEX1 No.16）．しかし，収入回復トレーニングの効果についての独立審査委員会の指摘には反論している．なぜなら，収入が減少した73人のうちトレーニングを修了したのはわずか30人であり，トレーニングを終えても収入が減少している人の3分の2はトレーニングの開始が非常に遅かったからである．すなわち，世界銀行は，トレーニングを十分受ければ人々は収入を回復できるという見解を示しているといえる（5. 見解 ANNEX1 No.11）．

世界銀行と独立審査委員会のやり取りをもとに，政策不遵守を指摘された4点に関して調査が実施されなかった理由を考察する．

土地問題では，独立審査委員会と世界銀行の双方が認めているのは，プロジェクト実施企業体の方針と世界銀行の政策との整合性を確認しなかったことである．修正された$200\,\text{m}^2$が，世帯当たりの移転地の面積として適切だとする根拠は独立審査委員会も世界銀行も提示していない．最終審査報告書に例示された他の移転地や州の状況は様々であり，移転地として適切な面積を計算した調査も引用されていない．

 飲み水の問題は，調査のタイミングが食い違っている．独立審査委員会が政策不遵守を指摘したのは，移転直後の1999年末時点での水質だったのに対して，世界銀行の反論はそれから2年半も経過した2002年6月の調査結果に基づいたものである．99年末の時点で水質調査を実施したかどうかはわからないので，申立が事実だったかどうかを判断するのは難しい．このケースで着目すべきは，調査をしたかどうかではなく，お互いが調査を「いつ」したかという点である．

 林産資源では，見かけの森林の状況でその利用度や利用可能性を世界銀行が判断していることに原因があったといえる．その結果として，不十分だと訴える住民と十分だと主張する事業者の対立を生じさせ，さらにそれを説得的に解決するデータが存在していない状況を作り出した．

 最後に挙げた生計回復は，非自発的住民移転政策の目的そのものである．その実施可能性を調査していなかったことを世界銀行も認めてはいるが，なぜ実施しなかったかは明らかではない．興味深いのは，世界銀行はトレーニングの長さを生計回復の「はかり」としているが，それが実際の生計回復につながるかどうかは住民次第だと世界銀行自らが「はかり」の限界を認識している点である．実施可能性がトレーニングの長さという「はかり」で代用されているといえる．

b　不透明な地価は計算可能か

 世界銀行の非自発的住民移転政策は土地の損失は新たな同等の土地で補償するのが望ましいとしているが，現金で補償する場合も少なくない．その際には，失う土地と同等の土地を購入するのに十分な額（再取得価格）の補償を移転前に支払うことが政策で定められている．

このプロジェクトの場合，土地の補償額が支払日ではなく土地取得を告知した日を規準に決められるため，新たな土地の再取得が不可能であると申し立てられた (5. 審査パラ 59)．なぜなら，土地取得の告知日の方がかなり前であるため，実際に支払われるまでに土地が値上がりしてしまうからである．独立審査委員会によれば，プロジェクトのための土地取得を告知した日の地価に，慣習的な見舞金 30% と 12% の物価上昇分と利子を合算した額が補償額だと世界銀行は説明している (5. 審査パラ 61)．しかし，申立の対象となっているパレイ東鉱山には 2 つの移転地があるが，それぞれの土地取得の告知日，すなわち補償額の基準日は世界銀行が融資を決定する 13 年前と 10 年前である (5. 審査パラ 64)．これでは，実際は再取得価格になっていないと独立審査委員会は指摘する．世界銀行もこの算出方法だと実際の価値より低くなることを認めていると独立審査委員会の最終報告書に書かれている．それにもかかわらず世界銀行がこの算出根拠を受け入れているのは，住民たちは司法に訴える道があり，補償が不十分であれば裁判所が増やすように判断するからだと世界銀行は説明している (5. 審査パラ 67)．しかし，文字の読み書きが困難な多くの被影響住民にとって訴訟は現実的ではないし，1 日の収入が平均 100 ルピー (1 ルピー = 約 1.93 円) の人々にとって裁判の経費負担は重いと独立審査委員会は指摘している (5. 審査パラ 69)．

これに対して世界銀行は，インドで土地の実勢価格を突き止めるのは困難だと反論している．なぜなら，インドの農村地域での土地取引は透明性のある開かれた市場メカニズムで行なわれないことがしばしばあるし，税金を低く抑えるために安い地価を報告する傾向があるからである．世界銀行の見解書によれば，パレイ東鉱山で影響を受けた土地に支払われる補償の算出方法は，土地取得を告知した時点の土地の公示価格に 30% の見舞金を加え，さらに土地取得の告知から土地の買収を宣言するまでは年 12% ずつ上乗せし，買収を宣言した次の 1 年はその額に 9% の利子，その後は年 15% の利子を上乗せするということである．公示された市場の土地売買価格では，1 エーカー (約 4000 m^2) 当たり安い土地で 1 万 2000〜1 万 5000 ルピー，高い土地で 4 万〜4 万 5000 ルピーだが，パレイ東鉱山で影響を受けた住民は平均で 4 万 1000 ルピーを受け取っており，十分新たな土地を再取得できると世界銀行は主張している．また，

補償が不十分だと裁判所に訴えているケースを世界銀行も承知しており，見解書を書いた時点で43件の訴えのうち16件で住民に有利な解決になったと記している（5. 見解 ANNEX1 No.2）．

　補償対象となる土地価格の算定方法について，独立審査委員会は世界銀行の説明とほぼ同じ理解を持っているものの評価は異なっている．その原因は，補償額の不足を住民が裁判に訴えて解決することに対する考え方の違いが大きい．独立審査委員会は訴訟が住民にとって大きな負担になる点を指摘しているのに対して，世界銀行は実際に解決につながっているのだから裁判が有効な手段となっていると評価している．また，世界銀行は土地の実勢価格はわからないといいつつも，市場の土地売買価格と比較して低くないと矛盾した主張をしている．矛盾の背景にあるのは，社会の実態が「不透明な地価」だとわかっていても，結局，地価という「はかり」でその実態を切り取ってしまうことなのである．

c　部族民の土地利用と借り手への配慮

　先住民族は，程度の差こそあれ，自然の恵みを受けながら自給的な側面を維持して生計を営んでいる．伝統的な土地利用や曖昧な権利に対する理解が，先住民族への影響回避・最小化には欠かせない．

　インドのこのプロジェクトでは，慣習的な権利に基づく部族民の耕地に関するデータが収集されず，住民移転計画でもその影響を記述していないと独立審査委員会に指摘されている．最終審査報告書によれば，申立の対象となったパレイ東鉱山周辺では，悪影響を受ける住民の77％が部族民で，鉱山拡大のために取得される土地の大部分は部族民が伝統的な権利に基づく耕作を認められた公有地である（5. 審査パラ154）．しかし，補償の対象となったのは個人の保有地のみで，慣習的な利用をしてきた土地は対象とならなかったと申立には書かれている．その背景について申立者は，被影響住民は伝統的な権利を登記するために多大な努力をしてきたにもかかわらず役所の無関心さによって放置され，今では強固に拒否されていると訴えている（5. 審査パラ155）．

　世界銀行の先住民族政策では慣習的な土地利用権の法的な確立をプロジェクト準備段階のできるだけ早い時期に行なうことを求めている．独立審査委員会

によれば，世界銀行は自らの法務局や社会学者からの進言にもかかわらず，この点に関して事前に対策を講じなかった（5. 審査163）．最終審査報告書によれば，1994年のベースライン調査や住民移転計画は，慣習的な権利のもとで耕作している，もしくはそう主張している部族民のリストを提供していない．これでは，誰がどのようなタイプの土地を所有しているかを見分けたり，慣習的な権利に基づいて耕作している人たちを切り離して考えたりすることは不可能だと独立審査委員会は指摘している（5. 審査パラ166）．それにもかかわらず94年末に世界銀行は住民移転計画を承認した（5. 審査パラ168）．その後，海外のNGOなどからの批判によって問題への対応をせざるをえない状況となり（5. 審査パラ169），99年2月現在で17人が土地への権利を認められた一方，申立者はさらに43人の慣習的な耕作を行なっている補償対象者のリストを事業者に提出した（5. 審査パラ173）．独立審査委員会は，先住民族の慣習的な土地利用をめぐる未解決の問題は深刻な政策違反によるもので，なぜ世界銀行は事前の準備段階で権利の証書を持たない人たちの存在を認識し，法的な対応をインド政府側に求めなかったのか疑問を呈している（5. 審査パラ175）．

独立審査委員会の指摘に対する世界銀行の見解書には，住民移転計画時に調査を実施したなど反論するような文言はなく，現状を説明しているのみである．具体的には，慣習的に利用してきた土地への補償を求めていた16人のうち，4人は権利を認められ，10人は審査が実施されたが最終決定はまだ，2人については認められなかった．その一方で，全ての権利の申立が解決するまではモニタリングを継続すると世界銀行は述べている（5. 見解ANNEX1 No.8）．

世界銀行の見解書からは，事前の段階で部族民たちの慣習的な土地利用に関する調査は実施されていないと考えられる．理由は書かれていないが，世界銀行の説明は，継続して問題解決を図っているという点に尽きる．このプロジェクトの住民移転計画が世界銀行の承認を得たのが1994年で，融資を決めたのが96年5月である．先住民族政策で準備段階のできるだけ早い時期に把握すべきだとされた情報を収集しなかったために，住民移転計画が承認されて8年が経過した時点でもなお，部族民が慣習的な土地利用の権利を訴えている167haのうち150haが解決していない．この点に関して，独立審査委員会は，慣習的な土地利用権を認めるかどうかは郡政府の権限だが，この作業は郡政府に

とっては優先度が低い業務だという指摘を現地調査の過程で受けたと記している (5. 審査パラ 176).

第2章の政策分析でも述べたように，先住民族の権利についてはプロジェクトごとでの対応が困難なため，あらかじめ借入国政府と世界銀行との間で合意をしておくことが求められてきた．このケースでは部族民の慣習的な土地利用の調査を実施できない理由にインドの地方政府の関心の低さを挙げており，貸し手である世界銀行が政策に違反してまで借入国に配慮しているといえる．

3　第三次・第四次電力およびブジャガリ水力発電プロジェクト（ウガンダ）

a　開発計画の存在自体が調査を困難にする

このプロジェクトでは，影響を受けるのは 1288 世帯，8700 人と推計されていた (6. 審査パラ 252)．独立審査委員会によれば，住民移転計画には 1998 年に調査された社会経済ベースラインデータが使われている．しかし，その中身は，集計や表の形で示されているだけで，立ち退きを余儀なくされる住民などの個別的な調査が行なわれた形跡がないと指摘している (6. 審査パラ 259)．さらに，補償の対象とされる土地を足し合わせるとプロジェクトのために収用される土地より 89% も広く，補償が要求された穀物の総量は，農業生産力からは不可能な数値になっていた．独立審査委員会によれば，補償のための土地や農作物の査定期間中，賄賂が蔓延していたと地元の人たちが批判していたということである (6. 審査パラ 282).

社会経済調査のいい加減さを世界銀行は認識していた．見解書によれば，社会経済調査が行なわれたのが，プロジェクトの実施企業体が土地購入調査をした後だったため，プロジェクトを見越した人口流入や土地・農作物への投機が増加していた．その結果，土地収用に伴う収入への影響をはかったり，経済的に脆弱な人々を特定したりすることが困難になったと世界銀行は説明している．

しかし，世界銀行の社会専門家が企業体に調査のやり直しを求めて基礎的な人口や収入のデータを収集し直し，1軒1軒をフォローアップして脆弱な世帯や経済的損失を被った世帯を特定したことで政策を遵守したと反論している．また，農作物の査定については農業経済学者による調査に基づいて行なわれ，

政府は農作物への投機を制限したり，新たな作付けのカットオフデイト[3]を設けたりした．しかし，投機の流れを止めることは難しかった．世界銀行グループの他の機関の経験から，こうしたことは特別なことではなく，適切な措置をとっていても生じてしまうと見解書は記している（6. 見解 ANNEX1 B16）．

　当初の社会経済調査が一軒ごとに実施されなかったことは双方が認めている．その原因について独立審査委員会が汚職の可能性を示唆しているのに対して，世界銀行はそれには触れず，初期の調査がきっかけとなった投機を挙げている．しかし，投機を防ぐために情報を隠して調査を行なえば，計画を知っている人が独占的に投機をすることで利益を得ることが可能になる．開発プロジェクトにおいては，調査をすること自体が様々な人たちに期待や不安を抱かせ，予期せぬ行動を呼び起こす結果となることは世界銀行が弁明しているように一般的な傾向である．だとすれば，このケースでは，開発計画による土地投機という最初からわかっていた問題によって社会経済調査が適切に実施されなかったといえる．

b　補償と生計回復の時間軸

　プロジェクトによって影響を受けた人たちの生計回復という目的を達成するためには，土地や家屋などの失った資産の弁済や移転費用の補償以外に，新たな生活環境で生計を営める状況を作り出すことが政策で求められている．それに必要な事業や額の算出根拠がこのプロジェクトでは問題となった．

　独立審査委員会によると，8700 人の影響住民の生計を回復するための「地域開発行動計画」は 2 つの段階（フェーズ）から成っていた．第一フェーズは補償に含まれる 190 万ドルと建設後の開発を支援する 180 万ドル，第二フェーズはまだ活動を特定していないが，年間 25 万ドルを 30 年間投じるというものである．第一フェーズでは，ダム周辺で食料や生活必需品を建設労働者に販売する市場を作ったり，薪の消費を制限するためガスの利用を推進したりすることで 50 人の女性を雇用するとしている．ダムサイトでの労働に従事するため

---

[3] 補償対象の基準日のこと．立ち退きであれば，この基準日時点で居住していた人が補償の対象になる．ここでは，基準日以前に作付けをしていた農作物は補償の対象となることを意味している．

のトレーニングの支援が4万ドル,水供給に15万4000ドル,また電気を村まで引くのに30万ドルを供与する計画である.ただし,水供給は,ダム建設中の受益者負担はないが建設終了後は有料になる予定であり,電力供給も各戸への配電は移転住民が自分たちで費用を負担しなければならない.収入源としての貯水池漁業振興のために28万1500ドルを計上し,漁場の整備,機材購入,監視活動を実施する.職業訓練やマイクロファイナンスのための11万ドルも含んでいる.42万ドルをかけて学校を建設するが,先生や学校職員の給与などは含まれていない.観光名所のブジャガリ滝が水没することによる観光業への補償はしないが,ダム近くにビジターセンターを建設するために17万ドルを計上した.その他,病院の改修とベッド,機材,薬の購入に30万ドル,地域の集会場の建設に5万ドルを見積もっている.独立審査委員会は,「地域開発行動計画」の第一フェーズは短期的なものであり,計画自体の目的である長期的な持続可能な開発につながるとは考えられないと分析している.また,第二フェーズの年25万ドル相当の活動を30年間続ける計画についても,割引率を考慮した現在価値(NPV)に置き換えると非常に小さな額だと指摘している(6. 審査パラ261-273).

これに対して世界銀行は,最終審査報告書の第300段落を引用して反論している.そこには,「大部分の移転住民の生活は移転前よりも悪化せず,むしろ良くなっており,その意味で非自発的住民移転政策(業務指針OD4.30)の主たる目的は達成された」と独立審査委員会の結論が書かれており,世界銀行は,「地域開発行動計画」は政策上求められる生計回復という目的を超えたものだという認識を示している(6. 見解ANNEX1 B16).

「地域開発行動計画」予算の算出根拠が示されていないのは,政策で義務づけられている生計回復を超えた振興策だからであり,独立審査委員会自身がすでに多くの移転住民の生計が回復したことを認めている,と世界銀行は見解書で主張している.注目したいのは,生計回復の場合は算出根拠が必要なのに,それを超える振興策は根拠がいらないという点である.無論,政策遵守上そうした切り分けがなされているわけだが,調査の働きという切り口で読み直すと,調査を避けるには回復ではなく振興を目指せばいいことになる.この視点は,事前調査に対する事後対策の選好を解き明かすのに役に立つ.

またこのケースでは時間的なスコープも論点の1つである．極端なことをいえば，移転後一瞬でもいいから移転前より生活が良くなればそれで政策目的は達成されたと考えるのかということである．政策遵守の根拠として世界銀行が見解書で引用している第300段落は，最終審査報告書の「土地と穀物の補償」の章であり，移転直後の補償に関して，移転住民の生計が改善していることを独立審査委員会が確認している．半面，政策不遵守の指摘につながったのは，長期的な生計の回復を確保できるかが明らかではないという点である．

4 ヤシレタダムプロジェクト（パラグアイ／アルゼンチン）

a 人口や職業の「はかり方」

このプロジェクトについては，2つの点から非自発的住民移転政策の不遵守が指摘されている．第一に，人口統計から漏れている人々の存在である．独立審査委員会への申立者は数千世帯が補償や緩和プログラムから排除されていると訴えた．それに対して世界銀行は，申立への回答の中で，申立者の訴えは証拠がないと否定している（7．審査パラ 222-224）．独立審査委員会が2003年1月に現地訪問した際に，プロジェクトの実施主体は，どんな国でも完璧な人口統計はないので証拠を示せば追加登録する手続きがあると答え，同年12月には10～12世帯が1990年の人口統計から漏れていることを認めたと最終審査報告書には書かれている．これらの世帯については，人口統計に遡及的に含めることはできないが，補償などでは統計に記録された人たちと同等の対応をすると約束した．その一方で，独立審査委員会がインタビュー調査を行なった多くの人々が，実際に居住しているのに人口統計には掲載がないと訴え，それに対する解決をプロジェクトの実施主体に何度申し入れても門前払いされていると苦情を訴えていた．具体的には，人口調査をするコンサルタントが立ち去ってから帰宅したため統計に含められなかった牛飼い，何度もプロジェクト実施主体の事務所を訪れて人口登録を求めたのに調査は終了したので受け付けられないと断られ続けた村人，人口調査時の洗礼証明書に世帯の一員として記録されているのに世帯のメンバーに含めてもらえない子どもなどが最終審査報告書に挙げられている（7．審査パラ 233-236）．

第二に，多様な仕事を生活の糧にしている人たちを無視していることである．

このプロジェクトでは，失った収入（自給の場合は相当分）に対する補償は1990年の人口統計の項目にある「主たる職業」によって決められた．独立審査委員会は，特にレンガ作りと漁業については，それらを主たる職業としていない人が直接的な収入源やそれに相当する損失を受けていると指摘した（7.審査パラ243-246）．

これに対して世界銀行は，まず人口統計の問題については独立審査委員会の指摘を認めている．1990年の人口統計によれば，このプロジェクトの影響によって，パラグアイ側で今後移転が必要な人口は4888世帯だが，人口統計から漏れているという苦情を申し立てた133件の全世帯を「移転回復計画」の受益者として受け入れると見解書は記述している．また，80年や90年の人口統計には含まれていたが，2000年の人口統計でプロジェクト影響地域に住んでいなかったとされる1023世帯についても，「移転回復計画」の受益者として含まれるとの見解を示した．世界銀行としては，00年の人口統計についても同様の問題が生じるのではと予測しており，追加登録の基準や手続きを公表するなど対応が必要だとの考えを見解書で述べている（7. 見解ANNEX1 No.18）．

次に，「主たる職業」の問題について，漁業補償は独立審査委員会の指摘の通りだと認めている．世界銀行の見解書によれば，ヤシレタダムの貯水池の水位が海抜76mに達して5年が経過した1999年，プロジェクトの実施主体は収入を失った漁民から1618件の訴えを受け，そのうち259件に補償を行なった．その際，訴えが正当かどうかの判断基準としたのは漁業が申立者にとって「主たる職業」かどうかだった．一方，レンガ作り職人については，93年にプロジェクト影響地域内でレンガ作りと屋根のタイル作りの状況を調査したと述べている．この調査をもとに移転と社会経済面の生計回復策が計画された．なかには移転や生計回復策を拒否し，現金補償を選択した職人もいた．その場合は，非自発的住民移転政策に則って，失った財産と資源へのアクセスの再取得価格に基づいて補償額が計算された．したがって，レンガ作りやタイル作りの職人については，プロジェクト影響地域内に生産のための設備があるかどうかに基づいて資格が決められたのであり，漁業補償とは違って人口統計の「主たる職業」には基づいていないと世界銀行は反論している（7. 見解ANNEX1 No.20）．

独立審査委員会と世界銀行の見解から明らかなことは，人口統計では影響を受ける住民の数を特定できなかったこと，統計上「主たる職業」が漁業ではない人々は漁業補償を受け取る資格がないことである．レンガ作りやタイル作りの職人への補償は，独立審査委員会が「主たる職業」に基づいていたと指摘したのに対して，世界銀行は生産設備を持っているかどうかが判断基準だったと述べている．見方を換えれば，生産設備を自前で持たない職人は，レンガ作りやタイル作りの収入補償の対象者ではないことになる．

一般に，開発途上国における統計の信用度はこのプロジェクトで指摘されているように低い．そのわりに，開発プロジェクトにおいて統計が人々の生活を左右している．また，多様な収入源や自給手段を組み合わせて生計を営んでいる人々を，1つの「職業」で括ろうとすることが，政策目的である移転後の生活水準の維持・向上を達成できない要因になっている．

もう1つ，独立審査委員会が興味深い指摘をしている．このプロジェクトの実施主体は政府でなく企業である．当初予定しなかった追加的費用を嫌う企業は，あらかじめ様々な契約を政府と行なっている．そのうちの1つが補償負担の約束だった．プロジェクトによって利益を得る実施主体は，当然の費用として立ち退き住民への補償を負担しなければならない．しかし，1990年の人口統計に記載のない人たちが後日住民であったことが認められた場合は，実施主体ではなく政府が補償を支払うことになっていた．予算のない政府が，こうした追加負担を嫌がったことが，人口統計の不備を補正したがらない背景にあるのではないかと独立審査委員会の最終審査報告書は指摘している（7. 審査パラ238）．

b 調査されなかった事前の生活状況

パラグアイ側の被影響住民である申立者は，プロジェクトによって失った生計手段や収入を回復できないと訴えている．例えば元漁民は新しい仕事に就くための研修を期待していたが，何の指導もトレーニングも与えられなかったという．レンガ作り職人の多くは，プロジェクトによって品質のいい粘土鉱床の利用ができなくなったことに対して適切な補償を得られず，再教育の機会も得られていないなどと訴えている（7. 審査パラ 287-294）．また，レンガや屋根タ

イル作りの職人は，前項で説明したように自前で工場を持っていれば補償されるが労働者への補償がない．国内の法律では，工場の閉鎖で失業者が生じる場合は，雇用者が労働者に補償すると定めているため，このプロジェクトによって影響を受ける工場主は，パラグアイの国内法に従って労働者への補償を立て替え払いし，世界銀行

写真 4.2　原料の粘土が採取できなくなって閉鎖された屋根タイル作り工場（7. 審査 p. 103）

との約束に基づいて後からプロジェクト実施企業体が弁済することになっていた（7. 審査パラ 327）．しかし，独立審査委員会によれば，弁済には労働者の正規の雇用記録の提出が求められるため，例えば 2001 年 2 月 27 日付の覚書では，430 人の屋根タイル作り職人全員の申請書類が却下された．職人たちのほとんどが非正規労働者だということが背景にあると独立審査委員会は分析している．

　世界銀行はこうした指摘に次のように反論している．まず生計回復ができないという訴えに対しては，事前のベースラインデータが欠けているものの，農村の生活状況は大きく改善し，財産が大幅に増加しているし，都市においても，ほとんどの世帯は以前のレベルの収入を稼ぎ続けていると説明している．その半面，矛盾しているようにも考えられるが，収入向上プログラムを作るのに制約となっているのは事前のベースラインデータがないことだとの認識を世界銀行は示している（7. 見解 ANNEX1 No. 30）．もう 1 つの非正規労働者の件についても，世界銀行の見解書は，ベースラインデータや労働者のステータスを証明する書類の欠如が原因だと述べている（7. 見解 ANNEX1 No. 33）．

　漁民や非正規労働者などの生活状況や法的な権利は，開発プロジェクトの事前調査の段階では無視または軽視されやすいことが他の申立事例からもうかがえる．ところがいったん事業が進んでしまうと，ベースラインデータも法的証拠もないから補償は受けられないと門前払いを受けている．影響を受ける住民が挙証責任を負い，事前のベースラインデータの収集や法的権利の確認調査を行なわなかった側の責任とすりかえられている．その上，一般に生活状況が困

難だと見なされる人々は，事前のベースラインデータがないのに，プロジェクトによって生活が改善されたと見なされる傾向にある．このケースは，事後的な影響を明らかにするための様々な事前データの欠如が，特に社会的に弱い立場にあったり，半自給的に暮らしていたりする人たちに結果的に不利に作用していることを示している．

5　石油開発およびパイプラインプロジェクト（カメルーン）
——先住民族研究者の経験知——

　パイプラインのルートであるカメルーン南西部には，ピグミーの1つのバギエリ族が約4500人暮らしている．独立審査委員会によれば，この先住民族に関するベースラインデータはコンサルタント会社が作成した2つの報告書に記されている．同社には，バギエリ族に詳しい2人の社会学者，文化人類学者，地理学者それに医師が含まれていた．1998年の最初の調査では，ロロドルフからギニア湾に面したクリビまでの地域に73の居留地が特定された．このうち23の居留地はパイプラインから2km以内に位置し，20の居留地はクリビとアコンゴを結ぶ道路を主要なアクセス道路として使っていた．合わせて43の居留地には1000人のバギエリ族が住んでいた．

　パイプライン沿いの23の居留地の調査は，各コミュニティの人口，学校の水準，国民としての身分証明書の保有，多数民族のバンツー族の村との関係，土地の所有，生活環境，水の供給，農地，水資源，GPSを使った村の位置について記述している（8. 審査パラ200）．独立審査委員会は，23の居留地のベースラインデータは正確で，世界銀行の先住民族政策の基準に合致したものだと評価している（8. 審査パラ201）．その一方で，「先住民族計画」がパイプラインから2km以内の23の居留地に限られていることに疑問を呈している．

　農業に従事する人たちだけが影響を受けるのであれば，パイプラインが横断する農地や資産を持っている人たちのみを被影響住民とするのは普通である．しかし，このプロジェクトの場合は，パイプライン沿いで農業を営むバギエリ族もさることながら，沿岸林の大部分を占める狩猟地域で自給的な生計を営むバギエリ族の方が影響はより大きいと独立審査委員会は指摘している．パイプライン近くの半定住の農業コミュニティのみに影響範囲を狭めたことで，バギ

第2節　13カ国13プロジェクトの事例研究

エリ族の自給的な生活様式の社会的，経済的，生態的な意味を無視することになると最終審査報告書は記している（8. 審査パラ202）．

これに対して世界銀行は，バギエリ族の経済社会圏がパイプラインから離れた狩猟地域に広がっていることは認識しており，「先住民族計画」の地図にもそのことを掲載していると述べている．収集したベースラインデータが，パイプライン地域における健康，教育，農地，資源の利用の調査に限られているのは，担当したコンサルタントがバギエリ族の経済や社会組織に関する数十年に及ぶ現地調査を通じて得られた広範な知識に基づいてそうしたのだと反論している．「先住民族計画」には，狩猟や沿岸林での採取の重要性を含む，バギエリ族の経済に関する全体的な理解を盛り込んだと主張している．その結果として，狩猟地域はパイプライン事業の影響は受けないと考えたと見解書で述べられている（8. 見解 ANNEX1 No.21）．

写真4.3　バギエリ族（Bagyeli）の家．右がもとの家で，左が補償によって建てられた新しい家（8. 審査 p.56）

独立審査委員会が「先住民族計画」などの関係文書を調べた結果として，パイプラインから2km以内の影響以外は調査されていないと指摘したのに対して，世界銀行は，パイプライン周辺以外の影響も考慮して判断したと反論している．しかし，世界銀行の反論の根拠は具体的な記述の引用ではなく，現地の先住民族に詳しい社会学者，文化人類学者，地理学者，それに医師の「数十年間の知識」である．独立審査委員会への申立は，当事者である先住民族を代表して行なわれていることを考慮すれば，この事例では，先住民族自身による被害の申立と，その先住民族を専門とする研究者の経験的知識が対立しているといえる．

6 ムンバイ都市運輸プロジェクト（インド）

a 調査によって15万人も異なる被影響住民数

このプロジェクトでは拡張される道路沿いの小規模店舗が事前に調査されなかったため，影響を受ける住民数が時期や文書によって大きく異なっている．情報源と調査時期によって，影響を受ける住民数がいかに違うかを表4.4に示した．

表4.4が示しているように，このプロジェクトによって影響を受ける世帯／家族数は1万3000から4万5000，人口では7万7000人から22万5000人までと相当大きな開きがある．世界銀行の支援という観点から独立審査委員会が重視しているのは，2002年の融資審査時点と，04年のプロジェクト監理の際に把握した世帯数・人数のギャップである．なぜなら，表4.4の通りであれば，融資を決定した際に見過ごしていた被影響住民は，2万3800世帯から1万9200世帯を引いた4600世帯，実に4万人に上っていたことになるからである．一方で，04年以降も数値の混乱は続いている．04年4月のプロジェクト監理時点で，被影響「世帯」(household)が2万で，それに加えて3800店舗が影響を受けると結論づけられたのに対して[4]，この表には含めていないが05年10月の世界銀行プロジェクト監理ミッションの報告書では，世帯と店舗を合わせて約2万で，内訳は1万7364世帯と2550店舗に変更された（10.審査パラ290-300）．事前の段階のみならず，融資後のプロジェクト監理においても，毎回のように被影響住民の数がかなり大きくぶれているのである．

独立審査委員会は，被影響住民数の算出方法が商店主などの存在を無視する結果につながったと指摘している．原因はここで使われた「世帯」(household) という単位が，家族で構成する一般的な世帯ではないことにある．独立審査委員会によれば，このプロジェクトで使用された「世帯」とは，建物ごとに作られる証明書に名前を連ねることに合意した人たちの集まりを指している．ときには同じ建物に暮らす家族だったり，ちょうど調査をしているときに建物にいた共同居住者だったり，寄宿している労働者だったりと内実は様々である．

---

[4] 表4.4のもととなった独立審査委員会の最終審査報告書のTable3.1では，合わせて2万3800 familiesとなっている．

第 2 節　13 カ国 13 プロジェクトの事例研究　　209

表 4.4　影響を受ける住民数の変化（インド・ムンバイ都市運輸プロジェクト）

日　付	世帯/家族など	影響を受ける人数	情　報　源
1995 年 2 月	2 万 5000〜3 万家族	13 万〜15 万 5000	インド政府
1996 年 2 月 29 日	4 万 5000 居住単位	22 万 5000	世界銀行
1997 年 3 月	2 万 5000〜3 万家族	記載なし	インド政府
1998 年 10 月	3 万家族	16 万 9700	世銀・インド間覚書
1998 年 10 月	3 万 2629 家族	16 万 9700	世銀・インド間覚書
1999 年 3 月 15 日	1 万 3000 家族	8 万	世界銀行
2002 年 5 月 21 日	1 万 9000 世帯	7 万 7000	世界銀行（審査）
2002 年 5 月 21 日	1 万 9200 世帯	8 万	世界銀行（審査）
2004 年 4 月	2 万 3800 家族	12 万	世界銀行（監理）

出所：「10.　審査 Table3.1」をもとに筆者作成

　したがって，女性の全くいない「世帯」や逆に女性ばかりの「世帯」，誰もいなかったり鍵がかかっていたりする「世帯」まである．

　家族を意味する世帯と違って，この「世帯数」に一般的に考えられる家族の構成人数の 4 人や 5 人を掛け合わせても総人口にはならない．その一方で，店舗や作業所の場合は，そこにベッドを置いて寝泊まりしている従業員は被影響「世帯」に数えられるが，影響を受けない地域に住み，被影響地域内の店舗や作業所に通っている商店主や従業員，あるいはその家族は被影響住民に数えられない可能性があると独立審査委員会は指摘している（10.　審査パラ 267-270）．独立審査委員会がいくつかの業界団体から聞き取りを行なったところ，このプロジェクトによって 3460 人の従業員が収入の喪失などの被害を受けたという．その従業員の収入に頼っている家族と合わせると 1 万 6425 人が被害を受けたと推計される．非自発的住民移転政策では，こうした労働者は補償を受ける権利があるとされているが，店舗などの建物が壊された後は事業地内に住所がないため補償を要求すること自体が困難だと独立審査委員会は分析している（10.　審査パラ 458-466）．

　影響を受ける人数に大きな乖離が生じたことについて，独立審査委員会は少なくとも 2 つの原因があると指摘している．第一が，調査の方法である．外見で判別できた建物の数に頼ったことや，不適切な「世帯」という単位を導入したことなどを挙げている．第二が，世界銀行職員の先入観である．このプロジェクトは，当初は住民移転事業と投資事業と分かれていたが，それが統合され

たことで，移転の影響が小さくなるとの先入観を世界銀行に与えたと分析している（10. 審査パラ297）．

これに対して世界銀行は，見解書の中で，乖離した数値の一部についてその理由を説明している．具体的には，表4.4にある1999年3月，2002年5月，04年4月

写真4.4　道路沿いの材木店（10. 審査 p.4）

のデータの推計方法が乖離の原因だと述べている．それによると，建物数から世帯/家族数を決め，その値に，99年3月は6.15人を，02年5月は4.16人を，04年4月は5.0人をそれぞれ掛けて総人数を推計したということである．世界銀行は，影響を受ける人数が変動した原因は，1世帯/家族当たりの人数を，99年の段階で高く見積もりすぎていたことにあると説明している．99年の6.15人の根拠はわからないが，04年の5.0人という値は01年の人口統計に基づいているということである（10. 見解 ANNEX1 No.4）．

また，多くの商店主や従業員の存在が無視されたとの指摘に対して，世界銀行は，ムンバイのような過密都市では数年に及ぶ事業は毎回同じ被影響世帯数にならないと反論し，被害を受ける店舗の数は調査によって異なるのはやむをえないとの見解を示している．商店主の数については，事業が始まった時点では調査中だったため確定できなかったが，見解書を作成している時点では2569人であることがわかっていると記している（10. 見解 ANNEX1 No.14）．店舗や作業所の従業員への影響について，世界銀行は，融資契約から1年半以上が経過した2004年3月以降は強い関心を払ってきたと弁明している（10. 審査 ANNEX1 No.7）．移転実施計画ではもし再雇用されなければ補償すると定めているが，今までに申請がないので，この計画はまだ実施されていない可能性が強いとの見解を示している．さらに，家族が農村部にいる従業員については，世界銀行は，全く実情が調査されてこなかったことを認めている（10. 見解 ANNEX1 No.20）．

第 2 節　13 カ国 13 プロジェクトの事例研究　　　　211

　このプロジェクトでは，独立審査委員会と世界銀行の双方が，世界銀行が融資を決めた時点で，プロジェクトによって影響を受ける商店主や従業員を中心にかなり多くの人々の存在が無視されていたことを認めている．それが何万人なのかもはっきりしていない．その原因については双方の見解をいくつか取り上げたが，人口統計があてにならず，人の移動が激しい開発途上国の大都市で，10 万人前後の被影響者の正確な人数を把握することは不可能だという，開き直りともいえる世界銀行の見解は現実を考えれば説得的である．しかし，より重要な疑問は，そうでありながら，被影響者の生計を悪化させないという政策目的を掲げて，数多くの「誤った」データを算出し，間違っているとわかっていながらそれに基づいた対策を講じているのはなぜかということである．実態の把握という目的を達成していない調査がなぜ続くのかという本書の問いそのものであり，他の事例と合わせて次の第 5 章で考察する．

b　過去の経験から不要と見なされたリスク調査

　このプロジェクトでは被害を受ける人数に最大 15 万人ものギャップがあって正確な被影響者数はわからないが，少なくとも世界銀行が融資審査を行なった段階では 1 万 9200 世帯 8 万人が移転対象となっていた．これだけ大規模な移転事業にもかかわらず，融資を判断する世界銀行理事会に提出される「プロジェクト審査文書」（PAD）では通常のプロジェクト並みのリスクしか考慮されていなかったと独立審査委員会は指摘している．

　具体的には，補償などの政府からの支払いの遅れ，機材運搬の遅れなどがリスクとして書かれているだけで，8 万人もの住民を移転させることの社会的なリスクには全く焦点が当てられていなかった．独立審査委員会は，住民移転に関わる様々なリスクの分析がなかったことが，その後このプロジェクトによって影響を受けた人々が直面する問題の根本原因だったと指摘する（10. 審査パラ 208）．その理由について独立審査委員会は，リスク分析によってプロジェクトの設計や資金・人員の充て方が決まるので，その欠如は計画の効果を弱めてしまうと説明している（10. 審査パラ 209）．

　これに対して世界銀行は，見解書でリスクを軽視していたことを認め，移転専門家らの現地視察の結果などを根拠に，移転事業はうまくいくと考えていた

と述べている．その最大の理由は，同じ『ムンバイ都市運輸プロジェクト』の鉄道部分で，線路沿いの定住者 4000 世帯，一時滞在者 6000 世帯という規模の移転事業を適切に実施した NGO が，道路の拡張・建設部分の住民移転対策も担当していたからだと弁明している（10. 見解 ANNEX1 No.57）．

　両者の見解から，約 2 万世帯 8 万人の移転に伴うリスクについて事前調査を行なわなかったことは合意された事実であり，世界銀行の説明では他の事業での成功経験があったことが理由だった．なお，鉄道と道路の違いについて独立審査委員会の最終審査報告書は，前者で影響を受けたのがスラム居住者だったのに対して，後者では様々な職業や所得層の人たちが影響を受けた点を挙げている（10. 審査パラ 228, 233）．

c　過去の経験という算出根拠

　このプロジェクトをめぐっては，影響や補償の算出根拠に関係する非自発的住民移転政策の不遵守の指摘が独立審査委員会からなされており，以下に 3 つの点から分析する．

　第一が影響を受ける建物の評価である．多くの申立者や住民が，事前に調査されたのは建物の幅と長さだけだったと訴えており，独立審査委員会も 1 階の面積しか測られていないことを確認している（10. 審査パラ 277）．もし，2 階以上の部分の床面積も測っていれば，全「世帯」[5)] 一律で 225 平方フィート（約 $21 m^2 = 6.3$ 坪）という補償にはならなかったと指摘している（10. 審査パラ 285）．さらに，調査されたのは広さのみで建物の材質は調べていない．プロジェクトの移転実施計画では，ブロックの壁でできた家はわずかしかないと記されているが，独立審査委員会が直接現地を調べた結果 9 割の建物がブロック作りだった（10. 審査パラ 288）．

　第二が労働者の収入の評価である．独立審査委員会の現地視察の中で，被影響住民たちは，事前の調査では収入への影響として「月給」という 1 種類の額を求められたと証言している．しかし，実際には労働者たちの仕事は不定期で

---

5)　本項 a で説明したように，このプロジェクトでは家族で構成する世帯ではなく，建物ごとに作られる証明書に名前を連ねることに合意した人たちの集まりとして世帯という単位を使っている．

あり，収入も労働日数も毎月異なっている（10. 審査パラ 259）．道路周辺沿いの労働者は，不定期ではあるが様々な仕事をしながら，月のうち 20〜25 日は仕事があり，家族も家事労働や店での仕事など副次収入を得ているのに，様々な収入源の存在を調査していないと最終審査報告書は記している（10. 審査パラ 286-287）．

　第三が，移転が不可能な財産の評価である．独立審査委員会の現地視察の際に，被影響住民たちは，移転地に運ぶのが困難なため立ち退く際に壊される設備を影響調査に加えていないことを批判している．具体的には，工場で使う機械や商品を陳列する棚などである．また，調査でこうした職業の人々は普通の「世帯」に分類されたため，ビジネス上重要な取引先や顧客を移転によって失うことが曖昧にされたと訴えている（10. 審査パラ 260）．

　なお，独立審査委員会の最終審査報告書の第 289 段落に，影響を受ける住民たちが，プロジェクトの準備段階で行なわれた影響調査の目的がよくわからなかったため，税務署に利用されるのを懸念して収入や資産の情報提供を躊躇したと書かれている．このことが政策の不遵守につながったわけではないが，プロジェクトによる影響を聞き取り調査によって算出することの難しさを示している．

　このような指摘に対して世界銀行は，事前の調査の不備を認めている．第一に挙げた影響を受ける建物の評価については，独立審査委員会の最終報告書が完成した翌月の 2006 年 1 月末時点になってようやくプロジェクト実施主体が調査した．世界銀行の見解書によると，このプロジェクトの道路部分によって影響を受ける「世帯」のうち商店主は 30％ で，そのうち実に 40％ が 225 平方フィート以上の床面積だった．比較として挙げられている同じプロジェクトの鉄道部分では，商店主の割合は 5％ で，そのうち 225 平方フィート以上の床面積の率は 7％ だったと記している．世界銀行が原因として挙げているのは，鉄道と道路から成るこのプロジェクト全体の「移転と回復の政策」の中で，建物の補償は一律 225 平方フィートと定めている点である．その背景には，先行した鉄道部分で移転したスラムの住民にとって十分だった[6]という「先入観」が

---

6)　もちろん，「鉄道」部分の立ち退き対象者の中にも商店主は 5％ いたし，床面積が 225 平方フィートを超えている「世帯」はそのうち 7％ だったので，そうした人たちに適切

あったことが見解書からはうかがえる (10. 見解 ANNEX1 No.2).

　第二, 第三に挙げた労働者の収入や事業主の資産の問題についても, 世界銀行は融資決定から2年後の2004年3月のプロジェクト監理ミッションで指摘されて以来, この問題に取り組んできたと述べている. その結果, 世界銀行としては適切な対応がとられるまでは商店主の移転を実施しないことをプロジェクト実施主体に求め, 05年10月に合意を得ているとのことである (10. 見解 ANNEX1 No.7).

　プロジェクトによって影響を受ける建物の面積や材質, 労働者やその家族の収入, 移送が困難で移転時に処分される財産について適切な評価が行なわれず, それが政策に則っていなかったことは合意された事実である. その原因は, 鉄道沿いのスラム住民の移転「成功」経験が, 道路沿いの商店主とその労働者の移転には通用しなかったことだという見解を世界銀行は示している. 調査は必ずしも毎回その中身が厳密に検討されているわけではなく, 過去の経験や担い手の信用度にも左右されていると考えられる.

7　国家排水プログラムプロジェクト（パキスタン）
――事前調査が規定する因果関係の幅――

　このプロジェクトはインダス川の氾濫と塩水遡上を防ぐための事業だが, 堤防の建設が決壊に伴うリスクを高めるという観点から申立が行なわれた. 第3章で環境アセスメント政策との関連で説明したように, このプロジェクトには, インダス川左岸河口排水事業を延伸して海に排水するという事業が含まれていた. 独立審査委員会によれば, 1989年に完成したインダス川左岸河口排水事業の環境アセスメント報告書は, 場合によっては堤防 (Tidal Link) が決壊し, dhand と呼ばれる潟湖での漁業やそれに依存する漁民の生計に深刻な影響を与える可能性があると指摘している. 独立審査委員会は, このプロジェクトの堤防のルートは技術的にも環境面でもリスクが高く, 周辺の土地は洪水にさらされやすいと分析している. インダス川左岸河口排水事業が始まった翌年の96年には, すでに事業の一部であるチョリリ堰が壊れ始めていたと独立審査委員

な対応がなされ,「十分だった」「成功した」といえるかどうかは検証が必要である.

第2節　13カ国13プロジェクトの事例研究　　　215

会の最終審査報告書は記述している（11. 審査パラ483）．インダス川左岸河口排水事業の延伸を含むこのプロジェクトへの融資を世界銀行が理事会で決めたのは97年11月である．融資審査段階では堤防はすでに壊れかけており，決壊による水害のリスクはその時点で顕在化していたという認識を独立審査委員会は示している．それにもかかわらず世界銀行が重大な被害や住民の立ち退きにつながるリスクを融資審査段階で特定しなかったのは，非自発的住民移転政策に違反すると指摘している（11. 審査パラ484）．融資決定の7カ月後の98年6月に堰が一部崩壊し，99年のサイクロンで完全に決壊して341人が犠牲になった．2001年に事実確認のミッションを送った結果，堰や堤防の修復は不可能であり，生計手段の喪失というリスクの重大さを世界銀行もようやく認めたのである（11. 審査パラ485）．堤防の決壊や水害のリスクは03年の洪水でも現実となり，今も続いていると独立審査委員会は指摘している（11. 審査パラ486）．

　これに対して世界銀行は，このプロジェクトにおいて，サイクロンや洪水のリスクにさらされた人たちに対する予防的な移転を検討しなかったことを認めている．しかし，最終的にインダス川左岸河口排水事業の延伸はこのプロジェクトに含まれなかったので，排水の増加につながることはなかったと説明している．また，このプロジェクトの融資審査は1995年10月であり，堤防の問題は明らかになっていなかったと反論している．それに加えて世界銀行は，2003年の大雨で多くの人命が失われ大きな被害が起きたことが，堤防の決壊のせいかどうかは断言できないとしている．自然の洪水の流れとインダス川左岸河口排水プロジェクトからの排水を区別することは難しいので，このプロジェクトから溢れた水が下流のバディン郡の洪水に深刻な影響を与えたと結論づけることはできない．なぜなら詳細な地形学的データや，技術的な観察，洪水の展開に関するデータなどがないからだと世界銀行は説明している（11. 見解 ANNEX1 No. 30）．

　独立審査委員会の指摘に対する世界銀行の見解書から，インダス川左岸河口排水プロジェクトに伴う洪水被害のリスクが事前調査に含まれていなかったことは明らかである．その理由について，世界銀行は，審査の時点では堤防決壊の予兆はなく，独立審査委員会への申立と直結する左岸河口の排水プロジェク

トの延伸も実施途中で『国家排水プログラムプロジェクト』から除外したことを挙げている．調査の観点からは，排水プロジェクトと洪水悪化の関係をモニタリングするために必要な地形学的データ，技術的な観察，それに洪水の広がり方に関するデータが収集されていなかったことは重要である．なぜなら，これらの項目が調査されていなければ，住民たちにとって最も気がかりな堤防決壊と洪水被害の因果関係を明らかにできないのは当然だからである．事前にどのような項目を調査したかが，事後調査によって導くことが可能な因果関係の幅をあらかじめ規定しているといえる．

8　森林伐採権管理監督試験プロジェクト（カンボジア）
　　――制度作りと事前調査――

　カンボジア北東部の森林伐採権対象地域にはクオイ民族など多くの先住民族が森林資源に依存しながら暮らしており，伐採権がこうした人々の生計や文化を脅かしていると申立者は訴えている．独立審査委員会は，「先住民族開発計画」の必須条件である基本的な社会構造や伝統的な土地・資源利用，さらには土地の継承や相続などの情報が欠けていると指摘している．第3章で述べたように，このプロジェクトによって影響を受ける範囲を森林周辺の極めて狭い地域に限定していたことが合意された事実になっているが，その狭められた範囲の中ですら基本的な情報が欠如しており，それによって先住民族への潜在的な悪影響を特定することを困難にしたと指摘している（12. 審査パラ 256-263）．

　これに対して世界銀行は，「先住民族開発計画」が策定されず，このプロジェクトが政策を遵守していなかったことを認めている．なぜ策定されなかったかについて直接的な説明は見解書に書かれていないが，それを示唆する説明が2点なされている．1つは，このプロジェクトを通じて，森林伐採権を与えられた地域におけるコミュニティの関与の規準やガイドラインを作ることになっており，その中に地域資源の慣習的な利用の問題を含んでいたことである．それとも関連するが，2つ目に，「先住民族開発計画」を策定する以外に，その必要を判断するスクリーニングや，「先住民族開発計画」の枠組みだけを作成するという選択肢があれば良かったと見解書で述べている．このプロジェクトに適用された当時の先住民族政策では「先住民族開発計画」の策定が求められ

ていたが，その後改定された政策では場合によっては枠組みの策定でも良いとしている点に見解書は言及している（12. 見解 ANNEX1 No. 14）．

このプロジェクトにおいて，先住民族の生計や文化を調査し，悪影響の回避・最小化を図る「先住民族開発計画」が策定されていなかったことを，独立審査委員会と世界銀行の双方が認めている．その理由として，インフラ事業のような物理的影響を与えるプロジェクトと異なり，制度構築の事業ではそれ自体が先住民族に悪影響を与えないというアプリオリな判断があったこと，また求められているのが枠組みではなく詳細な計画の策定であることが世界銀行の見解書に示されている．

9 経済回復と社会再統合プロジェクト（コンゴ民主共和国）
―― 見落とされたピグミー ――

このプロジェクトでは「先住民族開発計画」が策定されていないことに加え（13. 審査パラ 243），初期のプロジェクト文書には，ピグミーとよばれる先住民族について森林との関わりやプロジェクトによる影響など何の記述もないと独立審査委員会の最終審査報告書は書いている．さらに，世界銀行の融資を決定する理事会への文書にも記載がないと指摘している（13. 審査パラ 222）．

ピグミーと森林との関わりは文化人類学者の間では広く知られている（13. 審査パラ 223）．独立審査委員会によれば，コンゴ民主共和国には 25～60 万人のピグミーがいるにもかかわらず，世界銀行はプロジェクト準備の初期段階で影響を受ける地域にピグミーの人々がいるかどうかを確認するための調査を行なっていない（13. 審査パラ 227）．その一方で，このプロジェクトの 5 つのコンポーネントのうち道路部分の環境アセスメント報告書では，ルート沿いにピグミーの 1 つであるムブティ族の集落を 165 カ所も確認している（13. 審査パラ 230）．独立審査委員会への申立に対する世界銀行による最初の回答の時点では，ムブティ族の集落を確認した道路部分の環境アセスメント報告書の草稿は完成していた．それにもかかわらず，申立に対する回答の中でもピグミーの存在を否定していたということは，プロジェクトの初期段階だけでなく事業が進んだ後になっても先住民族の存在を適切に把握できていなかった可能性があると独立審査委員会は分析している（13. 審査パラ 231）．

写真 4.5 ピグミーの人たちと独立審査委員会のメンバーとの
会合（13. 審査 p. 120）

　世界銀行は独立審査委員会の指摘を認め，事前段階でピグミーの存在を調査すべきだったと見解書で述べている．このプロジェクトが世界銀行によって融資承認されたのは 2003 年 9 月だが，その 3 年後の 06 年に先住民族と協議をしながら「先住民族開発計画」を策定したと説明している．06 年という時期について世界銀行の見解書は，この頃は治安が改善していたため，現地訪問や先住民族のグループとの協議が可能になったと記述している（13. 見解 ANNEX1 No. 4）．

　両者の分析や見解から，このプロジェクトでも事前の準備段階で「先住民族開発計画」が作られなかったことは合意された事実である．その理由は世界銀行の見解書には書かれていない．このプロジェクトの環境アセスメント報告書の記述や世界銀行の専門性から考えればピグミーの存在はいわば自明だったはずなのに，独立審査委員会への申立によってピグミーが「現れ」，融資承認から 3 年後に「先住民族開発計画」が作成されたのである．

10 土地行政プロジェクト（ホンジュラス）
——調査が作る調査対象——

　このプロジェクトは，土地行政システムの近代化を支援するもので，「中央レベルの政策や行政機構の整備」，「具体的な地域を決めた土地の規制や所有権の明確化や登記の実施」，それに「プロジェクトの管理と評価」という3つの要素から成っている．独立審査委員会は土地の所有権が明確にされることによって影響を受ける先住民族のガリフナ族の事前調査に関連して先住民族政策の不遵守を指摘した．具体的には，事前調査の段階で，影響を受けるガリフナ族コミュニティとの協議や参加を確保するために Mesa Regional という組織を作ったことが問題となった．

　独立審査委員会の最終審査報告書によれば，ガリフナ族はポルトガルの奴隷船でアフリカから連れてこられた黒人の末裔で，1977年に民族を代表する組織として OFRANEH を設立した．また，90年代の土地の所有権を明確にするプロセスで ODECO とともにガリフナ族の権利保護のために活動してきた．世界銀行も独立審査委員会への申立に対する最初の回答の中で，ガリフナ族の団体は数多くあり，OFRANEH や ODECO はその中に含まれるという認識を示している．

　しかし，この2つの団体は土地問題に関してガリフナ族を代表しており，その点において他の団体とは異なるという見解を独立審査委員会は示し，世界銀行はこの点を見逃していると指摘している．独立審査委員会は長年の活動実績から OFRANEH と ODECO は世界銀行の先住民族政策で定められた民族の「代表組織」であり，事前調査の段階で議論するためのチャンネルとすべきであったと述べている．独立審査委員会は，新たに Mesa Regional のような組織を作ってガリフナ族のコミュニティのリーダーや代表者を集めること自体は政策違反ではないが，民族を代表する OFRANEH や ODECO がメンバーに加わっていない以上は，Mesa Regional は政策で定めた基本的な協議の枠組みではないと最終審査報告書に記している．したがって，Mesa Regional の存在は結果としてコミュニティを分断し，先祖伝来の土地に対する集団的な権利という目的を達成するためにコミュニティを代表して活動する力をそぐことになる

と分析している（14. 審査パラ 177-189）．

これに対して世界銀行は，プロジェクト準備段階の協議や調査の結果，ガリフナ族の間にも様々な意見があって一枚岩ではないことが明らかになったと経緯を説明している．その結果，OFRANEH のような正式な団体だけでなく，様々な意見を吸い上げる仕組みとして Mesa Regional を新たに立ち上げた．しかし，それによってOFRANEH を排除することは全く考えておらず，むしろこの枠組みに参加することを呼びかけ続けてきており，断っているのは OFRANEH の方であると反論している（14. 見解 ANNEX1 No.4）．

写真 4.6　ガリフナ族のコミュニティ（14. 審査 p.21）

事前調査や住民協議の段階で新たな民族組織を設立し，その組織にはこれまで民族を代表してきた団体や土地問題に関わってきた団体が参加しなかったことは合意された事実として両者が認めている．世界銀行の意図はともかく，自らが協議しやすい調査対象を作り上げ，本来協議すべき調査対象を結果的に排除することにつながったといえる．

11　西アフリカ・ガスパイプラインプロジェクト（ガーナ/ナイジェリア）

a　無視された脆弱層

このプロジェクトについては，非自発的住民移転政策が特に注意を払うべき対象に定めている「脆弱な社会グループ」が調査から抜け落ちていると独立審査委員会は指摘している．政策で例示されている脆弱な社会グループは，貧困ライン以下の人々，土地なしの人々，高齢者，女性，子ども，先住民族，少数民族，法的補償の対象にならない移転住民などである（15. 審査パラ 137）．

独立審査委員会によれば，このプロジェクトの住民移転計画では，収入は所有する土地の広さと関係しているので，収入が多い人たちほど影響は大きいと

分析している．したがって，平均して男性の半分の土地しか所有していない女性への影響は小さく，脆弱とはいえないと結論づけている．これは，非自発的住民移転政策によって保護が必要だと定められた脆弱な社会グループを否定する調査結果だとして，独立審査委員会は政策の不遵守を指摘している（15．審査パラ138）．

この指摘に世界銀行も同意している．脆弱な社会グループを無視した理由については明確に述べていないが，見解書にはプロジェクトを実施している企業体がようやく脆弱層のニーズを把握することや脆弱性と貧困化のリスクを軽減することにお金と人を振り分ける重要性を自覚するようになったと書かれている．事業を実施している現地企業の当初の意識の低さが原因であったように読み取れる（15．見解 ANNEX1 No.4）．

しかし，世界銀行が融資する事業については，たとえ事前調査の主体が開発途上国の政府や企業であっても，世界銀行の政策に則って調査が行なわれるようにアドバイスし，最終的に政策を遵守した調査かどうかを審査した上で，支援を決定する仕組みになっている．独立審査委員会が指摘した住民移転計画は，世界銀行の専門家が政策と照らし合わせて内容を確認し，意思決定機関である理事会が承認したものである．世界銀行の見解書は，なぜ融資審査までの段階で自分たちがこうした問題を見過ごしたかについては何の言及もしていない．

b 被影響地域の慣習と算出根拠

このプロジェクトでは，算出根拠に関連して，2つの点が政策不遵守として指摘された．

第一に，影響を予測するために使ったサンプルである．独立審査委員会によれば，収用される幅25mのパイプライン用地は，23のコミュニティを通り，そこには9万人が生活している．ほとんどが農地で，先住民族のヨルバ語族が慣習的な権利に基づいて所有している（15．審査パラ104）．直接影響を受けるのは2485世帯で，うち1557世帯は個人の土地所有者，残りの928世帯は小作などの借用者で，被影響住民は8647人と推計されている．プロジェクトの住民移転計画によれば，影響を受ける世帯は持っている土地の平均4〜6%を収用されるとなっている．しかし，独立審査委員会は住民移転計画のために実施

第 4 章　社会影響と調査

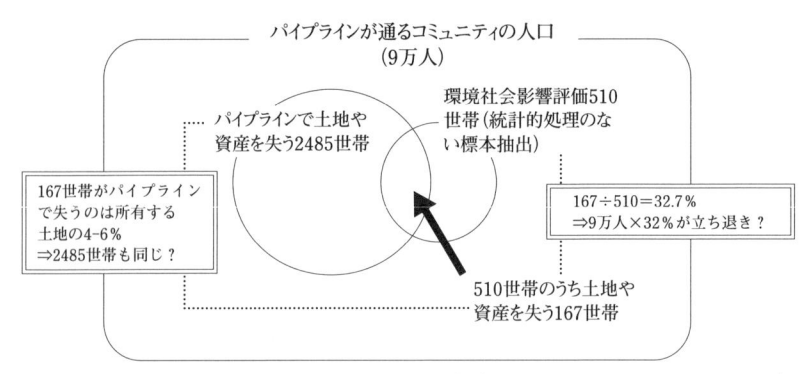

図 4.1　被影響住民算出のためのサンプル調査（西アフリカ・ガスパイプライン）
出所：筆者作成

された 2 種類の調査に着目し，このデータに疑問を投げかけている（15. 審査パラ 105）．少し複雑なので図 4.1 を使いながら読み解いていく．

1 つ目の調査が，「環境社会影響評価」で，510 世帯を対象にしている．しかし，プロジェクト実施企業体も認めているように，この 510 世帯は必ずしもプロジェクトによって土地や資産を失う人たちではなく，収入などが調査項目に含まれていない大雑把なものだった（15. 審査パラ 119-120）．

2 つ目の調査が「財産調査」である．パイプライン用地内の土地所有者や小作などの借用者の名前，面積，土地利用形態をリスト化した．この調査はパイプライン用地内だけに限ったものなので，パイプラインによって失われる土地が個々の土地所有者や借用者の土地の何 % にあたるのか，生計への影響はどの程度なのかを明らかにすることはできないと独立審査委員会は分析している（15. 審査パラ 121）．

では，影響を受ける人たちが所有地の 4〜6% を失うという住民移転計画に書かれている数値はどこから生まれたのか．独立審査委員会は，1 つ目の調査として挙げた「環境社会影響評価」で世帯調査を行なった 510 世帯のうち，このプロジェクトによって土地や資産を失う 167 世帯を抽出して，影響の度合いを推計したものと分析している．住民移転計画を早く策定するために，不十分な情報や知識を並べて「近道」をしようとしたと指摘している．直接影響を受ける 2485 世帯のうち全く統計的な処理をしていない 167 世帯（6.7%）のサンプル調査に基づいて，全体の影響を予測したことになる（図 4.1 を参照）．独立

審査委員会は，個々の世帯の社会経済ベースラインデータなしに，補償や影響緩和策のモニタリングをすることは不可能だと結論づけている（15. 審査パラ 124-127）．

　第二に，世帯や家族当たりの人数の根拠である．独立審査委員会によれば，ナイジェリア側で悪影響を受けるコミュニティでは1世帯当たりの人数が平均で 3.48 人という推計が「環境社会影響評価」調査の結果として出されている．一方で，1985 年から 90 年のデータを使った国連の統計では，ナイジェリア全体で1世帯当たり平均 5.4 人であり，この数値は住民移転計画にも掲載されている．世帯当たり2人という大きな違いが確認されていたにもかかわらず，世界銀行もプロジェクトの実施企業体も 5.4 人ではなく 3.48 人を一貫して採用し，影響や補償の算出に使った（15. 審査パラ 128-130）．仮に影響を受ける世帯数が世界銀行の認めた 2485 世帯だとした場合，1世帯 5.4 人で計算すると被影響住民は1万 3419 人であるのに対して，3.48 人にしたことで 8647 人となった．

　独立審査委員会は次のような理由からこの判断が誤りであったと指摘している（15. 審査 131）．まず，「環境社会影響評価」では，前段落で述べたように統計的な裏づけのないサンプル調査によって，直接影響を受ける 2485 世帯の 6.7%（167 世帯）のみを調べ，そこから全体を推計しているからである．もう1つは，「環境社会影響評価」で，ナイジェリアの当該地域で影響を受ける人たちを9万人と推計した上で，同じ統計的裏づけのないサンプル調査の結果を使って，そのうちの 32%（167 世帯÷510 世帯），2万 8000 人を立ち退き対象と見なしているからである（図 4.1 を参照）．この人数は，1世帯 3.48 人で計算した被影響住民数 8647 人の3倍以上，5.4 人で計算した場合の2倍以上である（15. 審査 Box3.1 p.35）．こうしたギャップの原因は究明されていない．

　家族や世帯の人数に関して，独立審査委員会は，サンプリング方法の問題だけでなく，この地域の特性に注意を払わなかった点も指摘している．独立審査委員会によれば，この地域の基本的な経済単位は「世帯」であり，1人もしくは複数の妻と結婚した「世帯主」がいる．いくつかの世帯が「拡大家族」（extended family）に属し，そこには「拡大家族主」がいて，先祖伝来の土地に関する意思決定を監督している．この「拡大家族主」が，拡大家族に属する全

ての「世帯」の全メンバーの利益を代表し，土地利用権やその委譲に大きな影響力を持っている．したがって，土地を失う「世帯」のメンバーを含む「拡大家族」全員が非自発的住民移転政策で定義される被影響者と見なされなければならないことになる．独立審査委員会は，影響を受ける地域の慣習を反映し経済的に意味のある計算をするには，「拡大家族」のメンバーを合計しなければならなかったと指摘している．しかも，同様の問題はすでに別の石油開発事業をめぐって生じており，住民移転計画を準備する期間に関係者間で議論されていたにもかかわらず解決されなかったと記している（15. 審査パラ 132-133）．

それぞれの指摘に対する世界銀行の見解は以下の通りである．最初の「不適切なサンプル調査」に関して，世界銀行は独立審査委員会の指摘を認めている．ベースラインデータを収集しなかった理由については，ナイジェリアで調査を行なうにあたっての様々な困難を挙げている．例えば，土地所有制度の複雑さによって回答者を混同してしまったこと，複層的な財産所有構造の中で世帯の構成員の特定が難しかったこと，漁村では回答者を見つけることが困難だったことなどである．独立審査委員会の指摘を受けて，世界銀行は，影響を受けた人たちに追加的な補償をする前に，被影響住民のレビューを行なうと約束している．2007 年に監査を実施し，被影響住民を特定し直したので，08 年と 10 年に社会経済ベースラインデータの更新をする計画だと説明している（15. 見解 ANNEX1 No. 2）．

見解書からは，世界銀行がサンプル調査の不適切さをプロジェクト実施後の早い時期に認識していたことがわかる．世界銀行の見解書によれば，2003 年に実施した「環境社会影響評価」では，影響を受ける人たちの 72% が自給的な農業と土地に根ざした生業を営んでおり，漁業は 10% 以下しかいない．キャッサバやトウモロコシなどの穀物栽培は 75% の人たちにとって主要な収入源となっている．これらのデータは 510 世帯のうちの 125 世帯を対象にしたものにすぎなかったが，それをもとに計算した平均的な年間食料支出は 102 ドルで，03～04 年のナイジェリア南西部の平均である 324 ドルよりはるかに低い．このことは，同じ期間にこの地域の貧困率が 69% で極端に貧しい地域とされることと一致していたといえる．その半面，125 世帯の 21% は 1 人当たりの年収が 500～1000 ドルで，国全体の平均 300 ドルよりはるかに高い．こうした

矛盾したデータを根拠に住民移転計画がサンプル調査は信用できないと結論づけていることを世界銀行は見解書に記している（15. 見解 ANNEX1 No.5）．

それに加えて2004年に社会経済データを収集するのが困難だった3つの要因を見解書の別の項目で挙げている．1つには，正当な回答者を特定する難しさがある．複雑な財産の所有形態と重層的な利用権によって，聞き取り対象者を絞ることができなかった．2つ目が広大な影響範囲である．23のコミュニティの144 ha に及び，その82%が農地，9%がアグロフォーレストリーに使われており，家や建物などの建造物に覆われているのはわずか4%だった．3つ目に，公的な土地登記記録によって土地の価値を決めることが難しかった点を挙げている（15. 見解 ANNEX1 No.5）．

独立審査委員会が2番目に指摘した「世帯や家族の人数」についても，世界銀行は見解書の中で，1世帯平均3.48人はナイジェリアにおいて低いことを認め，限定的なサンプルに基づいた結論だったと述べている（15. 見解パラ34）．影響を受ける人口を正確に把握できなかった原因として，複層的な財産権や土地利用権，および伝統的なルールと法的なルールのギャップがあったと弁明している（15. 見解パラ35-36）．

独立審査委員会の指摘と世界銀行の見解から，このプロジェクトによって影響を受ける人数を推計する方法が適当でなかったことは合意された事実である．原因としては，サンプル調査という「近道」（15. 審査 Box3.1 p.35）をしたこと，伝統的な土地・家族制度を考慮しなかったこと，さらにそれと法的な制度とのギャップを埋めようとしなかったことなどが挙げられる．しかし，世界銀行は長年ナイジェリアの事業を支援してきており，文化人類学者などの間ではよく知られている諸部族の土地・家族制度や所有形態についてこのプロジェクトで初めて知ったとは考えにくい．プロジェクトを実施する所与の条件のはずである．

さらにそうした困難さがあるにもかかわらず，独立審査委員会からの指摘を受けた世界銀行は，2008年の終わりまでに社会経済面のデータを更新すると明記している（見解書の完成は08年6月である）．複雑な家族関係や土地所有権など実態の「読み間違い」の原因となった前提条件に変化がないにもかかわらず，独立審査委員会の政策不遵守の指摘を受けるとなぜ「正しい」調査が可

能になるのかについては，見解書は何ら説明していない．

c 再取得価格調査の時期

　被影響住民の人数だけでなく，プロジェクトによって土地を失う人たちへの補償の算出方法でも政策の不遵守が指摘された．プロジェクトの住民移転計画によると，補償の交渉は「買い手と売り手の調整」に基づくと定められている．交渉では「ナイジェリア石油セクターレート」(OPTS) というレートが使われる．OPTS はラゴス商工会議所が定めたもので，土地，穀物，商業活動，市場の区画などの交渉の基礎となる値である (15. 審査パラ 181)．

　住民移転計画に書かれた補償額の算出方法は，この OPTS を 10 倍し物価調整したものと定義されている．このレートが，土地の利用や穀物など失った財産の再取得価値を全て補償できる価格だと見なされた (15. 審査パラ 182)．OPTS は，同等のモノやサービスの西ナイジェリアでの市場価格よりはるかに低いといわれている．したがって，独立審査委員会は，被影響住民の生計回復という政策の目的達成を基準としていない計算式を受け入れたことは，世界銀行の政策で定められた補償額以下しか受け取れない可能性を高めたと結論づけている (15. 審査パラ 183)．また，独立審査委員会が，OPTS をもとにした補償の支払証明書を確認したところ，OPTS を 10 倍していないケースがあった (15. 審査パラ 184)．穀物に対する補償に関しても，1998 年の OPTS レートにインフレ調整として 50〜75% を掛けたものを生計回復に必要な額だと住民移転計画が定めているが，独立審査委員会は 98 年からプロジェクトが実施されるまでの 6 年間に，穀物の生産者価格がその程度しか上昇していないというのは信じがたいと指摘している (15. 審査パラ 185)．

　これに対して世界銀行は，支援の条件は市場価格での補償であり，プロジェクト実施企業体は 2004 年にそれに合意したと確認している．世界銀行によると，1998 年の OPTS レートは 1 m^2 当たり 10 ナイラで (1 ナイラ＝約 1 円)，これを 10 倍にして，物価上昇分として土地は 75%，穀物は 50% をそれぞれ上乗せすることになった．OPTS が 10 倍されなかったケースについては，それを是正するため 05 年と 06 年に派遣された世界銀行の監理ミッションが監査を求め，実施企業体も合意した．世界銀行は，不動産鑑定士と弁護士を雇用して，

現金補償が再取得価格になっているかどうか，生計回復はできているかどうかを確認した．その結果，3つの土地利用ゾーンの市場価格は1 m² 当たり平均181ナイラで，住民移転計画で定めた算出方法は市場価格に近かったと世界銀行の見解書は述べている（15. 見解 ANNEX1 No.7）．

両者の見解から，少なくとも2004年11月に世界銀行が支援を決める前の段階では，世界銀行が認めた補償額の算出方法によって生計回復に必要な再取得価格を確保できるかは検証されていなかった．再取得価格の調査は2年以上経ってから実施されている．仮に世界銀行が雇用した不動産鑑定士の査定が正しかったとしても，それを確認したのは事後であり，計画段階の算出額との近似はあくまで偶然だったと考えられる．調査の機能という点から考えると，第3章でたびたび論じたように，事前には実施されなかった再取得価格の調査が，融資後には実現したことの意味を考える必要がある．

12 民間発電（ブジャガリ）プロジェクト（ウガンダ）

a 同一文書から導かれる正反対の結論

貧困削減を最上位の目標に掲げ，住民移転によって最低でも生計が悪化しないようにするという政策目的を定めている世界銀行にとって，脆弱な社会グループ[7]への影響は事前調査の重要な項目である．しかし，すでに取り上げた『西アフリカ・ガスパイプラインプロジェクト』だけでなく，このプロジェクトでも同様の問題が指摘された．

このプロジェクトでは実施企業体の変更という特殊な事情があった．最初の実施企業体が撤退したのが2003年で，2年後の05年12月に新たな民間企業体が事業を引き継いだ．世界銀行はどちらの企業体に対しても融資などの支援を行なってきた．住民移転は，すでに前の企業体のもとで始まっていたことから，世界銀行は新たな民間企業体に住民移転計画を初めから策定し直すことは求めなかった．代わりに，01年の住民移転計画を補足しフォローアップするための「過去の移転活動の評価と行動計画」（以下，APRAP）が06年12月に作成された（16. 審査パラ437-446）．

---

[7] 世界銀行の非自発的住民移転政策において「脆弱な社会グループ」が何を指すかについては，本節11「西アフリカ・ガスパイプラインプロジェクト」aを参照．

独立審査委員会によれば，2007年に至るまで脆弱な社会グループは特定されず，脆弱性の基準も支援活動もなかったとAPRAPに記されている．移転住民には孤児，寡婦，障がい者が多く含まれていたが，適切に記録されていないので，今となっては脆弱な社会グループの特定も，所在の確認も，モニタリングも不可能であるとAPRAPは記している（16. 審査パラ499）．その上でAPRAPは，「恵まれない」被影響住民を特定し，食糧や健康管理を支援するために10万5000ドルの計画をスタートするとしている（16. 審査パラ502）．

　世界銀行は，事後的に実施したこうした対策を見解書で繰り返しているが，それとは矛盾する記述もしている．脆弱な社会グループの特定も所在確認も不可能だと書きながら，脆弱層は230人でそれらの人々には補償以外の追加的な支援を行なったと見解書に記されているのである．これは新しい民間企業体による調査で明らかになったもので，APRAPの中にも盛り込まれていると述べている（16. 見解ANNEX1 No. 22）．

　独立審査委員会も世界銀行も，原因は分析していないものの，2007年までは脆弱な社会グループの特定や影響調査は行なわれていなかったという点で一致している．しかし，同じAPRAPを情報源としながらも，独立審査委員会は，APRAPの24ページに書かれた「脆弱層の特定やモニタリングは実質的に不可能である」との文言を取り上げている一方，世界銀行はAPRAPの32ページを引用箇所として，230人という脆弱な社会グループの人数を特定している．実際はどうであったのかは判断できないが，同じ調査報告書から，独立審査委員会と世界銀行が正反対の見解の根拠を導き出していることは事実である．

b　事前の生活状況の事後的な調査

　このプロジェクトでは，すでに住民移転が始まっていた2003年に実施企業体が撤退し，その2年後に新たな企業体に事業が引き継がれた．このため，すでに移転を始めた人たちへの対応と，新たな移転住民への対応が必要になった．前項で説明した通り，最初の企業体が策定した01年の住民移転計画を補足しフォローアップするための「過去の移転活動の評価と行動計画」（APRAP）が06年12月に作成された．独立審査委員会によれば，世界銀行は移転済みの

人全員と，影響を受ける人[8]の50%をサンプル調査するよう求めた．しかし実際のAPRAPは，移転済みの71%，影響を受ける人の25%しか調査していなかった（16. 審査パラ460）．

APRAPは2001年に補償を受け取った多くの人たちの消息が不明であることを認めており，深刻な影響を受けたものの移転支援を選ばず自らどこかに移り住んだ人たちへの懸念を記している（16. 審査パラ462）．影響を受けた人たちに関するこうした情報は現地調査ではなく，撤退した実施企業体が行なった調査に基づいており，政策を遵守していないと独立審査委員会は指摘している．また，世界銀行が新たな実施企業体に求めたのが全世帯調査ではなくサンプリングだった点も問題として挙げている（16. 審査パラ463）．

独立審査委員会の指摘を世界銀行は認めている．見解書によれば，社会経済ベースラインデータは最初の企業体時代の2001年に完成し，新たな企業体になった06年に更新されたが，独立審査委員会への申立より前の07年1月に欠陥に気づき，09年3月までに改定することになっている[9]．

世界銀行の見解書によれば，2つの対策を講じるという．1つは社会経済調査とニーズ調査を更新すること，もう1つは現行の社会経済面のモニタリングシステムを強化することである．現状では，プロジェクト実施企業体は，四半期ごとに社会環境モニタリング報告を作っている．その中には，被影響住民に対する生計回復策と地域開発プログラムの進捗状況が別々に記載されている．これを，2001年と06年に調査された個々の被影響住民に関して，収入と生計の「プロジェクト前後」の変化をモニタリングできるような形式に変更するというものである．それによって，影響を受けた全ての人々や脆弱な世帯のベースラインデータが強化され，収入や貧困の指標の変化をフォローアップできるとの見解を示している（16. 見解ANNEX1 No. 19）．

このプロジェクトについても，独立審査委員会が指摘した社会経済ベースラインデータの不在を世界銀行は認めているが，その原因についての説明はない．

---

[8] 独立審査委員会報告書ではdisplaced personsという表現を使っている．世界銀行の非自発的住民移転政策では，displaced personsは，移転するかどうかと関係なく，土地，家屋，財産，資源や施設へのアクセスなどを失う人たちを指している．

[9] なお，世界銀行による支援が承認されたのは2007年4月．独立審査委員会への申立は同年3月である．

一方で，独立審査委員会への申立に呼応するかのように調査の不適切さに気づ
き，さらに，プロジェクトが進行しているため，「事後的に」事前の社会経済
状況を世帯ごとに調べると説明している．

c 事前調査に基づかない開発

　独立審査委員会は，このプロジェクトによって負の影響を受けた人たちの生
計回復のリスク分析についても政策不遵守を指摘している．住民移転計画を補
足するための「過去の移転活動の評価と行動計画」（APRAP）は，フォーカ
スグループ手法を用いてすでに移転した住民や生活手段を失った住民の生計回
復状況を調査した．独立審査委員会によれば，「現在の生活状況は移転前と比
べるとどうか？」，「同じか，改善したか，悪化したか？」と直接聞くというも
ので，よくなったと言う人もいれば悪くなったと言う人もいた．独立審査委員
会の専門家が村人に尋ねたところ，6年間の変化を聞かれるので答えるのが困
難だと話していたとのことである．

　世界銀行は，APRAPを実施した2006年時点の生活状況と過去の生活状況
の比較について，こうした聞き取り調査以外に具体的な指標を用いた調査を実
施するわけでもなく，将来の影響緩和活動のために06年時点のベースライン
データを新たに集めるわけでもない．これでは生計の回復状況や将来へのリス
クを分析したことにはならないし（16. 審査パラ470-473），最初の企業体の撤退
によって生じた予期せぬ社会経済コストの補償につながらないと独立審査委員
会は指摘している（16. 審査パラ516）．

　これに対して世界銀行は，リスク分析の欠如については何も見解を示してい
ない代わりに，最初の企業が撤退した後の中断時期に講じた3つの対策を説明
している．第一に，穀物や果樹の苗などの農業支援，第二にビジネスについて
の研修，第三に小規模な農業ビジネス，漁業改善，マイクロクレジットの支援
である．そのために農産物と魚のマーケットを2カ所に作った．引き継いだ実
施企業体は，補償と土地に関わる苦情のほとんどを解決し，井戸のようなサー
ビス提供型の活動をモニターし，小規模な地域開発プログラムを実施してきた
と世界銀行は主張している．その後も村人たちとの協議は続いており，2007
年10月15日のAPRAPの最新情報によると，実施企業体の地域連携事務所

は村落協議委員会と165回の会合を記録しており,影響を受けた住民たちは生計回復プログラムについて単に知らされているだけでなく自ら参加していると世界銀行の見解書は記している(16.見解ANNEX1 No.20).

世界銀行の見解書では,移転に伴う貧困化のリスク調査をしなかったという独立審査委員会の指摘に対して反論していない.世界銀行が繰り返し述べているのは,調査を実施したかどうかではなく,個々の生計回復事業の成果である.第2章で詳述したように,政策上は,負の影響対策の優先順位は回避,最小化,軽減,緩和,補償で,いずれも事前の調査なくして対策を講じることは難しい.しかし,見解書に表れているのは,事前の調査に基づかない補償や,負の影響への対策の先にある新たな開発計画を志向する世界銀行の姿勢である.

d 生活再建の予算の根拠

このプロジェクトの最後に,被害を受けた人たちの生活再建に必要な予算の算出根拠をめぐる政策不遵守の指摘について述べる.その前に,このプロジェクトの実施企業体の変更をめぐる,いささかこみ入った住民移転の経緯を説明しておく.

最初の企業体はAESナイル電力会社(AESNP)という.2003年に撤退し世界銀行の支援もキャンセルされたが(16.審査パラ11),すでに住民の移転は始まっていた.住民移転計画は水力発電所周辺と送電線の2つに分けられ,AESNP社撤退後は,水力発電所周辺はウガンダ送電会社(UETCL)が,送電線関係は公共事業としてウガンダ政府がそれぞれ引き継いだ(16.審査パラ438, 441).AESNP社が撤退した時点で,水力発電所周辺で影響を受ける住民は約8700人(1288世帯)で,そのうち634人(85世帯)が立ち退きを余儀なくされていた.35世帯はダムサイトから5km離れたナミンヤ(Naminya)移転地(48.6 ha)に移転し,残りの世帯は移転支援なしにAESNP社からの現金補償を使って引っ越した(16.審査パラ439).それに対して,100kmに及ぶ送電線沿いでは,5796人(1183世帯)が影響を受け,うち1522人(326世帯)が移転を迫られていたが,05年の時点で立ち退いたのは27世帯で,ほとんどが現金補償を受けて自ら移転先を探して引っ越した(16.審査パラ440).

独立審査委員会によれば,2005年12月に,ブジャガリエネルギー社

表4.5 移転住民数と地域開発行動計画（ウガンダ・民間発電プロジェクト）

場所	被影響住民	移転対象	移転の実際	地域開発行動計画
発電所	約8700人 （1288世帯）	634人 （85世帯）	35世帯がナミンヤ移転地へ．残りは現金補償	332万ドル（5年），うち36万ドル余は管理費
送電線	5796人 （1183世帯）	1522人 （326世帯）	27世帯が移転．ほとんどが現金補償	30万ドル

出所：「16. 審査パラ439-440」をもとに筆者作成

(BEL) が新たな実施企業体としてウガンダ政府と契約を結び（16. 審査パラ101-102），被影響住民が住む水力発電所周辺の8村に対して最初の企業体による「地域開発行動計画」を改定した[10]．予算は事業費の0.4%に相当する332万ドルで期間は5年，その中には36万ドルを超えるBELの管理コストも含まれている．ただしこの計画は移転や生計回復のための約50万ドルとは別の予算であり，必ずしも影響を受けた人たちだけを対象にしたものではないということである（16. 審査パラ525）．一方，送電線沿いの「地域開発行動計画」については，30万ドルの予算が充てられた．受ける影響の大きさと人口規模に比例して各コミュニティに配分され，学校の改築，水供給，道路，配電網との接続などに指定して使われる．なお，水力発電所周辺と送電線沿いの移転住民数とその実態，地域開発行動計画の予算を表4.5にまとめた．

改定された「地域開発行動計画」に関して，独立審査委員会は4つの点でプロジェクトの便益を被影響住民と分かち合うという非自発的住民移転政策の目的とつながっていないと指摘している．

第一に，影響を受けた住民に焦点を当てていない点，第二に5年前の「旧地域開発行動計画」（以下，旧計画）と同様に短期的なプログラムである点，第三に水力発電所周辺と送電線沿いでは支援内容に大きな差がある点，第四に旧計画より750万ドル以上も額が小さくなり期間も30年短くなった点を挙げている．しかも，旧計画で示された額ですら，現在価値に置き換えると極めて少額であると独立審査委員会の最終審査報告書は述べていたのである（16. 審査パラ526-532）．

---

10) これは本節の3「第三次・第四次電力およびブジャガリ水力発電プロジェクト（ウガンダ）」のbで述べた同名の計画を改定したものである（16. 審査パラ523）．便宜上，かつての計画を「旧地域開発行動計画」と標記する．

算出根拠という点で，独立審査委員会がもう1つ指摘したのは，影響を受ける地域の主要な商品作物であるコーヒー栽培の補償についてである．これは，事業を引き継いだ BEL 社が，前の AESNP 社が行なった住民移転計画を検証した中で発見した問題なので，このプロジェクトの政策不遵守ではない．しかし，本書の分析視角である「はかること」と関係している事例なので触れておく．コーヒーは多年生の作物なので，新しい土地で収穫できるようになるまでの期間（establishment period）は補償が必要である．前の実施企業体が作成した住民移転計画では，その期間が1.5〜3年となっていた．しかし，同質の土地で同じ収穫量になるには4〜5年はかかる．さらに，この期間も労働力が必要だが，生産の回復に必要な労賃は補償に含まれていなかった．コーヒーだけでなく，バニラやココアなどの商品作物についても生産回復までの期間を短く見積もり，労賃を換算しなかったために，移転住民が失った収入を回復することが経済的に困難になったと指摘している（16. 審査パラ 491-494）．

「地域開発行動計画」の予算額に関して，世界銀行は，前の実施企業体が提示した額や内容との大きな差異についてその理由を説明していない．その代わり，独立審査委員会に申し立てられる前に BEL は予算額を83%増額し，十分な資金を提供していると反論している．また，非熟練労働者の10%を地元の村人から雇用してきたことや，援助機関の協調融資によって電気と水供給を当該地域に広げることになるとの見通しを示している（16. 見解 ANNEX1 No.23）．

世界銀行が見解書で示した申し立てられる直前の予算増額の事実は，332万ドルの「地域開発行動計画」では不十分だという独立審査委員会の指摘を認めたものといえる．旧計画では「370万ドル＋25万ドル×30年間」だったものが，事業者が代わったら5年で332万ドルに減額，その後83%積み増しするなど，何の根拠も示されずに乱高下している．世界銀行は，それらの異なる額を非自発的住民移転政策に則って審査をした上で全て認めてきた．いくらであれば影響を受けた住民とプロジェクトの便益を分かち合い，生活を改善するのに十分なのか，一連の調査の揺らぎはその答えが必ずしも合理的な計算式に基づく普遍的な知に属していないことを示している．

写真4.7　独立審査委員会が受け取った強制的な住居の取り壊しの写真
（17. 審査 p. 19）

13　統合的海岸ゾーン管理浄化プロジェクト（アルバニア）
　　——先入観と調査——

　社会影響に関する事例研究の最後に，アルバニアのプロジェクトを検証する．このプロジェクトは，アルバニア南部の沿岸資源の保護と持続可能な開発を進めるために統合的な海岸管理をしようというもので，政策の改善，制度作り，それにインフラ投資事業から成っている．中心的な目標は「南部海岸開発計画」の策定で，その計画に基づいて持続的な観光，環境改善，生活の質的向上，文化的考古学的遺産の保護を図ろうというものである．
　この事業をめぐって住民が独立審査委員会に申し立てた被害は，プロジェクトの準備段階で不法居住者たちの住居が強制的に取り壊されたことである．独立審査委員会によれば，「南部海岸開発計画」ができた後のインフラ投資には，世界銀行の非自発的住民移転政策が適用されたが，計画実施に必要な土地利用区分の明確化には適用されなかったという．土地利用区分が明確化されることによって，プロジェクト地で暮らしている不法居住者たちは立ち退きを余儀なくされ，強制的な住居の破壊につながったと独立審査委員会は分析している．

非自発的住民移転政策は，融資したプロジェクトそのものだけでなく，そのプロジェクトと直接的に重大な関係があるものや，プロジェクト文書に述べられた目的を達成するために必要なもの，プロジェクトと同時に実施もしくは計画がなされたものも適用の対象としている．世界銀行の融資を決める理事会に提出されたプロジェクト審査文書（PAD）には「不法占拠されてきた可能性のある公共の土地から立ち退かせることは，プロジェクトが支援する土地利用活動の目的と一致する」と書かれており，強制撤去がプロジェクトと不可分であったことを示している．したがって，非自発的住民移転政策を適用して不法居住者への影響を調査すべきだったと独立審査委員会は指摘している（17. 審査パラ 114-141）．

これに対して世界銀行は，理事会に融資を提案した時点では，「南部海岸開発計画」の準備は非自発的住民移転政策を適用するものではないと判断し，アルバニア政府が行なっていた取り壊しプログラムは事業のスコープ外だと考えていたと見解書で述べている．その理由については，「天然資源の持続性を促進するための国家レベルあるいは地域レベルの規制」は政策適用の対象外となっており，それに該当すると考えたと釈明している．世界銀行は，政策の適用云々は別として，不法居住者への被害を防ぐべきであったとの認識を示している（17. 見解 ANNEX2 No. 2）．

合法か不法かに関わりなく，世界銀行の政策ではプロジェクト地に住む人々への影響を調査して対応策を講じなければならないと定めている．このプロジェクトのケースでは，そうした調査が実施されなかったことを独立審査委員会も世界銀行も認めている．双方の文書から考えられる理由は，住民の立ち退きが生じやすいのはインフラ投資だとの先入観があったという点である．

第 3 節　社会影響の事前評価と政策改善のずれ

本章でつぶさに見てきたように，社会影響の事前評価を司る 2 つの政策——非自発的住民移転政策と先住民族政策——の不遵守を指摘されたほとんどの事業では，地域住民に少なからぬ被害をもたらしてきた．そうした被害が調査と深く関係していることは個々の事例研究に表れている．本節では，調査がいか

表 4.6 調査されなかった人々

事業名	調査されなかったと指摘された人々	見解（合意，否定，理由）	調査の論点
（1）中国・西部貧困削減	遊牧民の調査なし	否定．289世帯中30世帯調査．根拠文書示さず	調査の有無（ただし公開された調査報告書は39種類）
	チベット民族3世帯のみ調査．モンゴル民族8カ村調査なし．4000人の移転計画が7ページ	否定．チベット民族58世帯調査．モンゴル民族8カ村は調査．根拠文書示さず	
	先住民族計画策定されず．受益者の大多数が先住民族か調査なし	否定せず．政策不遵守は否定．先住民族の大部分が受益者．根拠となる調査は示さず	
（4）パラグアイ/アルゼンチン・ヤシレタダム	政府の人口統計からもれた人	合意．理由の言及なし．追加登録などで対応	人口統計の信用度．追加費用の負担者
	統計上漁業やレンガ・タイル作りを「主たる職業」にしていない人	合意（漁業）．理由の言及なし　否定（レンガ・タイル作り）．生産設備の所有で判断	多様な生活手段と画一的な職業分類
（6）インド・ムンバイ都市運輸	商店主や従業員が調査されなかったため，影響を受ける住民数に最大15万人のギャップ	合意．建物（世帯/家族）当たりの人数を使った算出方法に誤り．過密都市で実態把握が困難．その後調査し，人数把握	過密都市は所与の条件．事後に調査可能
（9）コンゴ民主・経済回復と社会再統合	25～60万人もいるピグミーの存在を把握せず．先住民族開発計画作成せず	合意．理由の言及なし．事後的に調査し先住民族開発計画作成	自明の存在である先住民族の除外，事後の調査は可能
（10）ホンジュラス・土地行政	協議対象としてガリフナ族の団体を自ら設立．結果として先住民族コミュニティを分断	合意．政策不遵守は否定．既存団体を排除していない	調査による調査対象の形成
（11）ガーナ/ナイジェリア・西アフリカ・ガスパイプライン	女性など脆弱な社会グループが調査されず	合意．理由の言及なし．改善に向けた企業体の自覚を示唆	借入国企業への配慮

第3節　社会影響の事前評価と政策改善のずれ　　237

事業名	調査されなかったと指摘された人々	見解（合意，否定，理由）	調査の論点
(12)ウガンダ・民間発電（ブジャガリ）	脆弱な社会グループの特定と影響調査なし	合意．理由の言及なし．事後的に調査し特定	事後に把握．ただし同じ文書を根拠に正反対の見解
(13)アルバニア・統合的海岸ゾーン管理浄化	プロジェクト予定地に住んでいた不法居住者	合意．天然資源の持続的利用促進の規制作りは適用外と判断	調査を左右する経験知・先入観

出所：筆者作成

なる実態の把握に失敗したことが被害につながったと指摘され，それに対して世界銀行がどのような見解を示したのかという観点から本章の事例研究をまとめる．その際，第3章と同様に，政策不遵守を指摘された個々のケースで考察した「調査の論点」を記述する．詳細に関しては第3章で挙げた論点と合わせて次章で分析する．

　本章で扱った13カ国の13プロジェクトに対して独立審査委員会が政策不遵守を指摘したのは，調査をめぐる以下の3つ「失敗」だったといえる．

1　ある人たちが調査に含まれていない

　13の事業のうち8つの事業で指摘されたのが，特定の人たちや社会グループが全くもしくはほとんど調査されなかったという問題である．表4.6に，該当する「事業名」（数字は前節の事例研究の項目番号），「独立審査委員会の指摘」，「それに対する世界銀行の見解」，事例研究で分析した「調査の論点」をまとめた．繰り返しになるが，「調査の論点」とは本書の問いである「調査が目的を達成できない理由」の解明につながる分析視角である．

　表4.6を見ると，女性や子どもなどの社会的に脆弱な人たちや先住民族，それに自給的な生計手段に依存している人たちの実態が適切に把握されていないという指摘が多い．独立審査委員会の指摘が「合意された事実」かどうかについては，中国の『西部貧困削減プロジェクト』では世界銀行は独立審査委員会の指摘を全面的に否定している．また，ホンジュラスの『土地行政プロジェクト』では，指摘内容は受け入れられたものの，政策不遵守には当たらないと世

界銀行は反論している．それ以外については，ほぼ独立審査委員会の指摘が世界銀行にも事実として受け入れられていると考えられる．

これらの事例の「調査の論点」は，第3章で取り上げた環境アセスメントと類似している．繰り返しになる部分もあるが，本章の事例に即して改めてまとめておくと以下の7つの点を挙げることができる．

第一に「調査の有無」をめぐる対立である．中国の『西部貧困削減プロジェクト』では，多くの事前調査が実施されたものの，チベット民族とモンゴル民族の実態を把握するための3つの調査の存在をめぐって，世界銀行と独立審査委員会の専門家が異なる結論を導いている．

第二に「所与の条件」が調査を左右している現状である．『ヤシレタダムプロジェクト』では政府の人口統計と実態の乖離が被影響住民の特定を困難にしていることが「合意された事実」として受け入れられた．とはいえ，世界銀行の見解書では完全な統計はないと開き直りとも考えられる反論をしているし，開発途上国の人口統計の信頼性は開発経済学の研究者からも疑問が投げかけられている[11]．その意味では，事前調査の段階から十分注意を払うべき所与の条件である．同じように，『ムンバイ都市運輸プロジェクト』で調査の失敗理由に挙げられた都市の過密さや，『経済回復と社会再統合プロジェクト』で見落とされたコンゴ民主共和国に数十万人が生活している先住民族のピグミーの存在も，最初からわかっていたことだといえる．

人口統計とも関連するが，第三に「はかり」に関わる論点がある．人口統計に含まれる「主な職業」によって住民の生計手段をはかったことで漁業者の生活実態の把握に失敗したのが『ヤシレタダムプロジェクト』である．少し次元は異なるが，ホンジュラスの『土地行政プロジェクト』でガリフナ族の団体を新たに設立させたのは，「はかりやすい」調査対象をプロジェクト自らが作り出したと見ることができる．「はかり」は内在するルールに従って社会を切り取る道具であり，協議しやすさという「はかり」によって先住民族社会を断片

---

[11] 1992年5月15～16日にアメリカのイェール大学経済成長センターで「開発分析のためのデータ基盤」と題した会議が開かれ，開発途上国の開発に関わる様々なデータ（人口，雇用，所得など）の信頼性の低さが指摘された．この会議の発表原稿をもとにした特集が，『Journal of Development Economics』誌の44号（1994年）で組まれた．

化して調査対象に組み入れたといえるからである．

　第四に「調査の時期」である．『ムンバイ都市運輸プロジェクト』もウガンダの『民間発電（ブジャガリ）プロジェクト』も，事前の段階では把握が困難だった実態を，申立を受けた事後的な調査では具体的な数値とともに把握したと世界銀行が述べている．調査が困難な項目だといいながら，事前と事後では実施可能性が異なっているのである．

　第五に「借入国への配慮」を挙げる．『西アフリカ・ガスパイプラインプロジェクト』では，女性など脆弱な社会グループの実態を事前に把握する必要性を実施企業体が自覚していなかったことが示唆されている．また，『ヤシレタダムプロジェクト』で人口統計から漏れた人たちを被影響住民に含めなかった原因に，追加分の補償を政府が支払わなければならなかった事情が記されていた．資金と専門知識を背景に開発途上国に対して優位な立場にいるはずの世界銀行が，政策を不遵守してまで借り手の事情に配慮している現状が表れている．

　第六に，同じ文書に対する「異なる解釈」の可能性である．『民間発電（ブジャガリ）プロジェクト』では全く同じ文書の異なる部分を引用しながら，脆弱な社会グループの把握が不可能であるという結論と，脆弱層は230世帯だったという結論を導いている．どちらが正しいかを検証しない本書のアプローチから導くことができるのは，比較的単純な事実をめぐってですら専門家同士で解釈の幅がありうるということである．

　最後に挙げるのが「専門家の経験知」である．アルバニアの『統合的海岸ゾーン管理浄化プロジェクト』では，事業特性から経験的にプロジェクト予定地の不法居住者を事前調査から排除していた．これは，過去の事業の経験などから生じる先入観と見ることができる．調査は，担い手の経験知がもたらす先入観に左右されることがあるといえる．

2　あるタイプの調査が実施されていない

　社会影響の事前評価をめぐる「調査の失敗」の2点目は，「あるタイプの調査が実施されなかった」問題である．該当する「事業名」（数字は前節の事例研究の項目番号），「独立審査委員会の指摘」，「それに対する世界銀行の見解」，事例研究から明らかになった「調査の論点」を表4.7にまとめた．8つの事業

表 4.7 実施されなかった調査

事 業 名	不実施と指摘された調査	見解（合意・否定・理由）	調査の論点
(1) 中国・西部貧困削減	牧夫や遊牧民の移転前の生活状況を示すベースラインデータ	否定せず．政策不遵守は否定．被害は軽微で便益は大	牧畜と灌漑農業の比較
(2) インド・石炭セクター環境および社会緩和	移転後必要な土地面積（次世代のリスクなど）	合意．理由の言及なし	企業への配慮．面積の根拠なし
	移転時（1999年末）の安全な飲み水の確保状況	否定．モニタリング（2002年6月）では基準値以下	調査時期
	林産資源に関する移転前の利用状況と移転先での利用可能性	否定せず．政策不遵守は否定．移転前の林産資源への依存は限定的．根拠示さず	森林の見かけ状況で判断．データなし
	自給農業中心だった被影響住民が他の職業に適応できるかの実施可能性	合意．理由の言及なし．職業トレーニングの意義を強調	自給農業と職業，技能向上と生計回復の比較
	部族民の土地利用の実態	否定せず．理由の言及なし．地元政府の優先度低い	地元政府への配慮
(3) ウガンダ・第三次・第四次電力およびブジャガリ	社会経済ベースラインデータ	合意．プロジェクトを見越した人口流入と投機による．ただし事後的に対応	所与の条件，事後対応は可能
(5) カメルーン・石油開発およびパイプライン	バギエリ族の沿岸林での狩猟自給生活	否定せず．政策不遵守は否定．必要なし．専門家の判断	調査の必要性を判断する専門家の経験知
(6) インド・ムンバイ都市運輸	大規模移転に伴って想定外の問題が生じるリスク	合意．別の移転事業を成功させた NGO の参加	移転専門家の視察結果，他の事業の経験という先入観
(7) パキスタン・国家排水プログラム	堤防拡張に伴う洪水被害のリスク	合意．政策不遵守は否定．堤防決壊の予兆なし．堤防延伸をプロジェクトから除外．堤防と水害の因果関係は不明．必要なデータなし	堤防の状況に対する専門家の正反対の見方
(8) カンボジア・森林伐採権管理監督試験	先住民族の基本的な社会構造，伝統的な土地・資源利用，土地の継承・相続などの調査なし．先住民族開発計画は未作成	合意．理由の言及なし．制度構築の事業	調査の実施を左右するアプリオリな判断

第3節　社会影響の事前評価と政策改善のずれ　　　241

事業名	不実施と指摘された調査	見解（合意・否定・理由）	調査の論点
(12)ウガンダ・民間発電（ブジャガリ）	事業中断時期の移転済み住民の生活状況および今後移転する住民の生活状況（社会経済ベースラインデータ）	合意．理由の言及なし．申立直前に欠陥に気づき改定中	事前にできなかった調査を事後的に実施
	移転に伴う貧困化のリスク	否定せず．生計回復事業の成果を繰り返し強調	事前調査と対策の順序

出所：筆者作成

で政策不遵守の指摘を受け，そのほとんどを世界銀行は認めている．

　実施されなかった調査は大きく分けて2種類あった．第一が，被影響住民のもともとの生活状況を把握するための社会経済ベースラインデータの欠如である．特に目立つのは地域の自然資源を利用した伝統的・自給的な生計手段を調査していないケースである．そうした生活スタイルを維持しているのは新しい生活環境への適応が難しい先住民族や農村部の人たちが多い．生活実態を表すベースラインデータがなければ，開発プロジェクトの影響を事後的にも把握できないし，そのことが補償の根拠の問題として後々まで人々の暮らしに重くのしかかる．もう1つは，リスク評価である．大規模な住民移転やインフラ整備に伴う貧困化や自然災害のリスクが4つの事業で調査されず，いずれも世界銀行自身，調査の不実施という独立審査委員会の指摘を否定していない．

　表4.7をもとに，調査に関わる論点をまとめると次のような分析ポイントを挙げることができる．

　第一に，ここに挙げた事業のほとんどで見られるのが「専門家の経験知」の影響である．1つずつ並べてみる．まず中国の『西部貧困削減プロジェクト』では，伝統的な牧畜よりも灌漑農業の便益が大きいことが何の調査結果の提示もなく自明のこととして扱われている．インドの『石炭セクター環境および社会緩和プロジェクト』では，林産資源の利用状況を森林の見かけで判断し，カメルーンの『石油開発およびパイプラインプロジェクト』では，文化人類学者がバギエリ族の狩猟生活の実態を調査する必要はないと経験から判断している．移転専門家の視察と現地NGOの過去の経験に依存して失敗したのがインドの『ムンバイ都市運輸プロジェクト』である．カンボジアの『森林伐採権管理監

督試験プロジェクト』では，制度構築の事業だからといって，先住民族の基本的な社会構造や土地・資源利用などの調査を必要ないと判断した．これらのケースが示しているのは，調査を実施するかどうかの段階で専門家の経験知が及ぼす影響の大きさである．

別の見方もできる．ここに挙げたケースの多くで，独立審査委員会の専門家から政策不遵守を指摘され，世界銀行はそれに合意している．世界銀行の専門家は調査を不要と考えたが，独立審査委員会の専門家は必要だったと指摘しているわけである．つまり，調査の必要性は専門家同士ですら正反対に意見が分かれうるのである．その点は，パキスタンの『国家排水プログラムプロジェクト』でも見られる．堤防拡張に伴う洪水リスクの調査の必要性は，明らかに両者の専門家で異なっている．

第二に，社会影響の事前評価でも「借入国への配慮」が見られた．『石炭セクター環境および社会緩和プロジェクト』では，菜園や次世代に必要な土地補償の算出の際に，借入国の実施企業の基準をベースにしたことが政策不遵守だと指摘され，世界銀行もそれを認めている．同じプロジェクトでは，部族民の土地利用の実態が調査されなかった理由として，地元政府の優先度の低さを挙げている．こうしたケースは，一般的に考えられている世界銀行が調査を押し付けているという権力関係からは説明がつかない．

同じ『石炭セクター環境および社会緩和プロジェクト』からさらに第三と第四の2つの論点を挙げることができる．第三は「調査時期」である．政策不遵守の指摘は住民移転時の飲み水の水質調査なのに対して，世界銀行は2年半後のモニタリング時の調査結果で反論している．適切な時期に調査したかどうかという議論が，単に実施したかどうかに置き換えられている．第四は，「はかり」の違いである．独立審査委員会は自給的な農業を営んできた被影響住民が新しい職業に適応できるかどうかの実施可能性を調査しておくべきだったと指摘し，世界銀行もそれを否定しなかった．他方，世界銀行は生計回復につながるかは個人次第だが，職業訓練は意義があるとの見解を示している．いかなる職業訓練に何日従事することでどのような技能が身につくかは「測定可能」だが，それが生計回復という「はかり」で効果を表せるわけではないことを示唆しているといえる．

第五の論点は「所与の条件」である．ウガンダの『第三次・第四次電力およびブジャガリ水力発電プロジェクト』では，開発計画が引き起こす人口流入や土地投機はよくあることだと世界銀行自身が見解書で述べているにもかかわらず，そうした所与の条件を理由にベースラインデータの収集を怠った．ここで興味深いのは，人口の流入や土地の投機を避けられなかったのに，事後的には調査が可能だとの見解が記されている点である．これを第六の論点とする．事前より事後を重視する現象は，同じウガンダの『民間発電（ブジャガリ）プロジェクト』におけるベースライン調査でも確認された．このプロジェクトのリスク調査では，政策不遵守とされた事前調査の不実施を弁明するのではなく，事前調査に基づかない対策である生計回復事業の成果を繰り返し見解書で強調している．

3　算出根拠が適切でない

　社会的な側面の事前影響評価の失敗の3点目は，「算出根拠が適切でない」ことである．社会影響の場合，事前調査の問題はしばしば移転や生計手段の喪失に対する補償に直結してくる．したがって，その算出根拠が被害を受けた住民にとっては重要である．また，立ち退きを伴う場合は，移転前よりも生活が向上するか，最低でも同程度に回復することが政策で定められている．立ち退き以前の生活はどの程度だったのか，それがどのように回復・改善するのか，必要な予算はいくらかなどについて，あらかじめ調べておく必要がある．算出根拠は特に立ち退きが必要となるプロジェクトでは重要な論点となっていた．

　表4.8は，この問題に関係する「事業名」（数字は前節の事例研究の項目番号），「独立審査委員会の指摘」，「それに対する世界銀行の見解」，「調査の論点」をまとめたものである．6つの事業で7件の政策不遵守の指摘を受けた．算出根拠が不適切だと指摘された調査項目は，補償に関するものが3件，生活改善の予算に関するものが2件，人口や資産などに関するものが2件である．ただし，このうち世界銀行が認めたものは半数程度にすぎないので，「合意された事実」かどうかに留意しながら論点を考察する．

　第一に「はかり」の違いである．『石炭セクター環境および社会緩和プロジェクト』では土地を「金額」に置き換えてはかることの問題が，また『ムンバ

表4.8 算出根拠が不適切とされた調査項目

事業名	指摘された調査項目	見解（合意・否定・理由）	調査の論点
（2）インド・石炭セクター環境および社会緩和	補償対象となる土地の価格	合意．インドの農村で土地の実勢価格を突き止めるのは困難．司法で対応可能	土地を金額ではかること
（3）ウガンダ・第三次・第四次電力およびブジャガリ	長期的な生活改善に必要な予算額	否定．政策上義務づけられている生計回復を超えた振興策であり、長期的な生活改善につながる根拠を示す義務はない	目的が規定する調査（生計回復と振興）
（4）パラグアイ/アルゼンチン・ヤシレタダム	非正規のレンガ・タイル作り職人など労働者への補償	否定せず．政策不遵守は否定．事前のベースラインデータがなく補償の算出困難．明らかに生計は移転前より改善していると主張	調査と対策の順序、事前データ収集の責任と事後立証の責任
（6）インド・ムンバイ都市運輸	建物の床面積や材質、労働者の収入を「月給」で測定、移転困難な財産の価値	合意．近隣の鉄道沿いのスラム住民の移転事業の経験を、全く異なる生計状況の本事業に当てはめた	月給という「はかり」、他の事業での経験による先入観
（11）ガーナ/ナイジェリア・西アフリカ・ガスパイプライン	影響を受ける人数（不適切なサンプル調査、1世帯/家族当たりの人数の誤り）	合意．土地制度の複雑さ、複層的な財産所有構造、漁民とのコンタクトの難しさ、伝統的なルールと法的なルールのギャップ、広大な農地と林地	所与の条件．事後の対応は可能と明記
	土地、穀物、商売、市場の区画などの補償額	否定．再取得価格の補償を企業体と合意．事後的な監査で妥当性を確認	再取得価格調査を事後的に実施
（12）ウガンダ・民間発電（ブジャガリ）	移転後の生活改善に必要な予算額	否定．申立直前に83％積み増したので十分．増額の根拠は示さず	合理的な計算式に基づく普遍知

出所：筆者作成

イ都市運輸プロジェクト』では不定期な労働に従事する人たちの収入を「月給」ではかることの問題がそれぞれ指摘され、世界銀行も認めている．

　第二に、「専門家の解釈」の違いが、ウガンダの2つのプロジェクトで生活改善の予算をめぐって表れている．「合意した事実」になっていないが、この

論点は専門家集団である世界銀行と独立審査委員会の専門家との間の解釈の違いを指しているので，合意していないことに意味がある．被害を受けた住民たちの生活改善に必要な予算額が何度も大きく上下し，それらの評価が専門家によって異なるということは，予算が十分かどうかという議論と同時に，そもそも予算の算出根拠とはいかなる知に属するのかという疑問を呼び起こす．

第三に『ヤシレタダムプロジェクト』に見られる「事前調査と対策の順序」の問題である．これも独立審査委員会と世界銀行が合意をしていないことは分析の大きな障害ではない．世界銀行の見解の中に調査の機能が隠れていると考えられる．なぜなら，世界銀行は事前のベースラインデータが欠如していることを認めている一方で，それが政策不遵守ではない理由として生計の改善という事後の対策の成果を述べているからである．事前調査なき対策の一例といえる．

「事前調査がなくても対策をちゃんとやっていればいいのではないか」という意見もあるだろう．しかし，本書では良し悪しよりも結果的に生じている機能に着目している．その視点からこのケースを分析すると重要な働きに気づく．それは事前と事後のいわば「挙証責任の交替」である．事前調査を通じた影響予測の挙証責任は事業実施者や世界銀行側にあり，影響を受ける住民の側にはない．一方，事後の対策では，仮にある対策が補償として不十分な場合，不十分であることの挙証責任は被影響住民が負う．しかも，事前データが欠如していれば，「現在」と比較する調査結果がないため，住民側が自らの被害を立証するのは非常に困難となる．事前調査と対策のどちらに重きを置くかは，こうした挙証責任の交替を引き起こす．事前調査のツケは，事後の挙証責任という形で被影響住民に回されることになる．

表4.8に記された調査の論点はさらに3点あるが，いずれも何度か取り上げた切り口なのでここでは列挙するに留めておく．第四が「専門家の経験知」で『ムンバイ都市運輸プロジェクト』の移転をめぐって指摘され，世界銀行も同意している．第五の「所与の条件」は，世界銀行も合意しているように，『西アフリカ・ガスパイプラインプロジェクト』で先住民族の複雑な世帯概念や土地制度を理由に被影響住民の人数を把握できなかった問題に表れている．これは第六の「事前にすべき調査が事後になされていること」にもつながっている．

なぜなら，先住民族の複雑な世帯概念や土地制度を，申立後に調査できているからである．『民間発電（ブジャガリ）プロジェクト』でも，手間のかかる移転の再取得価格調査は事前ではなく事後に実施されている．

こうした論点は環境影響の事前評価を含めて繰り返し登場してきた．つまり，事例研究で扱った17の事例は，高い専門性と優れた政策を持つ世界銀行において，調査が目的を達成しない理由のある種の傾向を示しているといえる．

第4節　社会影響の調査をめぐる「改善の罠」

序章で述べたように，本書のきっかけは，アジア開発銀行（ADB）の評価報告書に記されていた開発プロジェクトによって負の影響を被る人たちの数である．生計手段を失った人たちが，事前の予測の2.5倍も発生していた．被害を回避・最小化するために行なわれている調査が，なぜかくも実態を読み違えるのかという疑問が始まりだった．本章で取り上げた「調査されなかった人々」の存在は研究の動機に直結しているばかりか，同様の問題が政策改定を重ねた今日の世界銀行においていまだに生じていることに少なからぬ驚きを受ける．

調査が目的を達成しない理由の分析に進む前に，第3章と同様，その分析のよりどころを政策や調査方法の欠陥に求めないことの妥当性を検証する．手続きは，第2章で詳述した非自発的住民移転政策と先住民族政策の改定ポイントと，前節で分類した政策不遵守の内容を対照させるというものである．本章では，2つの政策を同じ社会影響評価という括りで分析したが，第2章では政策ごとに議論したため少し錯綜する恐れがある．そこで，この節では政策ごとに改定ポイントと政策不遵守の指摘を比べてみる．

まず非自発的住民移転政策について考察する．第2章第2節3で列挙した現行の政策につながる第三次改定案の8つのポイントのうち最初の2点は先住民族の移転に関する項目である．そこでは「伝統的な生産様式を持つ先住民族の移転の複雑さ」や「土地に根ざした先住民族の移転の複雑さ」への理解と配慮が強調されている．しかし，本章で取り上げた事例のうち，世界銀行が合意したケースだけを見ても，コンゴ民主共和国の『経済回復と社会再統合プロジェ

第4節　社会影響の調査をめぐる「改善の罠」　　　247

クト』，インドの『石炭セクター環境および社会緩和プロジェクト』，カンボジアの『森林伐採権管理監督試験プロジェクト』，ガーナ/ナイジェリアの『西アフリカ・ガスパイプラインプロジェクト』で，先住民族の生活様式が適切に調査されなかった．また，中国やカメルーンのケースでは先住民族の生計手段への影響調査の必要性をめぐって独立審査委員会と世界銀行が対立している．

　政策改定のポイントの3つ目は「土地に根ざした生計」の補償に適切に対応することだった．インドの『石炭セクター環境および社会緩和プロジェクト』では，独立審査委員会が移転後必要な土地面積や林産資源の利用に関する調査が疎かにされたと指摘し，世界銀行はそれを否定していない．他方，『西アフリカ・ガスパイプライン』の土地補償については算出の妥当性について両者の見解が異なっている．適切に対応すべきだと政策を改めたものの，適切さの「はかり」はしばしば専門家によって違うのである．

　第四の「法的立場の区別」に関わるケースとしては，『ヤシレタダムプロジェクト』が該当する．労働証明書を持たない非正規労働者の生計調査の必要性をめぐって独立審査委員会と世界銀行は正反対の見解を示している．一方，アルバニアの『統合的海岸ゾーン管理浄化プロジェクト』では，不法居住者の調査を実施しなかったことが政策不遵守につながったことを世界銀行も認めている．

　5番目の改定ポイントは環境アセスメントに関係するのでここでは省く．第六に挙げられている「早い時点のベースラインデータ調査」は，ウガンダの『第三次・第四次電力およびブジャガリ水力発電プロジェクト』と後継事業の『民間発電（ブジャガリ）プロジェクト』，それに中国の『西部貧困削減プロジェクト』で実施されなかったと政策不遵守の指摘を受けており，世界銀行も合意している．

　7番目の「被影響者が関与した社会経済調査」については，ホンジュラスの『土地行政プロジェクト』が関係している．土地問題に関わる既存の先住民族団体とは別に，プロジェクト自身が独自の団体を設立して協議対象としたケースである．ただし，その事実については世界銀行も認めているが，既存団体を排除したわけではないので政策不遵守には当たらないと主張している．

　8番目の「非公式な制度の調査への組み入れ」は，例えばインド『ムンバイ

都市運輸プロジェクト』で，都市部の小規模店舗で働く人たちが調査から排除されたケースが該当している．改定時のこうした指摘が活かされていれば，問題を未然に防げたはずである．また『西アフリカ・ガスパイプラインプロジェクト』でも，拡大家族制など，特定の先住民族独自の社会制度が調査に活かされずに政策不遵守を指摘される結果となった．

次に先住民族政策の改定ポイントと見比べてみる．こちらは同じ第2章第2節の4に書かれている．直近の政策改定時に世界銀行の業務評価局が課題として挙げた2つの点を比較の基準とする．第一は「借入国の法的枠組みに関わるような問題」であるが，少なくとも本章で取り上げたケースからは該当する事業は見当たらない．では，第二の「専門家によっても誰が先住民族かについて分かれる」についてはどうか．本章の事例研究の中で，先住民族への影響を調査すべきかどうかで専門家同士の意見が分かれたケースは，中国とカメルーンの事業であったが，「誰が先住民族か」で見解が分かれた事例はなかった．先住民族政策改定時の課題は，本書で分析したケースを見る限りは，ある程度解消されたと考えられる．先住民族については，むしろ，非自発的住民移転政策の改定の際に議論された点が，今日でも克服できていないのである．

以上見てきたように，本章のケースで政策不遵守が指摘され，世界銀行もそれを認めているような事例では，かつて政策改定の際に重要な改善点として取り上げられ，政策に反映されたはずの項目が適切に調査されていないケースが多い．もちろん，脆弱な社会グループの特定など，直近の政策改定では必ずしも重点的に議論されたわけではないものもある．しかし，それとて，初期の頃の政策にすでに盛り込まれている項目であり，これまで見落とされていたわけではない．つまり，本章で分析した目的を達成していない調査は，政策改定の際に繰り返し議論され，政策に盛り込まれたはずのポイントが原因となっていると考えることができる．見方を変えれば，この視点から政策不遵守の原因を分析すれば，政策改定時と同じ改善策が提示され，本章で見てきたような運用面での課題に再び遭遇する可能性を否定できない．まさに改善の罠に陥る恐れがある．したがって，調査の改善につなげる分析視点をいったん脇に置き，別の角度から問題を捉える必要がある．それはまさに本書がとろうとしているアプローチである．調査が目的を達成していない理由を，独立審査委員会の最終

報告書と世界銀行の見解書に立ち返って分析し，実態の把握という調査の目的とは直接関わりなく何かが維持されているのではないか——そうした視点から，次章では本書の問いへの答えを探る．

第5章 「調査の失敗」の必要条件
——「合意された事実」と対立の分析——

第1節 調査の論点

　世界銀行の独立審査委員会にかけられた17のプロジェクトの環境面と社会面の事前影響評価を事例に，調査がどのような点で目的を達成していないと指摘されたのか，それに対してどのような弁明や反論がなされたのか，そして個々のケースは調査を分析するいかなる論点を提示しているかを，のべ4000ページを超える報告書を読み解きながら明らかにしてきた．本章では事例研究の結果をもとに，調査はなぜ目的を達成できないのか，その原因を分析する．

　分析の手がかりは，第3章と第4章のまとめとして挙げた「調査の論点」である．それぞれの事例から導き出したもので，調査が目的を達成していない理由を考察する糸口になると考えている．類似した論点が環境影響を扱った第3章でも社会影響を扱った第4章でも確認できる．この「調査の論点」を軸に本章の分析を進める．

　その際，1点注意が必要である．第3章と第4章のまとめの表に挙げたケースは，独立審査委員会が政策の不遵守，すなわち本書で意味するところの「調査の目的の不達成」を指摘したものではあるが，必ずしも世界銀行が全てでそれを認めたわけではない．世界銀行の見解をふまえると，実際には3つに分かれている．第一に独立審査委員会の指摘に世界銀行が合意したケース，第二に調査の不足などの指摘内容には合意しているものの，政策不遵守＝「目的の不達成」には反論しているケース，第三にどちらも否定しているケースである．

　特に第一と第二のケースの違いには気をつける必要がある．第一のケースでは，調査の不実施などのために政策上の目的を達成できなかったことが，独立審査委員会と世界銀行の「合意された事実」になっている．しかし，第二のケースは，調査の不実施などが目的の不達成だったとは合意されていない．実際

には，独立審査委員会に問題を指摘された調査は目的の達成には必要なかったと反論されている．本書の分析方法からいえば，合意されていない以上は「調査が目的を達成していない」ということはできない．

第3章と第4章で考察した「調査の論点」は，大きく分けて「専門家の経験知」「調査のタイミング」「所与の条件」「はかり」，それに「存在をめぐる対立」の5点に整理することができる．次節からは，それぞれの論点ごとに，改めて個々の事例を振り返りながら本書の問いの答えを導いていく．

第2節　専門家の経験知

調査に関する研究の多くが，実施された調査を対象にしたものであるため，調査の最初のステップに存在する「調査するかどうかの判断」についてはあまり着目していない．調査すべき実態の内容を政策で定め，国際的水準の調査能力を備えた専門家を配置したとしても，調査が実施されなければ，政策も調査能力も活かされない．事例研究で明らかになったのは，調査を実施するかどうかの判断で重要な役割を果たしているのが専門家であり，判断の根拠となっている「専門家の知」は，一般に考えられているような専門知識というよりは，むしろ「専門家の経験知」だということである．

中国の『西部貧困削減プロジェクト』の環境影響の事例分析で指摘したように，一般に経験知とは，専門家の知識とは対照的に，住民が自らの生活様式や技術を正当化するために使われることが多い．ところが，本書の事例を振り返ると，様々な調査を実施しない根拠として，専門家の経験的な判断が持ち出されている．これらの専門家の経験知は，実証的なデータで示されることはなく，その専門家の専門分野や研究歴，あるいは過去の経験などによって擁護されていた．

「専門家の経験知」に関わる論点を導き出した事例を表5.1にまとめ，第3章の環境影響と第4章の社会影響ごとに問題となった調査項目を挙げた．この表で○印が付いているのは独立審査委員会の指摘を世界銀行が受け入れた「合意された事実」，△印は調査の不実施などの指摘は受け入れたが政策不遵守を否定している項目，そして×印はいずれも否定しているケースを表している．

第2節 専門家の経験知

表 5.1 「専門家の経験知」に関わるケース

事 業 名	環 境 影 響	社 会 影 響
1. 中国・西部貧困削減	•移転先への影響　△	•牧夫や遊牧民の移転前のベースラインデータ　△
5. インド・石炭セクター環境社会緩和		•林産資源の利用状況　△
6. ウガンダ・第三次・第四次電力，ブジャガリ水力発電	•累積的影響調査　×	
8. カメルーン・石油開発パイプライン	•ベースラインデータ　△ •累積的影響調査　△	•バギエリ族の沿岸林での狩猟生活状況　△
9. コロンビア・カルタヘナ上下水道および環境管理	•漁業への影響　△ •代替案検討　×	
10. インド・ムンバイ都市運輸		•大規模移転のリスク　○ •建物床面積・材質，労働者収入，移転困難な財産　○
11. パキスタン・国家排水プログラム	•影響の大きさ　○	•水害のリスク　△
12. カンボジア・森林伐採権管理監督試験	•環境アセスメント　○	•先住民族の社会構造や土地利用など　○
13. コンゴ民主・経済回復と社会再統合	•環境アセスメント　△	
15. ガーナ/ナイジェリア・西アフリカ・ガスパイプライン	•環境社会面の費用便益分析　×	
16. ウガンダ・民間発電（ブジャガリ）	•累積的影響調査　×	
17. アルバニア・統合的海岸ゾーン管理浄化		•不法居住者　○

出所：筆者作成/事業名の番号は表 2.7 に従う．

○印の指摘については特に議論の余地はない．「合意された事実」として目的が達成されていない調査で，専門家の経験知が特定の影響項目の調査を実施するかどうかを左右している．問題は△と×をどう解釈するかである．△印のケースは，専門家の判断で調査が実施されなかったことには独立審査委員会も世界銀行も合意しているが，政策不遵守かどうかは両者の見解が異なるものである．しかし，本書で目的を達成していない調査に着目したのは，調査が目的とは関係なく果たしている機能を確認しやすいと考えたからにすぎない．したがって，当初から，その機能は目的を達成していない調査でのみ作用すると考

えていたわけではない．むしろ，目的を達成していない事例で生じた現象が，世界銀行自身は目的を達成したと考えている事例でも生じていることは，意味のある発見だといえる．調査が目的を達成していないときに見えやすいと考えた調査の機能は，目的を達成している場合にも表れていることを示しているからである．

　×印のケースは，専門家の判断で調査が実施されなかったこと自体に異論が提示されたケースなので，△印の解釈を当てはめることはできない．該当するコロンビアの『カルタヘナ上下水道および環境管理プロジェクト』，ガーナ/ナイジェリアの『西アフリカ・ガスパイプラインプロジェクト』，それにウガンダの2つのプロジェクトでは，当該調査は適切に実施されたと世界銀行が反論している．したがって，これらのケースは，調査が実施されたかどうかをめぐる対立と考えることができるので，本章第6節で改めて考察する．

第3節　調査のタイミング

　世界銀行の政策では，事業に伴う影響調査は世界銀行が融資を決定する前の準備段階で実施され，それが融資という意思決定に反映されることを目的としている．しかし，事例研究で取り上げた17のプロジェクトのうち14のプロジェクトで，調査が事前に行なわれなかったり，意思決定に反映されていなかったりしたことが政策不遵守と指摘された．事例研究のうち，調査のタイミングという「調査の論点」に関係していたケースを表5.2にまとめた．なお，表中の○△×は前節と同様に，○印が独立審査委員会の指摘を世界銀行が受け入れた「合意された事実」，△印が調査の不実施などの指摘は受け入れたが政策不遵守を否定している項目，×印はいずれも否定しているケースを表している．

　表5.2に示した世界銀行の見解は大きく2つに分けられる．1つは，調査を事前に実施しなくとも融資決定後にやれば政策不遵守は解消されるという見解である．もう1つは調査よりも支援，見方を変えると調査の上位目的である社会改良が重要であるという見解である．まず前者について検討する．

　政策科学の文献レビューの中で触れたように，調査は実施することが目的化しており，結果が活かされるかどうかに関心が払われていないことが既存研究

第3節 調査のタイミング

で指摘されている．しかし，このケースはそもそも事前に特定の調査を行なわずに融資などの意思決定を行ない，場合によっては土木工事などを開始した後に，影響調査を実施している．一例を挙げれば，移転前のベースラインデータがないまま立ち退かされた住民への影響を，事業によって生活環境が改変されてから後追い調査をしている．環境が改変されてから改変前のベースラインデータを類推的に調査できるのか疑問であるが，世界銀行の見解に従えば，たとえ工事が始まった後でも調査を実施することで政策不遵守に対処したことになる．

確かに，負の影響の回避や融資の実施の是非を判断する材料を提供するはずだった調査が事後的にでも行なわれれば，影響の軽減につながる可能性はある．しかし，影響の回避や，ましてや実施の是非に立ち返ることは不可能である．調査は，それがいつ実施されるかによって，その後の社会改良の選択の幅を決める．調査のタイミング次第では，特定の社会改良の選択肢が最初から除外されることになってしまう．調査の改善でしばしば見られる方法の精緻化では解決できない問題である．つまり，調査時期という調査の科学的な普遍性とは直接関係しないと考えられる要素によって，調査は社会改良のあり方に大きな影響を及ぼしていると考えられる．

次に，調査よりも支援を重視する世界銀行の見解について検討する．事業によって影響を受ける人たちを支援することは，調査の上位目的である生計の回復や向上といった社会改良に資することは確かである．問題は，なぜ事前調査なしに，その支援が生計の回復や向上につながるといえるのかである．事例研究で詳細に分析した世界銀行の見解書では，プロジェクトによって悪影響を受ける人々の多くは農村で半自給的に暮らしており，事前に影響調査をせずとも，何らかの開発プロジェクトを提供すれば生計が回復・向上するのは自明のこととして書かれている．そこには，半自給的な農村生活よりも，開発プロジェクトがもたらす生活の方がより良いという暗黙の「はかり」が存在している．それぞれの事例で述べてきたように，「はかり」とされているのは「収入」や「職業」などである．一般論でいえば，農村から都市に移り住む方が，あるいは自給的な生活から現金経済に移行した方が「社会改良」になることは，調査をせずとも明らかだということになる．この点は次の第4節で論じる．

表5.2 「調査のタイミング」に関わるケース

事 業 名	環 境 影 響	社 会 影 響
1. 中国・西部貧困削減	・灌漑水路ルート未確定のため被影響住民を特定できず ○	
2. ケニア・ビクトリア湖環境管理	・ベースラインデータなしで事後モニタリング ○	
3. エクアドル・鉱山開発, 環境抑制	・事後的なモニタリングに期待 ○	
4. チャド・石油パイプライン	・影響地域の特定を事後環境管理計画で実施 ○ ・累積的影響調査より開発計画重視 △ ・ベースラインデータを事後収集 ○ ・ベースラインデータを環境管理計画に盛り込まず現場で手続き策定 ○	
5. インド・石炭セクター環境社会緩和		・移転直後の飲み水の水質問題の指摘に対して2年後のモニタリングで反論 ×
6. ウガンダ・第三次・第四次電力, ブジャガリ水力発電		・融資後にベースラインデータを収集 ○
7. パラグアイ/アルゼンチン・ヤシレタダム		・ベースラインデータなしの補償の算出は困難だが生計は改善している △
8. カメルーン・石油開発パイプライン	・累積的影響調査は後続の事業で実施すべき △ ・事前調査の代わりに融資後に長期のベースラインデータ収集を実施 △	
10. インド・ムンバイ都市運輸	・移転先の影響は事後緩和策で対応 ○ ・過密都市での調査は込み入っており後回し ○	・事前に無視した商店主・従業員を事後的に把握 ○
11. パキスタン・国家排水プログラム	・この事業自体がセクター環境アセスメント ×	
12. カンボジア・森林伐採権管理監督試験	・調査は融資後に実施事業企業が行なう予定 ○	
13. コンゴ民主・経済回復と社会再統合		・融資後にピグミーを調査し先住民族計画作成 ○
15. ガーナ/ナイジェリア・西アフリカ・ガスパイプライン	・融資の3年後に専門家委員会設置 ○	・複雑な土地・財産所有制度だが融資後の調査可能 ○ ・土地などの再取得価格を事後

事 業 名	環 境 影 響	社 会 影 響
16. ウガンダ・民間発電 （ブジャガリ）	・放水ルールの変更を見込んで調査必要なし　△ ・環境管理計画を融資の前ではなく後に策定　△	的に調査　× ・脆弱な社会グループを事後的に調査　○ ・移転住民のベースラインデータを事後調査　○ ・移転に伴う貧困化のリスクを調査しなかったが生計回復事業の成果を強調　○

出所：筆者作成/事業名の番号は表2.7に従う．

　本節の最後に，○△×印の吟味をしておく．○印と△印の項目については，第2節と同様に考えることができる．すなわち，目的を達成していない調査で時宜を得た調査が実施されていないものの，同じ現象は世界銀行が目的を達成したと考えている調査でも生じている．一方の×印だが，具体的には3つのケースしかないので個別に検討してみる．

　インドの『石炭セクター環境および社会緩和プロジェクト』とパキスタンの『国家排水プログラムプロジェクト』は問題となった影響の種類は異なるが実はよく似ている．インドのケースは，飲み水の水質調査を移転直後に実施しなかったとの指摘に対して，世界銀行は2年半後のモニタリング結果を理由に反論している．それが示しているのは，移転直後の調査の不実施である．パキスタンのケースでも，セクター環境アセスメントが事前に実施されなかったとの指摘に対して，申立対象となった当該事業がそのアセスメントだと反論している．それは，事前には実施されなかったことを意味している．したがって，どちらのケースも調査の実施時期が事前ではなかったことを世界銀行も暗に認めており，実質的には△印，すなわち調査時期はずれているが政策不遵守ではない，に含めることができる．

　もう1つの『西アフリカ・ガスパイプラインプロジェクト』のケースは，事前に定めていた土地の補償価格の妥当性が事後の監査で証明されたというものである．結果的に，補償価格が調査によって決まったかのように見えるが，実際には事前の段階で再取得価格の調査は実施されていない．このケースも前の2つと同様に，調査時期はずれていても政策を遵守したと世界銀行が考えている△印に相当するといえる．

第4節　調査する側の「はかり」

　調査が実態の把握に失敗する理由が「はかり」の違いにあるのではないかという仮説を本書の序章で提示した．調査を実施する側は，近代的な家族制度・土地制度・権利義務関係，現金化された経済制度などを前提にして，開発に伴う影響や効果を測定する傾向にあるが，こうした「はかり」は必ずしも開発途上国の農村の人々や都市の貧困層の人たちの生活実態を反映していない，という仮説だった．表5.3に示したように，事例研究のうち8つのケースで「はかり」に関わる論点を見出すことができた．

　「はかり」は本書の分析のために筆者が独自に定めた概念なので[1]，具体的な事例から調査の失敗が「はかり」と深く関わっていると考える根拠を示す．例えば日本においては，人口を計算する場合に何のためらいもなく「世帯数×世帯当たり人数」という計算式（=「はかり」）を使う．しかし，インドの『ムンバイ都市運輸プロジェクト』やガーナ/ナイジェリアの『西アフリカ・ガスパイプラインプロジェクト』では，世帯のような単位を決めてそれに単位当たりの平均人数を掛けるという方法で被影響住民数を把握したものの，それは実際の人口とは大きくかけ離れていた．それに加えて，家族がバラバラに暮らしているような状況を全く考慮できていない．そもそも「世帯」という「はかり」自体が，核家族社会を前提にしており，ナイジェリアの部族社会で見られた「拡大家族」のような「はかり」は全く考慮されていなかった．

　収入という「はかり」も実態との乖離を引き起こした．日本なら何の抵抗もなく受け入れる「月給」という単位は，月の労働日数が定まらないインドの『ムンバイ都市運輸プロジェクト』で影響を受けた人たちにとっては自らの実態を反映しにくい「はかり」だった．「職業」も日本ならば1つに絞られることがほとんどだが，インドの『石炭セクター環境および社会緩和プロジェクト』で移転を余儀なくされた人たちにとっては，複数の生計手段が生活全体を支えている．「土地」に関しても，日本の感覚ではそれぞれの土地は登記簿に

---

[1]　本書における「はかり」の定義は序章第3節1を参照．

第4節　調査する側の「はかり」　　259

表5.3　「はかり」に関わるケース

事業名	環境影響	社会影響
1. 中国・西部貧困削減	・移転地の影響――移転人口の大きさ vs. 1人当たり消費額　△	
4. チャド・石油パイプライン	・「可能な範囲の」環境影響の定量化（非使用価値など）　×	
5. インド・石炭セクター環境社会緩和		・土地の金銭補償　○ ・職業訓練（日数）と生計回復　○
7. パラグアイ/アルゼンチン・ヤシレタダム		・人口統計の信用度　○ ・多様な生計手段と1つの職業　○
10. インド・ムンバイ都市運輸	・自然環境と社会影響の統合　○	・労働者の収入と「月給」　○ ・被影響者の数え方　○
14. ホンジュラス・土地行政		・「はかれる」対象としての先住民族団体の設立　△
15. ガーナ/ナイジェリア・西アフリカ・ガスパイプライン		・拡大家族や伝統的な財産権や土地利用制度　○
16. ウガンダ・民間発電（ブジャガリ）		・移転者の生活改善に必要な予算　×

出所：筆者作成/事業名の番号は表2.7に従う．

よって所有者が明示されているということになるが，開発途上国の農村部では慣習的な，また集団的な土地利用がかなり残っており，補償すべき土地所有者を特定することの難しさを事例研究は示している．これらのケースでは世界銀行も独立審査委員会の指摘を受け入れているため，表中では○印を付してある．すなわち，目的という点から見て「失敗した調査」である．

次に，△印と×印について考察する．中国の『西部貧困削減プロジェクト』では，移転地への影響調査の必要性をめぐって，専門家同士が異なる「はかり」を使用した．独立審査委員会の専門家が使用した「はかり」が移転人口の大きさなのに対して，世界銀行が使用したのが移転住民1人当たりの消費額である．政策不遵守の見解は分かれているが，異なる「はかり」を専門家同士が使って実態を把握していることは事実である．ホンジュラスの『土地行政プロジェクト』でも，既存の先住民族団体以外に協議しやすい団体を設立したこと

は合意されている．一見すると協議しやすい団体の設立は「はかり」と無関係に思えるが，先住民族社会を切り取る尺度を備えているという意味では「はかり」と類似していると考えられる．世界銀行が調査の目的を達成していると主張されたケースでも，「はかり」が調査のあり方を左右している．

一方×印は2つある．チャドの『石油パイプラインプロジェクト』では，世界銀行は可能な範囲で環境影響を定量化したとして，独立審査委員会の指摘を否定している．その内容は，自然生息地を横切るパイプラインの長さ，水路の本数，村落数であり，ここにも「はかり」が介在している．世界銀行は見解書の中で無形のものや使用価値などの定量化は困難だと述べている．政策不遵守を否定しているものの，ある特定の「はかり」で環境を切り取るしかない事情を世界銀行も認めている．

もう1つの×印であるウガンダの『民間発電（ブジャガリ）プロジェクト』では，生活改善に必要な予算をめぐって額が数倍単位で大きく上下した．何をもって十分な予算なのかが専門家によって見解が著しく異なっている．このケースは，「はかり」の不適切さも政策不遵守も合意されていないが，少なくとも専門家間の「はかり」に大きな違いがあることを示している．

政策不遵守を指摘されたのは，一般的に受け入れられやすい科学的な普遍性に依拠した「はかり」で切り取った実態であり，それに対して独立審査委員会が引き合いに出したのはその地域ごとの個別状況に応じた文脈的な「はかり」で理解することの必要性である．ここで重要なのは，世界銀行の見解から明らかなように，調査する側がこの「はかり」の違いを十分認識している点である．人口統計の信用度も，職業を1つに限定できない状況も，あるいは広範な森林利用，複雑な財産権や土地利用に関しても，世界銀行など調査する側はそれらを普遍性に依拠した「はかり」で把握することの難しさを初めから理解した上でプロジェクトに関わっている．

本書の読者の中には，この問題は普遍性を重んじる科学的な「はかり」では捉えにくい実態をどのように「はかる」のかという技術的な問題ではないかと感じる人もいるだろうし，先行研究でレビューした多くの議論はこの問題を調査の方法論として扱おうとしてきた．しかし，ここに挙げたような項目の重要性は，第2章で分析した過去の政策改定の主要な論点だった．「はかりにく

い」実態の重要性を政策改定の段階で認識し，それらを調査すべき項目に入れた新しい政策を導入したのに，結局それを達成することができていない．ここで調査方法の欠陥に帰責すれば「改善の罠」に陥る．

そこで「はかり」をめぐるこうした困難を，結果，すなわち調査の機能という観点から捉えなおすと，調査は，調査する側が持っている「はかり」で現状を切り取る作業だといえる．部族社会や自給的な生活を，調査者は自らが持っている「世帯」や「収入」といった「はかり」を使わずにありのままをはかる術を持っていないのである．最初から織り込み済みの障害が理由で実態の把握ができないのは，調査には調査する側が持っている特定の「はかり」の維持，あるいは現状の切り取り方のルールの維持とでもいえるような働きが内在しているからではないかと考えられる．

しかし，ここで疑問が生じる．「知識銀行」である世界銀行には，科学的な普遍性だけでなく個別状況に応じた文脈的な実態を把握する「はかり」が存在しないのかという疑問である．この点については，次の第6章で調査の担い手に関する分析として詳しく検討する．

第5節　所与の条件

所与の条件とは，融資を受ける開発途上国やプロジェクト地域で，融資前の段階から明らかに予想できる状況を指す．第4節でも，「はかり」の違いを調査する側があらかじめ認識していたという意味でこのことには触れているので，本節では「はかり」に関係するケースは除く．「所与の条件」が調査の論点だと考えられるプロジェクトは表5.4にまとめたように8つある．

「所与の条件」に関わるケースは，借入国政府や事業を実施する民間企業への配慮と関係している．人口が過密であったり，事前のデータがなかったり，あるいは事業計画が公表されることに伴う土地投機や人口流入などは，事業準備の段階で借入国政府による対応が求められる融資の前提ともいうべき状況である．また，借入国の法律が世界銀行の政策で定められた融資条件と異なる場合でも，もし世界銀行の融資を受けるのであれば政策に則った対応が借入国に求められることも周知のことである．

表5.4 「所与の条件」に関わるケース

事業名	環境影響	社会影響
5. インド・石炭セクター環境および社会緩和		・部族民の調査に地元政府の関心なし ○ ・企業の提案をベースに土地補償算定 ○
6. ウガンダ・第三次・第四次電力，ブジャガリ水力発電		・土地投機や人口流入 ○
7. パラグアイ/アルゼンチン・ヤシレタダム	・当該国の法律 ○	・被影響住民が増加することによる追加的費用負担 ○
8. カメルーン・石油開発パイプライン	・意思決定の重大な遅れを危惧してベースラインデータを収集せず △ ・カメルーン政府との関係悪化で助言委員会なし ○	
10. インド・ムンバイ都市運輸	・人口過密で移転地の代替案なし ○	・人口過密で被影響住民の把握が困難 ○
12. カンボジア・森林伐採権管理監督試験	・環境アセスメントを実施段階で企業が実施と想定したが行なわれず ○ ・住民の森林利用範囲の広さ ○	
13. コンゴ民主・経済回復と社会再統合		・数十万人いるピグミーの存在の見落とし ○
15. ガーナ/ナイジェリア・西アフリカ・ガスパイプライン	・リスク評価は調査依頼者が現地政府なので非公開文書として活用 ○	・被影響部族の複雑な財産権と土地利用 ○

出所：筆者作成/事業名の番号は表2.7に従う．

　他方，パラグアイ/アルゼンチンの『ヤシレタダムプロジェクト』とカメルーンの『石油開発およびパイプラインプロジェクト』は，いずれも民間企業が事業実施者となっている．カメルーンの事業では，民間企業として事業実施の意思決定が遅れることによる損失を回避するために，調査を省略したり簡略化したりしたことが政策不遵守につながった．また，パラグアイ/アルゼンチンの事業では，民間企業が事後的な負担増を避けるため人口統計に記された人数に対してしか補償をしない契約を政府と結んだ．その結果，人口統計と現実の齟齬を補うことが，財政難の政府の支出を増加させることにつながるため，実際の被影響人口を把握するインセンティブが失われたのではないかというのが

独立審査委員会の指摘である．こうした指摘については，カメルーンのベースラインデータのケースだけが，政策不遵守に合意されていないが（△印），それ以外は世界銀行によって全て受け入れられている（○印）．

　借入国や実施企業が事前にクリアすべき前提条件が満たされていないのに世界銀行が融資をしたことが政策不遵守につながっているといえる．融資前にこうした条件を充足させるはずの調査は，不十分ではあるが実施済みという形で融資への抜け道を作る政策不遵守の共犯者的な役割を果たしている．開発途上国の開発に必要な資金を，市場より有利な条件で貸すことで，一見すると世界銀行は顕示的な権力を開発途上国の政府機関や民間企業に行使している．しかし，ここに挙げた事例が示しているのは，調査を通じてこの権力関係は逆転し，借り手である開発途上国の政府機関や民間企業の事情に配慮して，世界銀行が自ら政策に則っていない調査を受け入れているのが実状である．このことは調査の1つの機能だといえる．

第6節　調査の有無をめぐる対立

　独立審査委員会と世界銀行という，いずれも優れた専門家を抱えた機関の間で，調査の有無という一見単純な事実認定をめぐって見解の相違が生じている．表5.5に関係するケースをまとめた．この中には，第2節で分析を先送りした4つのケース（専門家の判断で調査が実施されなかったことを世界銀行が否定した表5.1の×印の項目）も含んでいる．対立しているだけに，全てのケースで×印，すなわち独立審査委員会の指摘を否定している．

　本書では，お互いの見解が対立しているからといって独自の事実確認をしない分析アプローチをとっている．どちらが正しいかではなく，両者の見解を示した文書に立ち返ってどのような調査の働きを見出すことができるかを考える．その結果，これらのケースからは調査の2つの機能を指摘できると考えた．

　1つは調査が調査を隠すという働きである．調査の有無をめぐって対立が生じた事業では，相当量の調査が実施されている．調査が行なわれていないように見えるのは調査の不足が原因なのではなく，調査が多いことの結果である可能性がある．大量の調査がいわば「目隠し」の機能を果たしている．

表5.5 「調査の有無」に関わるケース

事 業 名	環 境 影 響	社 会 影 響
1. 中国・西部貧困削減	● 伝統的生計手段に対する灌漑農業の優位性　×	● 遊牧民の生計　× ● チベット民族とモンゴル民族の生計　× ● 先住民族の大部分が受益者であること　×
2. ケニア・ビクトリア湖環境管理	● 湖のローカルな影響　×	
4. チャド・石油パイプライン	● 独立した専門家の助言　×	
6. ウガンダ・第三次・第四次電力，ブジャガリ水力発電	● 累積的影響調査　×	
9. コロンビア・カルタヘナ上下水道および環境管理	● 採択案以外の代替案のコスト以外の調査　×	
15. ガーナ/ナイジェリア・西アフリカ・ガスパイプライン	● 環境社会面の費用便益分析　×	
16. ウガンダ・民間発電（ブジャガリ）	● 助言委員会の存在　×	

出所：筆者作成/事業名の番号は表2.7に従う．

　もう1つは，複数の解釈を許容しながらもそれを捨象する調査の働きである．ケニア，ウガンダ，コロンビア，ガーナ/ナイジェリアのプロジェクトでは，同じ文書をめぐって，特定の調査が盛り込まれているかどうかを争っている．大量の調査による「目隠し」の機能に対して，これらの事例では特定の調査文書が異なる専門家によって幾通りかに解釈されうることが対立の原因となっている．調査は，ある人にとってはAという事実を映し出すが，別の人にとってはBという事実を映し出している．読み手がたとえ専門家であっても異なる解釈を与える場合があり，調査が創出している知は必ずしも誰が見ても同じ解釈につながる普遍的なものばかりではない．アリストテレスのことばを引用すれば，一見普遍的で「それ以外の仕方ではありえないもの」のように扱われている調査結果は，ときとして「それ以外の仕方においてありうるもの」なのである[2]．

---

[2] アリストテレスの知に関する考察については序章第3節1を参照．

異なる解釈の可能性は，公での議論の必要性とそこに材料を提供する調査の役割を提示している．しかし，事例研究が示しているように，実際の調査はそうした異なる解釈の余地を捨象し，特定の解釈を採用している．同じ調査文書をめぐる独立審査委員会と世界銀行の対立は，調査結果の異なる解釈の可能性と同時に，一方の捨象という調査の機能を示している．

第7節　実施されなかった調査

　本書の仮説を検討していた段階では，調査が「実態を読み間違える」という表現を使っていた．想定していたのは，何度か例示しているアジア開発銀行（ADB）の被影響住民数の読み間違いである．しかし，事例研究を通じてわかってきたことは，少なくとも独立審査委員会に申し立てられたケースでは，何か計算ミスのような間違いを起こして実態を読み間違えていたというよりも，特定の調査を実施せずに実態をいびつに切り取っていたと表現した方が適切だということである．その結果として，複雑で全体的な実態を読み間違えているのだと考えられる．そこで，本章の最後にどのような調査もしくは調査項目が実施されなかったのかを分析し，実態の切り取り方や読み間違いの傾向を探る．

　調査が実施されなかったという独立審査委員会の指摘に対して，世界銀行が合意した調査や調査項目を表5.6にまとめた．全ての項目が○印か△印である．すでに説明したように，○印は指摘を世界銀行が受け入れたケース，△印は調査を実施しなかった事実は認めたものの政策不遵守を否定しているケースである．○印と△印に共通しているのは，特定の調査が実施されなかったことは「合意された事実」になっている点である．

　表5.6に挙げた項目のほとんどは，開発途上国では公的な統計や政府機関が所有する既存のデータからでは明らかにすることが困難なものである．実施されなかった調査は，大まかにいって4つのタイプがあると考えられる．

　1つは，ベースラインデータである．ケニア，チャド，ウガンダ，カメルーンのケースで見られるように，プロジェクト地周辺の自然環境や人々の生計手段に関する調査が実施されていない．2つ目は，自然資源利用の実態である．インド，コロンビア，カンボジアなどでは，非木材林産資源や土地の利用，捕

表5.6 実施されなかった調査

事 業 名	環 境 影 響	社 会 影 響
1. 中国・西部貧困削減	・灌漑水路の建設に伴う影響 ○ ・6万人が移転する先（小さな町）での環境影響 △	・牧夫や遊牧民の移転民の生活状況を示すベースラインデータ △
2. ケニア・ビクトリア湖環境管理	・ホテイアオイ機械裁断前のベースラインデータ ○	
3. エクアドル・鉱山開発，環境抑制	・北部の生態系保護地域への影響 ○	
4. チャド・石油パイプライン	・プロジェクトの影響地域の特定 ○ ・他の油田，パイプライン，製油所を含めた累積的影響調査 △ ・ベースラインデータ（しかも環境管理計画に反映されず） ○	
5. インド・石炭セクター環境および社会緩和		・移転後必要な土地面積（次世代） ○ ・林産資源に関する移転前の利用状況と移転先での利用可能性 △ ・自給的な生計から移転後の自営業への転換の実現可能性 ○ ・部族民の慣習的な土地利用 ○ ・補償対象となる土地の価格 ○
6. ウガンダ・第三次・第四次電力，ブジャガリ水力発電		・移転対象住民の社会経済ベースラインデータ ○
7. パラグアイ／アルゼンチン・ヤシレタダム	・環境アセスメント ○	・政府の人口統計から漏れた人 ○ ・統計上漁業が「主たる職業」でない人 ○ ・漁民や非正規のレンガ・タイル作り職人（自前の生産施設なし）など労働者への補償 △

出所：筆者作成/事業名の番号は表2.7に従う.

第7節　実施されなかった調査　　267

事 業 名	環 境 影 響	社 会 影 響
8. カメルーン・石油開発パイプライン	・パイプライン沿いの環境に関するベースラインデータ（雨季・乾季を含む通年の生物・物理学的データ，気候・環境条件の変化を考慮，総延長900km）　△ ・累積的影響調査（北部石油開発，海岸の石油・ガス開発，近隣のダム，高速道路）　△	・バギエリ族の沿岸林での狩猟生活　△
9. コロンビア・カルタヘナ上下水道環境管理	・処理後の汚水の海洋投棄に伴う漁業への影響（海洋学的な状況，投棄場所の受容能力，春と夏の違い等）　△	
10. インド・ムンバイ都市運輸	・移転先の環境（ごみ処分場や排水路）が移転住民の生活に及ぼす影響　○ ・数万～十数万人を移転させる事業で道路や移転地の系統的な代替案調査　○ ・自然環境の変化が生活に及ぼす影響や大規模移転が環境に及ぼす影響（自然面と社会面の統合）　○	・影響を受ける住民総数，商店主や従業員　○ ・数万人規模の移転に伴い想定外の問題が生じるリスク　○ ・建物の床面積や材質，労働者の収入，移転困難な財産の価値　○
11. パキスタン・国家排水プログラム		・堤防拡張によって逆に洪水被害が生じるリスク　△
12. カンボジア・森林伐採権管理監督試験	・森林以外の地域（集水域の下流地域，林産資源利用者）への影響　○ ・先住民族らが伝統的に活用してきた樹脂が採れる木，他の木材，非木材林産資源の量的把握と影響　○ ・伐採権システムの環境アセスメント　△	・先住民族の基本的な社会構造，伝統的な土地・資源利用，土地の継承や相続など　○

事業名	環境影響	社会影響
13. コンゴ民主・経済回復と社会再統合	・森林地を用途ごとに分配することや森林伐採権の見直しが環境に及ぼす影響 △	・ピグミーの存在と影響 ○
14. ホンジュラス・土地行政		・協議対象としてガリフナ族の団体を独自に設立 △
15. ガーナ/ナイジェリア・西アフリカ・ガスパイプライン		・女性など脆弱な社会グループ ○ ・影響を受ける人数(伝統的な家族制度・財産所有制度) ○
16. ウガンダ・民間発電(ブジャガリ)	・既存ダムの上流のビクトリア湖への影響 △	・孤児、寡婦、障がい者など脆弱な社会グループの特定 ○ ・移転済み住民の生活状況および今後移転する住民の生活状況(社会経済ベースラインデータ) ○ ・生計回復の状況や将来の貧困化のリスク ○
17. アルバニア・統合的海岸ゾーン管理浄化		・プロジェクト予定地に住んでいた不法居住者 ○

獲漁業などの生活実態が調査されなかった．3つ目は，慣習的もしくは非正規な社会生活の様式である．労働証明書を持たない被影響住民や先住民族の社会構造，伝統的な家族制度や財産制度などが把握されなかったとの指摘が，インド，パラグアイ/アルゼンチン，カメルーン，コロンビア，カンボジア，コンゴ民主共和国，ホンジュラス，ガーナ/ナイジェリアなど多くのプロジェクトでなされている．4つ目は将来のリスクや累積的影響である．これは，チャド，カメルーン，インド，パキスタン，ウガンダのプロジェクトで指摘された．

　これらの調査項目を事前の段階で満たすには，自然環境や社会環境の専門家が，場合によっては相当長い期間フィールドワークや現地実査を行なう必要がある．また，非自発的住民移転や先住民族の政策に関わる項目は，一般的に考えれば住民たちへの注意深い聞き取り調査が求められる個別的な状況に関わる内容である．したがって，実態の把握ができなかった，もしくはしなかった調査では，何らかの原因で時間をかけた個別的な状況を把握する調査が実施できなかった，もしくはする必要がないと考えられたといえる．

ここでも世界銀行が抱える専門家について疑問が生じる．「実施されなかった調査」を担える専門家が「知識銀行」である世界銀行にいないとは到底考えられないからである．世界銀行の専門家について次の第6章で詳しく分析する．

第8節　調査が目的を達成しない5つの理由

本章では，事例研究でまとめた「調査の論点」をもとに，調査が社会改良に向けた実態の把握という目的を達成できない原因を分析してきた．その結果として，以下の5点を挙げることができる．

（1）　研究歴などで裏づけされた専門家の経験知や「はかり」によって調査の必要性が判断されていること
（2）　専門家は自らが持っている「はかり」によって実態を切り取っていること
（3）　調査はいつ行なわれたかよりも実施されたかどうかでその目的の達成が判断されていること
（4）　調査には社会改良という上位目標があるため，調査の不実施は社会改良への努力によって置き換えられやすいこと
（5）　資金や専門性を通して調査をコントロールする側がされる側に配慮していること

ただし，事例研究からいえるのは，これらの要因は目的を達成しないことの必要条件であって十分条件ではないということである．上記の5点が調査の不実施などにつながっているケースでも，必ずしも全てで目的の不達成が「合意された事実」になっていないからである（表中の△印）．第2節で述べたように，本書では調査の機能を観察しやすいと考えて，目的を達成していない調査を事例として選択した．したがって，目的の不達成の事例から明らかになった事象が，目的を達成していたと主張された事例でも生じているのであれば，そうした事象は目的とは無関係に果たされている調査の機能を分析する材料になるといえる．

また，本章の第6節の分析から，調査の2つの機能が浮き彫りになった．1つは，調査のいわば「目隠しの機能」で，調査が増えることによって調査の存在・不在が見えにくくなることを意味する．もう1つは，調査結果には異なる解釈の余地があるにもかかわらず，その一方を捨象して特定の解釈に優越を与える機能である．しかし，これらは調査が目的を達成しない原因ということはできない．なぜなら，いずれも独立審査委員会の指摘を世界銀行が否定したケース（表中の×印）から導いたもので，「合意された事実」ではないからである．独立審査委員会と世界銀行の見解が異なる背景を分析することから導き出された調査の機能ということができる．

上記の5点のうち，(1) と (2) は本書の仮説で提示した専門家の持つ知の枠組みや「はかり」に関係しており，仮説の妥当性がある程度説明されたといえる．しかし，繰り返し述べているように疑問も生じる．専門家が持つ「はかり」は必ずしも科学的な普遍性を重んじるものばかりではない．世界銀行は様々なバックグラウンドを持つ専門家を多数抱え，誰もが同じ結論を出せないような状況依存的な知を言語化しようとする専門家もいる．そこで生じるのは，なぜそのような組織で，事例研究に挙げたような調査の問題が生じるのだろうかという疑問である．事例研究の結論を深めるには専門家について分析する必要がある．本書の序章では，そのような専門家は援助機関や開発途上国の組織の中で立場が弱いことが多く，また社会改良という上位の目標に照らした調査の時間的制約によって，実態の把握という目的の達成に影響力を発揮することができないのではないかとの仮説を立てた．調査が目的を達成しない理由は，調査の担い手である専門家の組織における立場といかなる関係にあるのかを次の第6章で分析する．

他方，(3) から (5) は，仮説の段階では想定していなかった原因である．これらが，調査の担い手である専門家の立場と関係があるかどうかは，17プロジェクトの事例研究からはわからない．この点についても，第6章の中で合わせて分析する．そして，第6章で明らかになるであろう目的を達成しない調査と専門家とのつながり，それに本節で提示した調査の2つの機能（目隠しと解釈可能性の捨象）をもとに，調査と権力の相互作用について最終章で分析する．

第6章　調査の媒介効果——異なる専門家と組織——

第1節　世界銀行の専門家を分析する意味

　第5章では，本書の事例研究の結果を包括的に分析し，調査が実態の把握という目的を達成しない原因を5点挙げ，その中で専門家の経験知や人々の生活の全体性を断片的に切り取る「はかり」の働きを指摘した．それを受けて本章では，調査や審査を担う専門家に目を向ける．

　調査が目的を達成しなかったケースとして事例研究で取り上げた伝統的な家族制度や諸部族の土地利用などは，極めて個別的で文脈的な「はかりにくい事象」といえる．世界銀行にはそうした事象に注意を払い，調査に反映しようと考えてきた専門家が少なからず存在してきた．にもかかわらず，それらが調査されなかったり，科学的な普遍性があると考えられている「はかり」に当てはめられて実態の把握に失敗したりしているのはなぜなのか．具体的には，専門家自身に依拠する原因からなのか，それとも本書の仮説で提示したように調査機関，すなわち世界銀行という組織の影響を受けたものなのかを本章の問いに立てて，既存文献を分析する．

　ところで，この問いに取り組むことは世界銀行の事例を超えてどのような学びにつながるだろうか．世界銀行の事例が敷衍しているのは，1つには開発途上国において社会改良を目指して行なわれる実態把握を目的とした調査であり，もう1つは事業実施のための資金を供与するという顕示的な権力を持つ機関によって審査される調査である．この事例の射程の広がりとしてまず考えられるのは，世界銀行と同様に開発途上国の開発事業への資金供与を目的にしている二国間や多国間の開発機関の調査である．それに加えて間接的ではあるが，例えば日本国内の公共事業や災害対策でも，専門家同士で見解が異なったり，事後的な調査によって事前の予測の誤りが指摘されたりすることを考えれば，公

的な資金によって事業を行なうかどうかの判断材料を提供する調査の妥当性をめぐる議論に援用することは可能である．

　具体的なつながりについては以下のように考えている．社会改良事業が計画されている地域では，状況依存的で地域固有の事情を抱えていることが少なくない．既存文献レビューで述べた通り，開発途上国の開発援助や先進国の先住民族への社会影響評価などの分野では，近年はそうした実情をふまえて調査対象の住民自身が持っている知識から学ぶ住民参加型の調査が重視されるようになった．フィールドワークによって現地の文脈を読み取るエスノグラフィックな調査を得意とする社会学や人類学の専門家が注目を浴びるようになったのはそういった背景からである（Long 2001）．では，個別的な状況を汲み取れる「はかり」を持っているこうした専門家を増やすことで，事例研究で分析したような調査と実態の食い違いは解消されるのだろうか．

　イギリスや北欧諸国など7カ国の開発援助機関および世界銀行における文化人類学者の活用について調査した岸上（2008）は，開発援助機関における文化人類学者の採用数が増えていない中で，例外的に文化人類学者が活用されている機関として世界銀行とイギリスの国際開発庁（DFID）を挙げている．世界銀行については事前調査の段階で積極的な役割を果たしていると高く評価している．

　ところが，その世界銀行の事前調査で，本書の事例研究で見たように地域固有の実状が把握されていないために政策不遵守を指摘されている．科学的な普遍性があると考えられている「はかり」を用いた調査が実態の把握に失敗しているような場合，その問題解決のために個々の状況を汲み取れるような文脈的な「はかり」を持った専門家を採用するだけでは，十分な成果を得られない可能性がある．つまり，開発における調査と実態の乖離を防ぐために，世界銀行を先進例として文化人類学者や社会学者を増やすことだけでは解決策にならない．その原因を分析することは，世界銀行の事例を超えて，状況依存的な知を開発事業や公共事業に反映する糸口を見出すことにつながると考えられる．

第2節　開発パラダイムを推進する経済学者

　世界銀行特有の専門家の呼び方に「社会科学者」という括りがある．これは経済学以外の「社会科学」の専門家を指し，具体的には前節で述べた社会学や人類学など個々の状況に応じた文脈的な知を重視する専門家が含まれている．

　世界銀行が「社会科学者」を短期間のコンサルタントとしてではなく正規の職員として初めて採用したのは1974年である（Cernea 1995；Francis and Jacobs 1999）．R.マクナマラ総裁のもとで，世界銀行は貧困削減や農村開発を新たな重点分野として取り組むようになっていた．世界銀行における初の「社会科学者」となったのは，29歳のときにルーマニアのブカレスト大学で社会学の博士号を取得したM.チェルニアである．チェルニアはその後97年まで20年以上にわたって，世界銀行のプロジェクトや政策に社会的な側面を取り込むのに中心的な役割を果たし，特にインフラ開発に伴う住民移転問題への対応に多くの業績を残した．チェルニアは95年にアメリカの応用人類学会から「マリノフスキー賞」を授与された際の記念論文の中で，世界銀行で働き始めた頃の専門知識の状況を以下のように述べている．

> 開発人類学者が世界銀行に持ち込む類の知識が降り立った場所は，知識の真空地帯ではなかった．そこは，長く経済や技術の思考によって植民地化され，両者の思考が確固とした地位を築いていた領土だった．（Cernea 1995：344，筆者訳）

　開発プロセスの社会文化的な側面が軽視され，そのゆがみがプロジェクトに現れるのを目の当たりにしたチェルニアは，問題の根幹を3つの型で説明している．第一が，経済・財務分野の変数への影響に偏って目を向ける経済中心型（econo-centric），第二が，社会的なつながりから切り離して開発の技術的な変数に帰する技術中心型（techno-centric），そして第三に，社会的なアクターよりもモノに目を向ける商品中心型（commodo-centric）である．チェルニアは，開発を誤った方向に導きかねないこうした偏りを是正することに，経済学者以外の「社会科学者」の存在意義を強く認識していた（ibid.：344-345）．

　世界銀行の「社会科学者」について詳しく論じる前に，チェルニアが世界銀行を「植民地化」していると強く意識していた経済学者が果たしてきた役割に

ついて分析する．世界銀行の中で主流となってきた知のあり方を明らかにすることで，本章の問いに直接関係する「社会科学者」の立場や役割がより明確になると考えられる．

世界銀行は，多数の専門家を抱えて自ら調査研究を行なって知識を生み出すだけでなく，開発事業を通じて開発途上国政府が実施した調査の良し悪しを判断するいわば知識を正当化するゲートキーパーでもある．1996年に当時のウォルフェンソン総裁が「知識銀行」と称して以来，開発に関する世界中の情報を収集し発信していく役割を重視してきた（Gwin 2003）．その当時で，経済学の専門家が800人，その他の分野の専門家は3000人を超えている．組織上，融資業務から独立して研究を行なう開発経済副総裁職のもとには経済学者を中心に90人以上の研究者がおり，年に2本の学術誌への投稿が義務づけられている．大学としては大所帯のロンドン・スクール・オブ・エコノミクス（LSE）の経済学部の教員が50人程度で，そのうち開発経済学の教育や研究に多少なりとも関わるのが5人であることを考えると，この分野における世界銀行の研究体制は大学を圧倒している（Stern with Ferreira 1997）．研究に投じられる資金の全体像はつかみきれないが，プロジェクトに直接関係しない研究費だけで世界銀行の運営予算の2.5%を占めており（Deaton et al. 2006），2009年の運営予算が21億7910万ドル（World Bank 2008）であることを考えれば5400万ドルに達する計算となる．

のちに世界銀行のチーフエコノミストとなるN. スターンは，世界銀行の創設から半世紀を振り返って1997年に出版された本の中で，「『知的アクター』としての世界銀行」と題した章を執筆した（Stern with Ferreira 1997）．スターンは，世界銀行においては経済学者以外の知的な役割は小さいとして開発経済学の貢献に限定して論じている．スターンによれば，世界銀行の研究業務は，構造調整融資に見られるようなアジェンダセッティングと，開発途上国政府や他の開発機関との政策対話をリードすることだった．一方で，研究の質という点では，世界銀行が業務中心の機関であることからくる制約を以下のように指摘した．

　研究者は自由に知的な着想を追い求めるわけではない．与えられた優先順位や業務にとってただちに有用であるべきだという自明のニーズの制約を受けている．さらに，

大学で見られるよりはるかに高い敬意を払われる強固なヒエラルキーや雰囲気がある．研究者は，たどり着いた結論を上司がどう思うかにかなりの関心があり，その結果，しばしば分析が適切かどうかに集中できないのである．（ibid.：594，筆者訳）

しかし，スターンが業務中心の機関による研究の難しさとして取り上げた上記の点は，単に研究の質に関わる問題に留まらなかった．スターンの評価から10年後の2006年に公表された「世界銀行の研究の評価1998-2005」（以下，研究評価報告書）は，業務のための研究の制約が，世界銀行の貸付業務そのものの質や，大きくいえば世界銀行が開発途上国に普及する知識の正当性を疑問視させることにつながったと指摘している（Deaton et al. 2006）．

この研究評価報告書は，世界銀行の委託によって，プリンストン大学経済学部のA.ディートン教授を座長とする外部専門家委員会が作成したものである．全体としては世界銀行の研究業務は適切なターゲットを選択した質の高いものだと賛辞しながらも，研究評価報告書は多くの問題を具体的に指摘している．評価の対象が必ずしも本書のターゲットである実践的調査ではなくむしろ研究業務が中心ではあるが，実践的な本来業務を抱える世界銀行の知識生産の背景分析として少し詳しく概観する．

研究評価報告書では，本来独立性を重視すべき研究の中身について，「世界銀行が信奉する大まかな政策的なラインに直接反することを言わないように，世銀総裁や他の部局から圧力がかけられることが時々ある」（ibid.：20，筆者訳）と述べられ，研究が特定の主張の裏づけになるよう求められる実情が浮き彫りにされている．「上司の目を気にしながらの研究」というスターンが指摘した傾向は10年経って一層強まったといえる．しかも，この問題は，単に世界銀行という組織内部の圧力に留まらない．研究評価報告書はこの点を繰り返し取り上げ，結論として以下のようにまとめている．

> 大きな問題となるのは，あまり確固とした証拠のない研究結果が，政策的なアドバイスや技術支援，あるいは貸付事業の融資条件の一部という形で，開発途上国に対して反論できない真実として売りつけられるときである．（ibid.：141，筆者訳）

その実例として，研究評価報告書がインタビューなどを通じて明らかにしたのが，開発途上国の年金改革，金融セクターの自由化，援助の効率化，貧困状況のマッピング，それにグローバリゼーションの貧困削減への効果である．こ

うした分野の政策提言が，十分な証拠を伴わずに「始めに結論ありき」の研究に基づいて行なわれたと厳しく分析している．

　世界銀行の業務に詳しい外部評価者たちが，世界銀行の研究の弱点として問題視したのは，アプリオリな結論を導いた研究方法である．第一に，多くの研究報告が最先端の計量経済学の手法を応用することで因果関係を技術的に解くことができるものだと考えており，因果関係が立ち現れる個別の状況に目を向けていない．第二に，計算可能な一般均衡モデルに依存しすぎる．モデルは，将来何が起きるかを予測したり，ある政策が別の政策より優れているかを判断したりするには，ほとんど有用ではない．第三に，事業の評価方法の問題である．ある政策やプログラムによって影響を受けた人たちを，多くの点で類似する人々と比較するという方法は，観察されない違いを比べることはできない．そうした限界を認識せずに，事業の評価方法として過大に扱われすぎているとこの報告書は指摘している (ibid.)．

　これらの点は，本書の事例研究分析で明らかにした「はかり」をめぐる調査の働きにつながっている．世界銀行を支配してきた経済学者の知は，科学的には普遍性が高いと考えられる「はかり」を使って調査対象を選別し現実を切り取っている．それによって，個別の状況やモデルでは予測し得ない影響，さらには共通項で括れないデータを把握することができない．本書の分析対象とした独立審査委員会に申し立てられたケースで，調査が実態を把握できなかったのはまさにこうした側面に起因するものだったといえる．

　研究評価報告書の結論は，世界銀行の研究が既存の学術研究のアジェンダに焦点を当てすぎており，危急の政策課題よりも技術的な方向を向いているというものである．しかも，世界銀行の研究はかなりの部分，世界銀行の他の，しかも公開されていない報告書を引用している[1]．こうした問題を解決する糸口として，インタビューを受けた外部評価者の間で好感を持たれたのが「思慮深く分析的な語り」(ibid.: 69) である．具体的には，実証的な証拠や計量経済学

---

[1] 本書では経済学者の生み出す知を「普遍的」と表現しているが，これはあくまで「文脈的」との対照にすぎない．世界銀行の経済学者が生み出す収入や成長率などのデータは，公開されていない情報に基づいているというだけでなく，極めて信憑性が疑わしい各国内の調査結果に基づいていることへの批判がある (Goldman 2005)．

第2節　開発パラダイムを推進する経済学者　　　　277

的な結果に支えられつつも，経済分析やそれぞれの国に関する知識や経験に導かれた研究を指している．すなわち，世界銀行が進めたい政策を後づける研究ではなく，世界銀行が業務を行なっているそれぞれの国の実情に合った研究を行ない，その結果として政策的なインプリケーションを生み出すことが開発金融機関による研究の比較優位だというわけである．

　世界銀行にとってかなり批判的なこの研究評価報告書とほぼ同じ時期に，R. ブロードは世界銀行の開発経済副総裁局（Development Economics Vice-Presidency，以下 DEC）に着目した論文を発表した．DEC の現職・元職の専門家など広範なインタビュー調査を行ない，世界銀行の研究業務の本丸ともいえる DEC の組織分析を通じて，巨大開発金融機関の知識生産の本質を明らかにしようとした（Broad 2006）．

　図 6.1 は，ブロードの論文が発表された頃の，研究業務に関わる世界銀行の組織を表している．DEC はこの図の一番左列に示した「研究」をフルタイムで行なっている．ブロードは DEC の組織的な特徴は 6 つの要素によって方向づけられていると論じている．すなわち，(i) DEC に採用される専門家のバックグラウンド，(ii) 昇進に必要な条件，(iii) 研究内容のチェック方法，(iv) 内部で共感を受けない研究の排除，(v) データの改ざん，そして (vi) 知識伝播のための資金を握る渉外局の意向である．それらの分析をもとにブロードは，世界銀行の研究業務は自由貿易や新自由主義といった伝統的に世界銀行に支配的な考えを推進するように後づけ的に行なわれており，DEC は「パラダイムの維持」の役割を果たしていると結論づけている．

　前述した「世界銀行の研究の評価 1998-2005」は，4 人の著名な経済学者から成る専門家パネルが，26 人の外部評価者を選び，計 30 人で世界銀行の研究報告書を読むという方法をとった．導き出された結論は，世界銀行が推し進めたい政策に沿った研究が，適切な方法と十分な証拠を欠いたまま政策提言に結びつけられているケースが少なくないというものである．一方ブロードの研究は，方法としては DEC 内部へのインタビューや DEC の組織分析が中心で，その結果として，「推し進められる政策」の実態が自由貿易や新自由主義など世界銀行の伝統的な「イデオロギー」であると指摘した．2 つの報告書と論文は，研究対象や方法こそ違え，世界銀行の知識生産があらかじめ組織内部で定

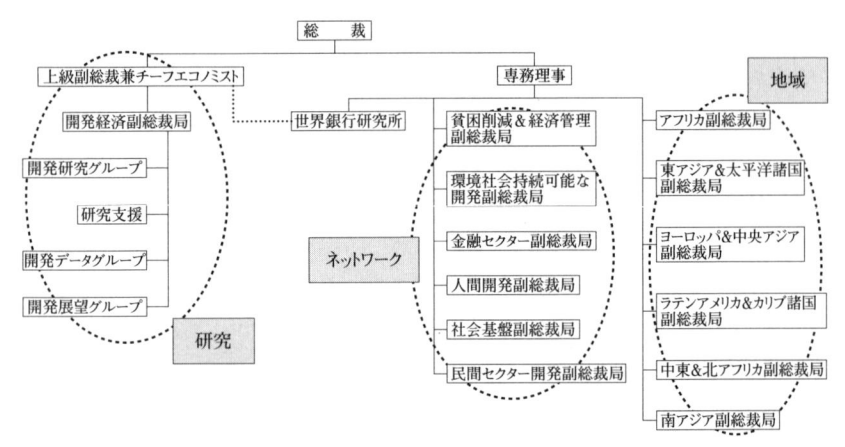

図6.1 研究に関わる世界銀行組織図（2006年5月時点）
出所：Deaton et al.（2006）をもとに筆者作成

められた方向を知的側面から正当化していると結論づけている．

　同時に，ここで留意すべきもう1つの共通点は，ともに経済学者による分析であり，分析対象の中心にあるのは世界銀行の開発経済副総裁局（DEC），とりわけ開発研究グループだという点である．いうまでもなく，開発は経済だけでなく社会・文化的な側面を含む人々の生活全般を包括する概念である．むしろ，近年は経済開発以外，とりわけ社会開発の重要性がより認識されている．それにもかかわらず，世界銀行の研究部門の中枢である開発研究グループには，80数名の職員のうち，経済学以外の博士号を持っている専門家はわずか3人しかいない．それぞれが持つ学位は公共政策，人類学，社会学である（Rao and Woolcock 2007）．経済学以外の「社会科学」の高度な専門性が求められる機会が増える半面，専門家の数が絶対的に不足しているため，十分な質を確保できていないという指摘もある（ibid.：481）．

　実は，経済学以外の「社会科学」の専門家は，開発研究グループを中心とする「研究」部門ではなく，融資などの実務を行なう「ネットワーク」（テーマ別）や「地域」に配置されている（図6.1を参照）．この研究評価報告書においてDECの研究方法は散々に批判されているが，それでも「ネットワーク」や「地域」で行なわれている経済学以外の研究に比べれば方法がしっかりしていて質が高いと評価されている．DECでも指折りのある研究者は，専門家パネ

第2節　開発パラダイムを推進する経済学者

ルのインタビューに対してこう答えている．

> （DEC 以外の研究は）新しい知識を発見するためではなく，ある種事前に決められた政策を正当化するために研究しようとしていることがよくある．例えば，「われわれはＸプログラムがうまくいっていることを証明するために評価をしないといけないんだ」といわれることも珍しくない．(Deaton et al. 2006：125, 筆者訳)

つまり，経済学者が世界銀行の推し進める政策に合致するような研究を求められているのと同様に，「社会科学者」も政策やプログラムを正当化することが要求されているというわけである．半面，この研究評価報告書の専門家パネルの4人はいずれも経済学者であり，上記に引用したコメントも経済学者による評価である．専門家パネル以外の26人の外部評価者もほとんどが大学の経済学部に所属している．経済学者のみで，「ネットワーク」や「地域」の部署に所属する社会学者や人類学者の研究を評価するのはフェアとはいえない．DEC の研究について，計量経済学中心のアプローチであることや計算可能な一般均衡モデルに偏向していることを批判していたにもかかわらず，「ネットワーク」や「地域」の研究と比較して方法がしっかりしていて質が高いと評しているのは矛盾がある．世界銀行全体の研究評価にもかかわらず，30人の評価者の大部分を経済学者で占めていること自体が，世界銀行における経済学者の，ひいてはそれ以外の「社会科学者」の立場を推し量ることができる．

開発パラダイムの研究と推進が DEC を中心とする経済学者の役割であるのに対して，本書の事例研究で扱ってきたような個別の開発プロジェクトの計画や審査は，「ネットワーク」や「地域」をベースに仕事をしている「社会科学者」が担っている．しかも，事例研究で取り上げた3つの政策（環境アセスメント，非自発的住民移転，先住民族）は，いずれも「社会科学者」が中心に策定し，審査に関わっている．本書の事例研究で調査が目的を達成できなかった項目として挙げた，一般的な属性分類（例えば職業）や統計（例えば人口）や平均的な値（例えば世帯当たりの人数）などでははかることが困難な実態——伝統的な天然資源利用，民族固有の所有権，あるいは過密な都市での非正規住民の移動など——の把握は，フィールドワークなどによってその場その場の文脈的な状況を読み取る「はかり」を持った「社会科学者」が得意とする分野である．今日の世界銀行には多くの「社会科学者」がいるのに，そうした個別

的・文脈的な状況を把握できないのは専門家自身に依拠する原因によるものなのか，それとも専門家が所属する組織によるものなのか．本章の冒頭に挙げたその問いに答えるには，「社会科学者」の知が世界銀行という組織の中でどのように活かされているのか（もしくはどのような制約を受けているか）を分析する必要がある．

第3節　「社会科学者」によるセーフガード政策の策定

　世界銀行における「社会科学者」について分析するにあたって，本節ではまず，1970年代に「社会科学者」が初めて採用されてからその人数が拡大するまでの約25年間に焦点を当て，「社会科学者」が増員された背景や，担ってきた役割について振り返る．

　第2節の冒頭に紹介したM.チェルニアら初期の「社会科学者」たちが担ったのは開発効果の改善だった．チェルニアは農村の組織や協同組合に関する知識を評価されて当時の農村開発局に配属された．農村社会学者のJ.デ・レフト（Jacomina de Regt）は，貧困層の声を世界銀行で使われている言葉に「翻訳する」ことを求められ，初の人類学者として採用されたG.デーヴィスはインドネシア語とインドネシアにおける人々の定住植民に関する知識をプロジェクトに活かすことを期待された（Davis 2004：1）．

　同時に，チェルニアを中心にした「社会科学者」による新たな専門家グループは，個別プロジェクトの開発効果の改善を組織的なものとするように世界銀行内部に働きかけた．その結果，1984年に採択された政策「業務マニュアルOMS2.20」の中に，初めて「プロジェクト審査の社会学的側面」が盛り込まれた．プロジェクト審査（appraisal）とは，世界銀行が特定の事業に融資をするかどうかを判断するためのプロセスであり，それまでは経済的側面，財務的側面，商業的側面，それに技術的側面の審査しか行なわれていなかった（Francis and Jacobs 1999）．

　その当時，社会学的側面の主要課題はプロジェクトによって立ち退かされる人々と先住民族グループへの対応だった（ibid.）．立ち退きは移転住民の貧困化や生計手段の破壊につながるとの観点から1980年に初めての政策が作られる

第3節　「社会科学者」によるセーフガード政策の策定

　一方，独自の文化を持つ先住民族グループを開発事業から保護するための政策も82年に制定されていた．プロジェクト審査を定めた政策に社会学的側面が盛り込まれることで，これらの政策を融資判断に反映させる道筋がつけられたのである．経済学以外の「社会科学」の専門知識は，それが世界銀行に加わった当初から，開発プロジェクトという実践の中での活用が前提となっており，第2章で詳述した3つの政策（環境アセスメント，非自発的住民移転，先住民族）の改善を支え続けたのである．

　1980年代に入ると，世界銀行は大規模ダムや土地開墾事業など，多くの人々の立ち退きや大がかりな自然環境の改変を伴うプロジェクトへの融資が目立つようになり，環境・社会面の影響をめぐって現地住民グループや先進国の市民社会などから批判を受けるようになった．それに対応して，世界銀行は87年の組織改革で4つの地域環境部を新設し，それぞれに「社会科学」の専門家を増やしていった．自然環境の変化は，それに伴う住民生活など社会的側面への影響と不可分のものと考えられるようになり，93年には「環境持続可能な開発局」（ESD）のもとに「社会政策・移転部」が設置された．この新しい部を率いたのが，世界銀行の「社会科学者」第一世代の専門家で人類学者のG. デーヴィスである（Davis 2004：4）．

　この頃には，世界銀行内部でも社会分析の必要性が認められ，開発人類学や社会学を専門とする「社会科学者」が50～60人にまで増えていた（Cernea 1995）．プロジェクトによる影響を改善するために社会政策・移転部がまず取り組んだのは「社会アセスメントガイドライン」の制定だった（Davis 2004）．業務マニュアルのように職員の遵守義務はないものの，住民の参加や社会面での影響調査結果をプロジェクトに統合するための枠組みとなった．

　こうした動きが，世界銀行業務で確固たる地位を築いた表れが「社会開発ネットワーク」の誕生である．着任したばかりのウォルフェンソン総裁の号令のもとチェルニアを中心に結成された社会開発タスクフォースの勧告に基づいて1996年に作られたものである．世界銀行の組織は，90年代半ばからそれぞれの職員が開発テーマごとの「ネットワーク」と「地域」の2つの分野にまたがって業務を行なうようになり，それぞれが副総裁のもとに置かれた（図6.1を参照）．「社会開発ネットワーク」は，最も多くの「社会科学者」を抱えていた

環境部門とともに,「環境社会持続可能な開発（ESSD）副総裁局」の一部となった.

その頃までに,各地域局にも社会開発部門が置かれ,その代表者たちによって社会開発部門理事会が立ち上げられた.ここに至って,「社会科学」の専門家は環境の専門家とともに,開発に伴う負の影響に対応するため,影響評価（impact assessment）という意思決定プロセスに欠かせない共通の調査ツールを用いて自らの業務を世界銀行の中で位置づけていったのである（ibid.: 15-16）.「社会科学」出身の最初の組織内専門家のチェルニアは,世界銀行における 20 年以上の経験から,社会学者や人類学者が世界銀行にもたらした最大の影響は政策の策定,さらには政策のカスケード式の改定[2]であると述べている.（Cernea 1995）.

アメリカの有名大学で博士号を取得した経済学者による研究が,構造調整融資など世界銀行の経済政策を後づけ的に正当化したと指摘されるのに対して,第一世代の「社会科学」の専門家たちは,現場経験に基づく自らの専門知識を,研究ではなく住民移転や先住民族への対応など社会分野の政策を作り上げるために積極的に活用してきたのである.

ところで,先に述べたように 1990 年代に「社会科学者」を最も多く抱えていたのが環境部門である.開発途上国では,自然環境の改変が社会生活に直接影響を及ぼすことに起因している.したがって,世界銀行における「社会科学者」の立場や役割を考えるには,環境分野についても触れておく必要がある.

世界銀行が初めて環境分野の専門家として J. リー[3]を環境アドバイザーに迎えたのはマクナマラ総裁時代の 1970 年である.その前年に,アメリカで国家環境保護法（NEPA）が施行され,公共投資プロジェクトに伴う環境への悪影響を回避・軽減するために環境アセスメント制度が導入された.また,この年の 4 月に初めての「アースデー」が開かれ,アメリカ全土で環境意識が高まっていた.こうしたアメリカ国内の動きがマクナマラ総裁の関心を環境へと動か

---

2) 「カスケード式」とは周期的に繰り返し政策が改定されたという意味である.例えば,1980 年に制定された住民移転政策は,チェルニアが当該論文を執筆した時点で,86 年,88 年,91 年,94 年と 4 回改定されている.

3) リーの専門は公衆衛生と疫学である（Wade 1997）.

第3節 「社会科学者」によるセーフガード政策の策定

した（Wade 1997）．

　新たに作られた環境室（Office of Environmental Affairs）の役割は，世界銀行の投資業務が環境面で悪影響を及ぼさないように審査することだった．とはいっても，当初環境室は専門家が3人の極めて小さな組織で，1人の専門家が45日間で100以上のプロジェクトの審査をしなければならない状況だった（Stein and Johnson 1979）．世界銀行内部での環境への関心は低く，環境問題を汚染と同義に捉える向きが強かった．

　10年以上が経過した1980年代半ばになっても専門家は5人で，旅費に充てる予算すらなかったため，プロジェクトを担当する部局に求められない限りは自らの判断で現地調査を行なうことすらできなかった（Wade 1997）．環境室は，プロジェクト担当に比べてリソースと権限が押さえ込まれていた一方で，84年に制定された「業務マニュアル OMS2.36」に基づくプロジェクトの環境面の審査を担うようになった．環境室の専門家は審査という接点で世界銀行の本流である開発プロジェクト推進者たちと渡り合わざるをえず，その結果として両者はそれぞれプロジェクトのブレーキとアクセルの様相を強め，お互いの関係は悪化していった（ibid.）．

　長年専門家数人の弱小チームだった環境専門家の地位が高まったのは1987年である．背景にはそれまでの5年余り，世界銀行が融資したブラジルのアマゾン開発やインドネシアの送電線事業などに伴う環境への悪影響が，大きな社会問題となっていたことが挙げられる．87年の組織改革で環境室は環境局に格上げとなり，4つの地域環境部が新設された．専門家も，環境局に20数名，地域環境部にそれぞれ5〜10名が配属となり，のべ人数は10倍に膨れ上がった．その8年後にはさらに6倍に増えて300人に達している．

　創設期の地域環境部が中心になって働きかけたのが，環境アセスメントの業務指令策定だった．OMS2.36をもとに作られた環境面の審査方法は，極めて抽象的な書き方のため実務では使いにくかったからである．しかし，業務指令策定をめぐって，プロジェクトを実施する担当者との対立がますます深刻化していた．環境審査が強化されることを嫌う世界銀行内部の激しい反対に向き合う一方で，政策強化を求めるNGOやアメリカ連邦議会など外部からの強い要望を反映しながら，1991年10月に環境アセスメントに関する業務指令

(OD) 4.01 が制定された.

　環境アセスメントは一義的には世界銀行の融資を受ける側が実施し, 地域環境部がこの業務指令に基づいて審査を行なう. もし, 不十分な点があれば調査のやり直しを求めるというものである (p.65 の図 2.1 を参照). つまり, 地域環境部は融資を受ける側が実施する調査の良し悪しを判断するゲートキーパーであり, その判断基準が世界銀行の政策(業務指令)なのである. ところが一方で, 地域環境部の専門家は, 1年間に数週間相当の時間を, プロジェクトを担当する地域局で働くルールになっている. 審査する側からされる側になるわけだ. しかも, この短期間の「異動」は売り込み方式で, 「需要」がなければ世界銀行を解雇されることもある. 仮に, 理不尽な厳しい審査を行なって地域局の反感を買っていれば「異動」のお呼びがかからず, 職を失いかねない. ある意味ではけん制関係にあるが, 悪くすると地域局の反感を買いたくないばかりに馴れ合いになりかねない関係の中に権限が埋め込まれていた (ibid.: 717).

　環境専門家とプロジェクト担当者との対立が頂点に達したのは, インドのナルマダムの融資をめぐってである. 融資のための調査や政策に基づく審査が, 専門知識のみによって行なわれているわけではないことが, このナルマダム問題で明らかになった. 例えば, 世界銀行がインド政府に対して OMS2.36 に基づいて適切な環境アセスメントを求めたところ, インド政府はアセスメント経験の豊富なアメリカ人の水分野の専門家をコンサルタントとして雇用し, 1年半にわたって調査を実施した. しかし, この環境アセスメントはインド政府に採用されなかった. 理由は, アメリカ人専門家に委託したインド側の担当者がナルマダムのプロジェクトから異動し, 調査の後ろ盾を失ったからである (ibid.: 694).

　世界銀行の B. コナブル総裁の強い要請を受けて国連開発計画の B. モースが実施した独立調査団によって, ナルマダムの事前調査や環境アセスメントが, 世界銀行の様々な政策を遵守していないことが指摘された (Morse 1992). 世界銀行に深く根づいた「承認の文化」やインド政府との関係を第一に考える姿勢が, 大量の時間と多額のお金を投じて実施された調査結果を無視することにつながったのである (Clark 2003). このことが示唆しているのは, 仮に専門家によって適切な調査が実施されても, 融資に至るプロセスで, 銀行として貸付を

増やすインセンティブと国際機関として加盟国との良好な関係を保とうとする組織内政治が，調査結果の無視につながる可能性である．

第4節　変質する「社会科学者」

　前節の分析から，住民移転，先住民族，それに環境問題に取り組む「社会科学者」は，世界銀行で主流の経済学者とは異なり，融資事業による負の影響を回避するために政策の策定とその適切な運用に尽力してきたことがわかる．しかも，1990年代を通じて世界銀行内で人数の増えた「社会科学者」の中には，人類学や社会学などエスノグラフィーに長じた専門家が少なくない．そうであれば，なぜ2000年以降も，本書の事例研究で明らかになったような専門家の経験知や「はかり」の相違に起因する政策不遵守が起きているのだろうか．本節では，人類学者のD.モスが03年にDECに客員研究員として招かれ3カ月間世界銀行の専門家を内部観察して書いた論文や，00年以降に発表された文献からその理由を分析する．

　1つ目の手がかりは世界銀行に就職する専門家のバックグラウンドである．前述したDECで研究する経済学者のほとんどがアメリカとイギリスの有名大学院で経済学博士を取得しているのに対して（Broad 2006），例えば経済学以外の「社会科学」を専門としている社会開発局の上級職員の多くが博士号を持っていない（Rao and Woolcock 2007）．ともにDECの上級研究者であるV.ラオとM.ウールコックは，両者のバックグラウンドの違いが，論議をよぶようなイシューに及ぼす影響を次のように書いている．

> （「社会科学者」が）有名大学で経済学博士を取得した経済学者と自分たちの間で，理論や方法や根拠について知的なレベルで決着をつけるようなとき，（「社会科学者」は）いつも負けてしまう．(ibid.：481，筆者訳)

　このことは単に論争における両者の「勝敗」に留まらず，「社会科学者」が得意とされるエスノグラフィックな調査への信憑性にも影響を与えている（Mosse 2004）．また，毎年学術雑誌に査読付きの投稿論文が義務づけられている経済学者たちは，世界銀行での研究活動そのものが社会的に評価されるため，世界銀行を離れて大学や学術の世界で職に就くことが容易である．それに比べ

て「社会科学者」にとって，世界銀行での業務はアカデミックな世界で必ずしも評価されないため，大学での職につながらず，世界銀行に留まって仕事をするインセンティブが高い（ibid.）[4]．

2つ目の手がかりは世界銀行における「出世コース」である．世界銀行では，特定の国を担当した経済学者が，将来その国の担当局長（Country Director）になる傾向にある．また，複数国からなる地域（region）のチーフエコノミストは副総裁職であり，経済学者が組織の中枢にいる．さらに，本部のワシントンD.C.の部局の中で最も影響力があるといわれるのは，経済学者が大勢を占める貧困削減経済管理（PREM）ネットワークであり，「社会科学者」が多く配属されている環境社会持続可能な開発（ESSD）ネットワークは組織的な影響力は弱い（ibid.）．

3つ目の手がかりは，経済学者から「社会科学者」への圧力である．経済学者である国担当局長は，その国の事業に関して予算を取り仕切る権限を持っている．一方，個別プロジェクトの統括責任を負うタスクマネージャーには「社会科学者」もいる．1990年代には，ナルマダダムへの融資をめぐって「承認の文化」と批判され，環境社会配慮政策の充実や独立審査委員会の設立をしてきた世界銀行だが，21世紀に入ると，貸出金利の低下や新興国の資金供給能力の向上から，世界銀行の貸し出しは減少した．銀行である世界銀行にとっては，より多く貸し出しをし，利子とともに返済してもらうことがレゾンデートルだという意識は強い．したがって，タスクマネージャーにかけられる圧力は，速やかに融資を決めるとともに，環境社会配慮政策の遵守も合わせて求められるのである（ibid.）．

4つ目の手がかりは「社会科学者」の生き残りである．前節で述べたように，1980年代以降，世界銀行において人類学者や社会学者が雇用されるようになったのは，環境アセスメント政策，非自発的住民移転政策，先住民族政策とい

---

[4] 意外に思えるかもしれないが，世界銀行への痛烈な批判者は「社会科学者」よりも主流の経済学者であることが少なくない．その顕著な例がJ.スティグリッツとR.カンブールである（Wade 2002）．2人とも世界銀行の要職にありながら内部から批判の声を上げ世界銀行を去ったが，それぞれコロンビア大学，コーネル大学の教授に就任している．そこから考えると，大学が受け皿となりにくい「社会科学者」の方が，世界銀行の政策や事業を表立って批判しにくい可能性はある．

第4節　変質する「社会科学者」

う，いわゆるセーフガード政策（環境社会配慮政策）の策定と実施が大きな理由だった（Davis 2004）．しかし，それによって，人類学者らは融資を実現しようと交渉している世界銀行職員から「知識も役に立つ解決策も提供せず，交渉に穴ばかり開ける問題の一部」（Mosse 2004：79，筆者訳）と見られるようになった．その一方で，世界銀行は，自然環境面でも社会環境面でも，問題を未然に防ぐという環境社会配慮的なアプローチに加え，より良い環境プロジェクトや社会開発プロジェクトを実施することに力を注ぎ始めた（Davis 2004；IEG 2008）．社会学者は，例えば「ソーシャルキャピタル」（社会関係資本）というような術語を生み出しながら，徐々に世界銀行の開発プロジェクトを形成する主流の業務に関与するようになった（Bebbington et al. 2004）．

　世界銀行の研究で知られるJ. フォックスは，世界銀行で働く人類学者のキャリアは3通りあると指摘する（Fox 2003）．第一が完全な同化である．世界銀行の経済学者中心の規範に迎合し，自らの知識や技術をそのために活用する．第二が「二枚舌」と彼がよぶキャリアである．プロジェクトによって影響を受ける住民への懸念を持ちつつも，組織の中で自らの信念を貫き通すわけではないというタイプである．第三が，極めて少数だが，世界銀行という組織に居続けながらも，プロジェクト地で影響を受ける住民に必要なプロセスを推し進めるタイプである．場合によっては最後まで融資に反対し，それがかなわぬときには，世界銀行の外のグループと協力して一緒に働きかけるような人類学者である．世界銀行には第一と第二のタイプが多いようだとフォックスは述べている．

　これら4つの手がかりから浮かび上がってくるのは，文脈的な知に長けた「社会科学者」の変質である．1980年代，融資事業に伴う環境破壊や強制立ち退きなどをめぐって内外からの批判に直面した世界銀行が必要に迫られて「社会科学者」を増員した．「社会科学者」の存在は内外の世銀批判にこたえるという意味では組織的に重要だったものの，主流派の経済学者と比べると組織における立場は非常に弱かった．環境社会配慮政策が整備される一方で貸し出しが減少すると，融資の拡大につながらない「社会科学者」への風当たりは強くなる．博士号を持ち経済学主流の研究をしている銀行内の経済学者に比べると，「社会科学者」は実務経験者が中心だったので（Rao and Woolcock 2007）大学な

どのポジションもなく，世界銀行に留まるインセンティブが高かった．その結果として，「社会科学者」はある程度組織維持に自らの専門性を合わせるようになっていったと考えられる．

第5節　組織と専門家の共犯関係

　本章では，世界銀行の調査に表れる専門家の経験知や「はかり」が，専門家自身に依拠するものなのか，それとも世界銀行という組織ゆえの産物なのかという問いを立てて，世界銀行の専門家に関する文献研究を行なった．それを通して，調査における科学的な普遍性を持つ「はかり」と個々の状況を汲み取れるような文脈的な「はかり」の，また，それぞれの「はかり」を調査手段として持っている専門家間の構造的な関係を明らかにしようとしてきた．本節では事例研究の結論もふまえながら章のまとめとしてこの2点について考察する．

　事例研究において調査が実施されずに，世界銀行も政策不遵守を認めている調査項目は，長期間の現地調査を必要とするような項目が多かった[5]．具体的には，複数のプロジェクトによる累積的な影響，密集した大都市部での非正規居住者を含んだ被影響住民の数，あるいは伝統的な財産権と土地利用権制度を抱えた部族民への影響などである．確かに個別的で複雑な要素を含んでいるものの，審査に当たる世界銀行の「社会科学者」たちにとっては決して把握が不可能な項目ではなかったはずである．さらにいえば，それらは「社会科学者」が中心になった度重なる世界銀行の政策改定において問題とされ，対策がとられたはずの項目である．

　過去に問題を指摘されて政策改定に盛り込んできた調査項目を把握できなかったのは，世界銀行にそれを得意とする専門家がいなかったからでも，必要な知見がなかったからでもない．本章の分析からは，「社会科学者」の組織における立場の弱さに一因があると考えられる．普遍的な「はかり」を志向し計量的な分析手段を用いる経済学者が上に立ち，貸し付けを増やすことを存在意義と捉える組織において，時間を要し個々の状況に応じた文脈的な知を重んじる

---

[5] 第5章の表5.6を参照．

「社会科学者」の「はかり」は受け入れられにくい．

　しかし，それだけでは説明がつかない点が2つある．1つは，事例研究で事前に調査が行なわれなかったと指摘された項目のほとんどが，後になって調査が実施されているという点．もう1つは，自らの立場の弱さから「社会科学者」の比較優位である文脈的な知を活かさないのであれば，「社会科学者」の存在意義そのものが失われるのではないかという点である．なぜ事後的であれば調査が可能なのか，なぜ比較優位を放棄した「社会科学者」が組織に残ることができるか，これらの理由を説明する必要がある．

　それにつなげるため，いったん本章の冒頭で立てた問いに戻る．個別的で文脈的な事象に目を向ける「社会科学者」を多く抱える世界銀行において，調査が実態の把握に失敗しているのは専門家自身に依拠する原因からなのか，それとも世界銀行という組織の影響を受けたものなのか，という問いだった．本章の分析から提示される答えは以下のようなものだと考えられる．すなわち，調査報告書に表れる専門家の経験知や「はかり」は，専門家自身に依拠する要因と組織的な要因がともに存在しているが，それらは時間差を伴って表れている，というものである．

　組織的に弱い立場に置かれている「社会科学者」にとって，最も内部の批判を受けやすいのは調査が及ぼす貸し付けへの影響，具体的には遅延や中止である．したがって，開発途上国の複雑な社会状況を「社会科学者」特有の文脈的な「はかり」を使い時間をかけて調査することは組織維持に逆行するものと見られる．しかし，組織維持に逆行するのは融資を決定する前にそうした調査を実施することである．時間的に許される範囲の調査は事前に行なうとしても，明らかに複雑で困難な調査を融資前に実施しようとすれば，事業の準備に膨大な時間がかかり，世界銀行の経済学者が考える組織のレゾンデトールを損なう．組織維持に逆行しないためには，そうした調査は融資後に実施すればいいことになる．融資さえ決めてしまえば，時間をかけて調査を行なっても主流派の経済学者から批判されることは少ない．本書の事例研究に表れているように，融資後の調査は事業を進めながら実施されるため，事業そのものの進行にはあまり影響を与えないからである．

　より積極的な意義も指摘できる．科学的な普遍性を重んじる「はかり」で切

り取った後に残された問題をそのまま放置することは組織にとっては望ましくない．「社会科学者」が事後的に調査を行なって改善策を提示することは組織的に歓迎されるはずである．そう考えれば，先に挙げた最初の疑問である「事後的になら調査が実施される」理由も説明できる．世界銀行においては，科学的な普遍性を持つ「はかり」が意思決定に直結する場面で優先される一方で，文脈的な「はかり」は事後救済的な場面で活用されている．そして，どちらも，組織や専門家の維持につながっているのである．

同時にそれは先に挙げた第二の疑問にも答えることになる．融資決定後であれば，手間のかかる調査を担う「社会科学者」も，融資の交渉に奔走する経済学者たちから批判されることもなく，むしろ「プロジェクトの影響を受けた人たちの生活をより良くすること」を目的に掲げることが可能になる．それは，「社会科学者」が世界銀行という組織の中で生き残る1つの道でもある．すなわち，事業に伴う悪影響を回避するために事業そのものを変更させたり中止させたりするのではなく，あくまで事業を前提にして破壊された環境や被影響住民の生活を改善する調査に文脈的な「はかり」を用いることで，「社会科学者」の存在意義は維持されることになる．しかも，主流派の経済学者が重視する貸し付けという世界銀行のレゾンデートルも同時に守られる．世界銀行の独立審査委員会によって政策不遵守が指摘された開発プロジェクトに見られる専門家の経験知や「はかり」は，時間差を伴って表れながら組織と専門家の双方を維持する機能を果たしているのである．

そう考えると，第5章の最後に結論として挙げた「調査が目的を達成しない5つの理由」のうち，本書の仮説である「はかり」とは直接関係がなかった3つの点も，専門家の立場につながっていることがはっきりと見えてくる．3つの理由とは，「調査はいつ行なわれたかよりも実施されたかどうかでその目的の達成が判断されていること」，「調査には社会改良という上位目標があるため，調査の不実施は社会改良への努力によって置き換えられやすいこと」，「資金や専門性を通して調査をコントロールする側がされる側に配慮していること」である．

専門家が持つ異なる「はかり」の時間差を維持するには，調査の目的の達成をタイミングとは関係なく単に調査が実施されたかどうかで判断する必要があ

第5節 組織と専門家の共犯関係

る．そして，時間差を受け入れた「社会科学者」は，自らの存在意義を維持するため事後の社会改良に重きを置かざるをえない．そもそも異なる「はかり」の時間差を維持する必要があるのは，世界銀行のレゾンデートルが融資の拡大にあり，そのためには政策遵守と同時に借り手への配慮が欠かせないからである．調査が目的を達成していない理由は，組織における異なる専門家の生き残りと，他ならぬ組織自身のレゾンデートルと深く結びついていると考えられる．既存文献レビューで見たような，調査者個人の収入源や担当部局の維持というレベルに留まっていない．

ただし，ここで留意すべきことは，その結果，調査が融資の是非や被害の未然回避に影響を与えることは極めて困難であるし，被影響住民から独立審査委員会に異議を申し立てられれば政策不遵守を指摘される可能性があるということである．そして，事例研究が示したように，そのことがプロジェクト地の住民生活や環境に重大な影響を及ぼしうるのである．

最後に，本章の冒頭で挙げたもう1つの論点，すなわち世界銀行の事例をふまえながらもそれを超えた議論の広がりについて考察をまとめておく．事例研究では，事業実施の判断材料となるような事前調査において，科学的な普遍性を持った「はかり」が用いられる傾向にあり，文脈的な知の吸い上げを得意とする「はかり」に比べて優位な立場にあった．それは同時に，科学的に普遍性のある「はかり」を用いる専門家が文脈的な「はかり」を用いる専門家よりも意思決定に大きな影響を与えていることでもある．一方で，文脈的な「はかり」が組織維持に無関係だったわけではない．普遍性のある「はかり」が取りこぼした実状を，事後的に拾い上げて対策を講じることが求められており，時期を違えて組織のレゾンデートルを守る役割を果たしている．そのことによって，専門家自身の立場が守られていると考えられる．言い方を変えれば，実態に合わせて適切な「はかり」が選択されるというよりも，調査を担う組織の都合に合わせて「はかり」が決まっているともいえる．「はかり」の選択はテクニカルな問題ではなく組織や専門家の媒介効果に直結していると考えられる．

では「はかり」の選択を左右する組織の都合はどのように決まるのだろうか．本章で取り上げた世界銀行の元チーフエコノミストのN.スターンは，「経済学者が出世するようになったのは1960年代後半に遡る」と書いている（Stern with Ferreira 1997：606，筆者訳)．それ以前の世界銀行の主流がどのような専門領域だったのかは記していないが，世界銀行に本格的な経済研究機関が設置されたのは60年代半ばのG.D.ウッズ総裁時代で，70年代に入ると経済局のスタッフが6倍に増え，その後のR.マクナマラ総裁時代に急速に拡大した(ibid.)．経済学者の優位は世界銀行の創設以来というわけではない．

　日本における開発援助のさきがけである東南アジアのメコン河流域開発計画を歴史的に検証した堀は，1950年代から60年代初めに調査・策定された開発計画は技術中心だったが，60年代に入ると社会経済的な側面が重視されるようになり，80年代以降は環境的な側面が調査に盛り込まれるようになったと解説している（堀1996)．今日，世界銀行の専門性や知識に関する議論は経済学を中心とするもので，50年代の支配的な専門領域として堀が指摘した技術的な側面はほとんど論じられていない．「はかり」の選択に影響を与える組織の都合とは，自然発生的に生じるものでも普遍的なものでもなく，外部環境によって変化するものだと考えられる．優位となる専門性を左右する外部環境が何であるかを議論することは，調査の機能に焦点を当てている本書の射程を踏み出すものではある．本章の分析の範囲で検討すれば，世界銀行が融資したプロジェクトに伴う環境破壊や強制立ち退きをめぐる内外の激しい批判は，「社会科学者」や状況に応じた文脈的な「はかり」の相対的な地位を高めた．一方で，世界銀行の開発政策の中枢ともいえる開発経済副総裁局のもとにいる経済学者たちは年に2本の学術誌への投稿を義務づけられていることから，ジャーナル共同体[6]に求められる科学的な普遍性を重んじる知のあり方から脱しにくいといえる．組織において，いかなる分野の専門家が比較優位に立ち，そこで重んじられる「はかり」がどのような優先度で選択されるかは，こうした外部環境との関係をも射程に入れて分析する必要がある．

---

[6] 藤垣は「専門誌の編集・投稿・査読活動を行なうコミュニティ」をジャーナル共同体とよんでいる（藤垣2003)．

第7章　調査に内在する権力
　　　　──何が維持されているのか──

第1節　問いへの答え

　本書の問いは，優れた政策や調査能力を持ちながらも，なぜ社会改良のための実践的な調査において，困難を抱える人たちの実態の把握という調査自体の目的が達成されないのか，というものであった．そして，その問いに取り組むことを通じて，調査が結果としてどのような機能を果たし，構造的に何を維持しているのかを明らかにしようとしてきた．目的を達成していないのに維持されている調査に目を向けることで，目的とは離れて調査が果たしている機能が見えやすくなると考えたからである．

　問いへの直接的な答えはすでに事例研究の結果として第5章で述べた．繰り返しになるが，調査が実態の把握という目的を達成しないのは次に挙げる5つの理由からだと考えられる．

（1）　研究歴などで裏づけされた専門家の経験知や「はかり」によって調査の必要性が判断されていること
（2）　専門家は自らが持っている「はかり」によって実態を切り取っていること
（3）　調査はいつ行なわれたかよりも実施されたかどうかでその目的の達成が判断されていること
（4）　調査には社会改良という上位目標があるため，調査の不実施は社会改良への努力によって置き換えられやすいこと
（5）　資金や専門性を通して調査をコントロールする側がされる側に配慮していること

第6章では，組織や専門家が「はかり」とどのような関係にあるかを分析した．状況依存的で「はかりにくい事象」が，普遍性を重んじる「はかり」に当てはめられることでその実態が把握されないのは，異なる「はかり」を重んじる専門家と組織の時間差を伴う媒介効果によるものだとの結論を導いた．本章では，以上の事例研究の結果とともに，序章で挙げた研究課題や先行研究の考察などをふまえながら，調査が結果としてどのような機能を果たし，構造的に何を維持しているのかという点について考察する．

　結論は4つである．第一に，調査は「はかり」を通じて知を階層化させる機能を持つ．第二に，調査は権力関係を反転させ，調査させた側を従属的な立場に追いやる機能を持つ．第三に，調査はそれに用いられる「はかり」の選択時期を通じて，組織や専門家を構造的に維持している．そして，それら3つを併せ持つ形で第四に，統治の機能を果たしている，というものである．次節以降，これら4つの機能について述べていく．

第2節　知の階層化

　調査が生み出す知の階層性については，先行研究の中にすでにいくつかの示唆があった．第1章で取り上げたS.ロッキーは，量的で測定可能な社会的指標は地域経済や雇用の伸びというプラスの影響を手繰り寄せ，一方ではかることができないものや変わりやすいものは無視されると述べている（Lockie 2001）．R.バージとF.ヴァンクレイも技術によって測定することができない文化や心理的な影響が排除されていると指摘していた（Burdge and Vanclay 1995）．全ての知が対等な関係にあるのではなく，特定の知が他の知より意思決定において優位な立場にある，言い換えると意思決定に直結する知とそうでない知に階層化されている．影響評価研究の既存文献では，測定可能な知がそうでない知に対して優位にあることを示していた．

　しかし，本書の事例に従えば，無視されたものの中には，例えば中国の『西部貧困削減プロジェクト』の移転住民6万人の民族構成や，インドの『ムンバイ都市運輸プロジェクト』で移転させられる小規模商店主やその労働者の数のように，測定可能な社会的指標が含まれているケースが少なくなかった．本書

において「はかり」という表現を使ったことがここで活かされる．測定可能か不可能かの区別は絶対的な基準ではなく，どんな「はかり」を使うかで決まるからである．知を分けているのは，測定できるかどうかではなく，何によって測定するか=「はかり」の選択であり，それによって調査できる対象が決められてしまうことを本書の事例研究は示している．つまり，調査は「はかり」を通じて知の階層化をしていると考えられる．では，どのような「はかり」が上位にあって，意思決定において優先される知を生み出しているのだろうか．

　本書の仮説において，調査に使われる「はかり」は知のあり方とつながっているとの見通しを示した．研究結果を，再びアリストテレスのエピステーメー（≒科学）とフロネーシス（≒実践的な知）を用いて検討してみる[1]．

　例えば地理的に特定された範囲内の家の軒数と，慣習や複雑な利害関係が存在している土地や資源の利用者数とでは，同じ「数」であっても調査が把握しなければならない「知のあり方」が異なる．地理的な範囲を定める地図や家の軒数という普遍性を重視する「はかり」は，エピステーメーに属する知を生み出すのに有効な一方，フロネーシスに関わる土地や資源の利用実態や移動性の遊牧民の生活実態を把握することは困難である．

　第6章で論じたように，世界銀行においてエピステーメーに重きをおくのが経済学者で，フロネーシスを重くみるのが「社会科学者」である．したがって，事例研究の結論をふまえれば，融資という意思決定の段階ではエピステーメーがフロネーシスに対して優先されているといえる．2つの知の階層化は，第5章のまとめで調査の機能として提示した「調査結果自体には異なる解釈の余地があるにもかかわらず，その一方を捨象して特定の解釈に優越を与えている」[2] という点と合わせて考えるとさらに明確になる．なぜなら，同じ調査報告書に対して専門家が異なる解釈をするということは，その知は「それ以外の仕方においてあることが可能なもの」=フロネーシスだったといえるからである．

　具体的には，ガーナ/ナイジェリアの『西アフリカ・ガスパイプライン』の

---

1) エピステーメー，フロネーシス，それにテクネー（≒技術）については序章脚注13を参照．
2) 第5章第8節を参照．

土地・穀物などに対する補償額や環境社会面を含んだ費用便益分析，あるいはコロンビアの『カルタヘナ上下水道および環境管理プロジェクト』の代替案分析などに表れている[3]．これらの事例では，調査結果の解釈をめぐって世界銀行の専門家と独立審査委員会の専門家の見解が真っ向から対立している．どちらかに軍配を上げることを目的としていない本書の視座からいえるのは，専門家同士で見方が分かれるということは，これらの知は「それ以外の仕方においてあることが可能なもの」＝フロネーシスと捉えるべきものだということである．社会科学における知をフロネーシスと関連づけて論じた B. フリューバーグは次のように書いている．

> われわれはたとえ極めて異なる営為を扱っているとしても，全ての企てを「科学」とよんでいる．実際にはテクネーやフロネーシスであるとしても，これらの営為がエピステーメーとして正当化されることがしばしばある．（Flyvbjerg 2001：61，筆者訳）

フリューバーグが指摘しているのは，特定の知が本当は「それ以外の仕方においてあることが可能なもの」（フロネーシスやテクネー）なのに，それをエピステーメーとして扱うことで，しばしばその知が正当化され，「それ以外の仕方」が排除されているということである．それは，本書で取り上げた「専門家の経験知」にも当てはまる．事例研究で専門家の経験知によって調査が実施されなかったケースが何度も指摘された．仮にそれが住民の経験知であれば，フロネーシスと見られ，「それ以外の仕方」を含めた批判的な議論が行なわれる．しかし，経験知の帰属先が専門家であるというだけで，あたかもそれがエピステーメー（≒科学）であるかのように扱われ，結果として意思決定につながる優越した知となっている．専門家同士でも見解の分かれるフロネーシスが，エピステーメーとして扱われることで，その知が意思決定に直結する優越した知としての地位を獲得している．

---

[3] 第5章の表5.5を参照．

第 3 節　権力の反転　　　　　　　　　　　　　　　297

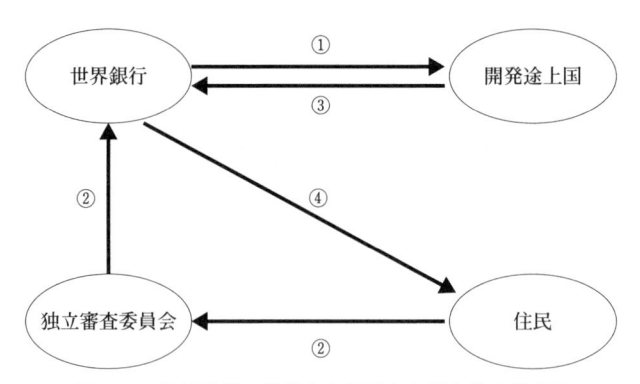

図 7.1　世界銀行の異議申立制度から見た権力関係[4]
出所：筆者作成

第 3 節　権力の反転

　序章で述べたように，本書において権力に着目して調査を考えようとしたのは，政策科学における「使われない調査」に関する先行研究の示唆からだった．それらの研究では，調査は分析官の生活や社会的な地位の維持，あるいは調査を担う官僚機構の維持になっており，調査が活用されるかどうかは重要ではないと論じていた．こうした組織維持につながる副次作用をファーガソンは媒介効果と名づけ，意図とは無関係に権力の行使として表れると説いた．使われないのに調査が続くという現象は，本書の文脈に置き換えれば目的を達成していない調査がなぜ続くのかという問いとつながっている．また，調査そのものが事実を明らかにして対策を要請するという顕示的な権力を内包しており，調査が権力と関わるこの 2 つの側面を分析することが調査の機能を明らかにするための手がかりになるのではないかと考えた．
　図 7.1 は本書で扱った 4 つのアクター，すなわち世界銀行，開発途上国（政府もしくは民間企業），独立審査委員会，住民の関係を表したものである．矢

---

[4]　この図が示しているのは調査に関係する権力関係である．一般的に考えれば，開発途上国の政府からプロジェクト地の住民に対して権力が行使されているが，調査をめぐる両者の権力関係は少なくとも本書の事例研究からは明示的ではないため，この図では両者の間に矢印を描いていない．

印は調査における権力を行使する関係とその方向を示している．

　本書で世界銀行の融資を事例研究に選んだ理由として，顕示的な権力関係の存在がある．開発途上国側は世界銀行の融資を得るために，厳しい政策に基づく事前調査を余儀なくされている（図中①）．これは世界銀行の政策がなければ開発途上国側は行なわなかったであろう調査であり，ダールの一次元の権力で捉えられる[5]．異議申立制度も調査を要求する権力形態である（図中②）．住民の訴えによって異議申立の手続きが進められ，独立審査委員会の調査を通じて世界銀行は自らの政策不遵守を問われることになる．住民からの申立がなければ実施されなかった調査であり，これもダールの一次元の権力と考えることができる．①と②はいずれも明示的に権力関係を示している．しかも，そうした権力関係に基づいて行なわれている2つの調査——事前の調査と異議申立に基づく審査——が異なる結果を導き出しているのは事例研究で明らかにした通りである．その結果として何が起きているだろうか．

　調査が目的を達成できない原因の（5）で，「資金や専門性を通して調査をコントロールする側がされる側に配慮していること」を挙げた．具体的には，世界銀行が自らの政策に基づいて調査を要求していた相手である開発途上国の政府や実施企業に配慮して，調査の不実施を黙認し政策の不遵守につながったことを表している．その結果として権力を行使していたはずの世界銀行が開発途上国側に対して従属的な立場に立たされ，権力関係は逆転している（図中③）．

　一方の住民から独立審査委員会を通じて世界銀行に向かっていた権力はどうか．事例研究で詳しく検討したように，独立審査委員会への申立や審査結果を受けて事後的な調査が実施され，被害の軽減や代償策などが計画されるケースが少なくない．このプロセスはくだんの事業を進めながら行なわれるため，申立をした被害住民たちもいまさら事業の中止を求められずに事後的な調査や支援策を受け入れざるをえない．調査を通じて世界銀行の政策違反を質す権力を行使したはずの住民側が，結果として必ずしも政策に則っていない世界銀行の事後的な調査を受け入れ，それに基づく支援策を求める従属的な立場に立たされている．ここでも権力関係は逆転している（図中④）．

---

[5]　権力論については第1章第1節を参照．

この逆転した権力関係はフーコーのいう主体化権力にほかならない．第1章第1節で述べたように，個人を主体化し（＝隷属化し）自らある行為をするように導くことを主体化権力とよぶ．資金も専門能力もある世界銀行が，借り手である開発途上国の政府や実施企業に自ら配慮して自身の政策に違反している．事業に抗議をして事前の調査の欠陥を突いていた住民たちも，事後的な調査を受け入れ，それが長引くに従って世界銀行の支援策を求めていく．開発途上国側から世界銀行へ反転した権力も，世界銀行から住民へ向かう権力も，どちらも力ずくで何かを強制するのではなく，権力を行使される世界銀行と住民の側に内在的に生じたものである．序章で取り上げた文献の中で佐藤健二は，調査に対する苛立ちを媒介する事態として，「調査データの処理と利用が，権力の側にからみとられてゆくこと」を挙げていた（佐藤 2000：145）．からみとられていく先には，フーコーが指摘するような主体化（＝隷属化）権力が存在しているといえる．

　ただし，このように権力関係を反転させる機能は，とりあえずは社会改良を上位の目的とするような実践的な調査，すなわち事業実施の検討材料を提供するタイプの調査についていえることだと考えられる．調査をさせていたはずの側が自ら不適切な調査を受け入れたり，事業によって被害を受ける人たちが中身の根拠が不確かでも支援策を自ら求めたりする[6]．世界銀行の事例を見る限りは，調査はそれを適切に行なわせようという顕示的な（ダールの一次元的な）権力を無力化し，目的を達成しない調査に服従させるメカニズムを内包していると考えられる．

第4節　調査の媒介効果

　媒介効果は，目的とは関わりなく組織維持につながる権力の作用を表すファ

---

[6] 筆者は以前，世界銀行の独立審査委員会への異議申立に関わった人たちを中心とする研究会にメンバーとして参加しその成果を出版した．事業によって悪影響を受けた人たちにとっては，独立審査委員会への申立が問題解決に向けた有効な手段となっていたことは間違いない．一方で，異議申立制度が，制度設計上，融資決定直前にならないと活用することができないため，1999年以降ではほとんどの異議申立は融資決定後に行なわれており，融資の断念や影響の未然回避にはつながらなかった（松本 2003）．

【意思決定段階】　　　　　　　　　　　　　【実施段階】
科学的な普遍性を重んじる「はかり」　　　　状況の文脈性を重んじる「はかり」
　　　　　を選択　　　　　　　　　→　　　　　　　　も選択

「それ以外の仕方でありうるもの」　　　　　　　　　　　　　長期間の調査
　　　　　の捨象　　　　　　　　　→　　　採用　　　　　　　多様な結果

図7.2　「はかり」の選択と媒介効果
出所：筆者作成

ーガソンのことばである．政策科学の先行研究においては，「使われない調査」をめぐって，その内容や活用とは無関係に調査が実施される背景としてしばしば指摘されている．しかし，政策科学の先行研究で抜け落ちているのは，調査が使われなかったことによって，当初その調査によって解決を図ろうとしていた問題がどのような影響を受けたかという視点である．本書で扱ったような社会改良を目的とする実践的な調査では，その一部が実施されなかったことによる影響は社会の側に表れてくる．したがって，目的を達成しない調査が続けられる組織の事情とともに，そうした調査が社会に（世界銀行の場合はプロジェクト地に）与える影響に目を向ける必要がある．先行研究には，調査内容や調査が社会に及ぼす影響が，組織維持の媒介効果とどのようにつながるのかを論じる視点がなかった．

　本書では，調査は「はかり」の選択時期を通して組織や専門家を構造的に維持していると結論づけた．科学的な普遍性を重んじる「はかり」が事業や融資の意思決定の場面では優先される一方，事後救済的な場面では個別の文脈的な状況を重んじる「はかり」が活用され，それによって，どちらの「はかり」を重視する専門家もその立場を維持され，組織のレゾンデトールも守られる．先行研究の中では科学的な普遍性を重んじる知の優越ばかりが論じられているが，本書の事例では，融資が決まった後は人類学や社会学に代表される状況の文脈性を尊重する知も決して軽んじられてはいない．

　図7.2は，「はかり」の選択と媒介効果について描いたものである．社会改良を上位の目的とする実践的な調査では，把握した実態に基づいて事業の実施の是非，世界銀行であれば融資の是非を決める意思決定段階がある．この段階では，科学的な普遍性を重んじる「はかり」が選択されることが多く，「それ

以外の仕方でありうるもの」は捨象される傾向にある．一方で，ひとたび事業や融資が決定されると，意思決定段階で捨象されていた実態を拾い上げるため，状況の文脈を重んじる「はかり」も選択される．その結果として，長い時間をかけた調査が可能になる半面，多様な調査結果が噴出することになる．

2つの異なる知の時間差を伴った活用は，日本の公害問題において専門知が果たした役割を想起させる．宇井（2000）は，公害には起承転結があると論じた．公害が発見される「起」，公害の因果関係がわかりかける「承」，科学的な批判によって当初の因果関係が否定され多くの新しい説が生まれる「転」，そして本当の原因は中和されてわからなくなる「結」である．これは図7.2の【実施段階】で生じていることに似ている．

事例研究で見てきたように，事前の段階での調査の欠如は，事後的に生じた変化とプロジェクトとの因果関係をわかりにくくする．最初は事後的にでも因果関係を追究するが，次第に調査の数が増加し，第5章で取り上げた「調査の目隠しの機能」[7] や異なる調査結果を支持する専門家同士の「解釈の対立」につながる．次第に原因究明はうやむやにされ，調査の中心は救済に向かっていく．図らずも，状況の文脈性を重んじる「はかり」を持つ専門家に活躍の場が与えられることになる．

調査の媒介効果のメカニズムは，活用されるかどうかわからない調査によって専門家の職や地位を確保することや，組織維持のためには何でも許されるようななりふり構わぬものではない．異なる「はかり」を重んじる専門家を階層化と時間差によって活かし，調査が目的を達成しない場合ですら，その事態を放置しないことが専門家や組織の維持につながるような仕組みになっている．調査の媒介効果は，専門家の異なる「はかり」や目的を達成しない調査が社会に与える影響をも包み込む形で作用していると考えられる．

第5節　調査と統治

本章の第2節から第4節で述べた3つの機能は，組織や専門家に関係するも

---

[7]　本書では，調査が増加することによって，特定の調査の有無が見えにくくなることを指す．第5章第8節を参照．

のであった．では，肝心の住民たち，実践的な調査の対象となるような困難を抱えている人たちにとって，調査とはどのような機能を果たしているのだろうか．結論からいえば，3つの機能が重なり合って，住民たちに対する統治の機能を果たしていると考えられる．序章の仮説の根拠で取り上げたフーコーの議論を再度掘り起こしながら，ここでは開発途上国の開発現場を前提に議論を進める．

　フーコーは，西洋近代において，「生」を中心に置いた権力が登場し，人々を統治するために出生率，死亡率，健康の水準，収入や富と生の関係といった知識が必要になったと論じている．そして，人々を集団としてはかる対象にし，良し悪しの基準を定めて評価するようになったと述べている．本書の事例研究の中で，政策で求められていた調査を実施しなかった世界銀行の見解としてしばしば登場したのは，事前に生活状況の調査をせずとも，明らかに事後的に生計が改善しているという主張であった．しかし，住民の側は実際にはそう感じていないから異議を申し立てている．このギャップは3つの機能全てに関係している．

　本書の事例研究で扱った開発プロジェクトの被影響住民たちの多くは，「知の階層化」の機能で下層に配置されたフロネーシスによって説明可能な生計を営んでいる人々である．それをエピステーメーで切り取れば，数値で表される貧しさばかりが浮き立つ．そうかといって，そのギャップを指摘しようと異なる調査を求めても，「権力の反転」機能によって次第にエピステーメーに切り取られた自分自身の現状を受け入れざるをえなくなる．そして，最終的には「媒介効果」で生き残りをかける「社会科学者」たちと生計向上のプロジェクトを一緒に始めることになる．

　そう考えると，開発途上国の開発現場で行なわれる調査は，フーコーのいう「生－権力」の一形態として人々の生活に降りかかっているといえる．本書の事例研究で取り上げたような困難を抱える人々が営んでいる生活は，エピステーメーが支配的な「生－権力」の基準に従ってはかられ，「価値と有用性の領域に配分」されていると見ることができるからである．調査が，知や権力や専門家との個別の関係を離れ，社会そのものに及ぼしている機能はここにあるといえる．その結果として，住民たちは場合によっては異議申立を余儀なくされ

るほどに困難な問題を抱えることになる．厄介なのは，それは人々を「死」に至らしめようとして行なわれているのではなく，「価値と有用性の領域」で捉えれば経済的により豊かな「生」の形に生活を転換するよう仕向けているところにある．だからこそ，フロネーシスという異なる知の存在やその重要性が十分認識され，開発の現場で生じている問題の一因が開発途上国の人々の生活をエピステーメーで切り取ることにあると考えられたとしても，批判の矛先を巧みにかわすことができるのである．調査は人々の実態をありのままに映し出しているというよりも，価値と有用性を引き出す「はかり」を通じて切り取り，「このように生きなさい」と暗に命じることで統治の手段となっているのである．

第6節　罠に陥らない調査の改善

　本書を通じて明らかになったことはほぼ述べ尽くした．最後に，冒頭に掲げた研究課題のうち，これまで触れてこなかった実務的な含意について，これまでの議論から導き出せる範囲内で3点を論じて本書を終える．

　1つは，調査のエスノグラフィーの必要性である．調査がどのような知を生み，どのような知を生み出さなかったのか，そしてそれはなぜかといった点について，調査を司る機関や担い手を対象にしたエスノグラフィックな研究がもっと行なわれる必要がある．巻末の参考文献にも表れているが，日本におけるそうした研究の蓄積は極めて少ないし，調査のエスノグラフィーを受け入れる素地が調査を実施している機関の側にほとんどない．本書が研究として成立できたのは，世界銀行という組織の開けっ広げさゆえであり，独立審査委員会のような透明性を確保したチェック機関の存在ゆえである．

　「改善の罠」に陥らずに調査を改善するには，第三者が調査を内側から研究できる環境を整えることが必要である．なぜなら，調査に内在する権力の作用は，問題の解決に向けて調査を求めざるをえない被影響住民にとってはジレンマだからである．

　図7.1に示したように，調査は権力関係を反転させ，調査を求めた側が不十分な調査や救済を受け入れざるをえない状況に追いやられる．それでも救済さ

れないよりはマシだし，調査のコストを考えたら事後的な救済で対応する方が効率的だと考える人もいるだろう．しかし，事例研究の中でも繰り返し論じたように，事後の挙証責任は被害を受けた側に移り，事前調査の不備のツケを被害者が負うことになる．現地で裁判を起こすにしろ，独立審査委員会に申し立てるにしろ，情報収集，政策分析，申立書の作成，自国政府や世界銀行とのやり取りなど，被影響住民には極めて困難な作業ばかりである．農村部で自給的な生活を送っている村人や大都市の非正規労働に携わっている住民にこれらの手続きを求めるのはたやすくはない．事前調査より事後救済の方が効率的に見えるのは世界銀行側からの視点である．自らの責任が軽くなるのだから当然であろう．「改善の罠」は結果的にそのツケを負の影響を受ける人々に回してきた．だからこそ，被影響住民からの申立を待つのではなく，調査を司る組織は自ら進んで調査の構造的な問題に目を向ける努力をすべきである．その端緒となるのが，第三者による調査のエスノグラフィーだと考えている．

　2つ目は，権力の行使として表れる媒介効果と調査の目的の達成が両立できるような調査機関のガバナンスの重要性である．本書では調査の目的が達成されない原因として専門家や組織の媒介効果を指摘したが，媒介効果そのものを完全否定することは困難である．したがって，専門家や組織の維持が調査の目的達成と同じベクトルになるよう調査機関のガバナンスを確立することが重要になる．目的の達成に欠かせないのがフロネーシスの価値の見直しである．それは必ずしも「社会科学者」の地位向上を意味しない．事例研究では，先住民族の専門家の見解がエピステーメーのように扱われているケースがあった．重要なのは「それ以外の仕方であることが可能なもの」としての知の価値をエピステーメーより下位に置かないことである．調査機関のガバナンスの改革にはそうした視点を盛り込む必要性がある．具体的には，科学的に普遍性のある「はかり」による妥当性ではなく，調査の目的を達成しているかどうかによって専門家の業務を評価する仕組みも含まれる．調査の改善の議論では，とかく調査方法や調査能力に目が向きがちだが，調査を司る組織のガバナンスに着目することが「改善の罠」に陥らずに調査を改善する1つの道である．

　3つ目は，調査に関係する実務者が，自らの立っている位置を権力に関わる軸の中で認識することの重要性である．研究の実務的な含意とは必ずしも「こ

第6節　罠に陥らない調査の改善

れからどうするべきか」という水先案内とは限らない．例えば，プロジェクトによって影響を受ける住民を支援するという同じ目的を持っていても，独立審査委員会を通じて調査を申し立てるのと，世界銀行の事後調査に基づいて支援策を講じるのとでは，正反対の権力関係になる（図7.1の②と④の矢印の向きを比べれば明らかである）．開発をめぐっては，目的が同じ者同士が対立関係に陥ることがしばしばある．住民の利益を重視するNGOの間でも，大規模インフラ事業に反対して住民による反証調査を支援するグループと，事業の補償策を作るための調査を支援するグループに分かれることがある．どちらも住民生活の安定という同じ目的で調査を支援しているのに対立するのは権力の方向が正反対だからである．本書の実務的な貢献は，将来への水先案内というよりは，調査に関わる様々なアクターがどのような権力関係の中で「今どこに立っているのか」を示そうとした点にある．それをどう評価して，どこへ向かうべきかの答えを見つけるのは，調査に関わる一人ひとりである．

参考文献

ADB, 1999, *Special Evaluation Study on the Social and Environmental Impacts of Selected Hydropower Projects*, December 1999, SST：REG99033.
——, 2009, *Annual Report 2008 Volume 1*.
ADB-OED, 2006, *Evaluation Study：Involuntary Resettlement Safeguards*, September 2006.
——, 2007, *Special Evaluation Study on Performance of Technical Assistance*, March 2007.
Agrawal, A., 1995, "Dismantling the Divide between Indigenous and Scientific Knowledge," *Development and Change* 26：413-439.
Asher, W., 1999, *Why Governments Waste Natural Resources：Policy Failure in Developing Countries*, The John Hopkins University Press.
Bank Information Center, 2004, *Quality Not Quantity：Lessons Learned from Consultations on the World Bank's Indigenous Peoples Policy*, March 2004.
Bartlett, R. and Kurian, P. A., 1999, "The Theory of Environmental Impact Assessment：Implicit Models of Policy Making," *Policy & Politics* Vol. 27 No. 4：415-433.
Barutciski, M., 2006, "International Law and Development-induced Displacement and Resettlement," In De Wet, C., ed., *Development-Induced Displacement*. Berghahn Books.
Bebbington, A., Guggenheim, S., Olson, E. and Woolcock, M., 2004, "Exploring Social Capital Debates at the World Bank," *Journal of Development Studies* Vol. 40 Issue 5：33-64.
Becker, H. A., 2001, "Social Impact Assessment," *European Journal of Operational Research* 128：311-321.
Benveniste, G., 1972, *The Politics of Expertise*, Boyd & Fraser Pub. Co.
Best, J., 2001, *Damned Lies and Statistics : Untangling Numbers from the Media, Politicians, and Activists*, University of California Press.
Bissel, R., 1997, "Recent Practice of the Inspection Panel of the World Bank," *The American Journal of International Law* Vol. 91 No. 4：741-744.
Bradlow, D. D., 1994, "International Organizations and Private Complaints：The Case of the World Bank," *Virginia Journal of International Law* 34：553-613.
Bridgeman, T., 2008, "Accountability and Credibility at the World Bank：An Analysis of the Effectiveness of the World Bank Inspection Panel in its First Decade," cited in Inspection Panel, 2009.
Broad, R., 2006, "Research, knowledge, and the art of 'paradigm maintenance'：the World Bank's Development Economics Vice-Presidency (DEC)," *Review of International Political Economy* 13 (3)：387-419.

Brown, J., 1984, "Professional hegemony and analytic possibility : The interaction of engineers and anthropologists in project development," In MiUsap, W., ed., *Applied social science for environmental planning*, Westview Press.

Bulmer, M., Bales, K. and Sklar, K. K., 1991, "The social survey in historical perspective," In Bulmer, M., Bales, K. and Sklar, K. K., eds., *The social survey in historical perspective 1880-1940*, Cambridge University Press.

Burdge, R. J., 2003, "The practice of social impact assessment—background," *Impact Assessment and Project Appraisal* Vol. 21 No. 2 : 84-88.

Burdge, R. J. and Vanclay, F., 1995, "Social impact assessment," In Vanclay, F. & Bronstein, B., eds., *Environmental and social impact assessment*, John Wiley & Sons.

Burger, J., 1990, *The Gaia Atlas of First Peoples*, Anchor Books.

Burkey, S., ed., 1993, *People first : A guide to self-reliant participatory rural development*, Zed Books.

Campbell, J., 2002, "A critical appraisal of participatory methods in development research," *International Journal of Social Research Methodology* Vol. 5 No. 1 : 19-29.

Carrasco, E. R. and Guernsey, A. K., 2008, "The World Bank's Inspection Panel : Promoting True Accountability," *Cornell International Law Journal* Vol. 41 No. 3 : 577-629.

Cashmore, M., 2004, "The Role of Science in Environmental Impact Assessment : Process and Procedure versus Purpose in the Development of Theory," *Environmental Impact Assessment Review* 24 : 403-426.

Cashmore, M. et al., 2004, "The Interminable Issue of Effectiveness : Substantive Purposes, Outcomes and Research Challenges in the Advancement of Environmental Impact Assessment Theory," *Impact Assessment and Project Appraisal* Vol. 22 No. 4 : 295-310.

Cernea, M. M., 1995, "Social Organization and Development Anthropology," *Human Organization* Vol. 54 No. 3 : 340-352.

Cernea, M. M. and Guggenheim, S. E., 1993, *Anthropological Approaches to Resettlement*, Westview.

Chambers, R., 1983, *Rural Development : Putting the Last First*, Pearson Education Limited.

——, 1994a, "The Origins and Practice of Participatory Rural Appraisal," *World Development* Vol. 22 No. 7 : 953-969.

——, 1994b, "Participatory Rural Appraisal (PRA) : Challenges, Potentials and Paradigm," *World Development* Vol. 22 No. 10 : 1437-1454.

Chase, A., 1990, "Anthropology and Impact Assessment : Development Pressures and Indigenous Interests in Australia," *Environmental Impact Assessment Review* 10 : 11-23.

Chwieroth, J. M., 2008, "Organizational Change 'from within' : Exploring the World Bank's Early Lending Practices," *Review of International Political Economy* 15-4 : 481-505.

Clark, D., 2003, "Understanding the World Bank Inspection Panel," In Clark, D. et al., *Demanding Accountability*, Rowman & Littlefield Pub., Inc.

Clark, D. et al., 2003, *Demanding Accountability*, Rowman & Littlefield Publishers, Inc.

Cook, T. D. et al., 1994, *Meta-Analysis for Explanation*, Russell Sage Foundation.

Craig, D., 1990, "Social Impact Assessment : Politically Oriented Approaches and Applications," *Environmental Impact Assessment Review* 10 : 37-54.

Davis, G., 2004, "A History of the Social Development Network in the World Bank 1973-2002," *Social Development Papers*, Paper No. 56, World Bank, March 2004.

Davis, S. H., 1993, "The World Bank and Indigenous Peoples," A paper prepared for a panel discussion on Indigenous Peoples and Ethnic Minorities at the Denver Initiative Conference on Human Rights, University of Denver Law School, April 16-17, 1993.

Deaton, A. et al., 2006, *An Evaluation of World Bank Research 1998-2005*, September 24, 2006.

DFID, 2009, *Annual Report and Resource Accounts 2008-09 Volume I of II*.

Feldman, M. S., 1989, *Order Without Design-Information Production and Policy Making*, Stanford University Press.

Ferguson, J., 1994, *The Anti-Politics Machine*, University of Minnesota Press.

Flyvbjerg, B., 2001, *Making Social Science Matter : Why Social Inquiry Fails and How It Can Succeed Again*, Cambridge University Press.

Fourie, A. N., 2009, *The World Bank Inspection Panel and Quasi-Judicial Oversight*, Eleven International Publishing.

Fox, J. A., 1998, "When Does Reform Policy Influence Practice? Lessons from the Bankwide Resettlement Review," In Fox, J. and Brown, L. D., eds., *The Struggle for Accountability*, MIT Press.

———, 2003, "Advocacy Research and the World Bank : Propositions for Discussion," *Development in Practice* Vol. 13 No. 5 : 519-527.

Fox, J. and Brown, L. D., eds., 1998, *The Struggle for Accountability*, MIT Press.

Francis, P. and Jacobs, S., 1999, "Institutionalizing Social Analysis at the World Bank," *Environmental Impact Assessment Review* 19 : 341-357.

Freudenburg, W. R., 1986, "Social Impact Assessment," *Annual Reviews of Sociology* 12 : 451-478.

Funk, R., 1985, "The Mackenzie Valley Pipeline Inquiry in Retrospect," In Derman, W. and Whiteford, S., eds., *Social Impact Analysis and development planning in the Third World*, Westview Press : 119-137.

Gilbert, C., Powell, A. and Vines, D., 1999, "Positioning the World Bank," *The Economic Journal* 109 : F598-F633.

Goldman, M., 2005, *Imperial Nature : The World Bank and Struggles of Social Justice in the Age of Globalization*, Yale University Press.

Gray, A., 1998, "Development Policy, Development Protest : The World Bank, Indigenous Peoples, and NGOs," In Fox, J. and Brown, L. D., eds., *The Struggle for Ac-*

countability, MIT Press.
Green, K. M. and Raphael, A., 2002, *Third Environmental Assessment Review*, Environmental Department, World Bank.
Griffiths, T., 2005, *Indigenous Peoples and the World Bank : Experiences with Participation*, Forest Peoples Programme, July 2005.
Guijit, I. and Cornwall, A., 1995, "Critical reflections on the practice of PRA," *PLA Notes* 24, IIED：2-7.
Gutner, T. L., 2002, *Banking on the Environment*, MIT Press.
――, 2005 "Explaining the Gaps between Mandate and Performance：Agency Theory and World Bank Environmental Reform," *Global Environmental Politics* 5-2：10-37.
Gwin, C., 2003, *Sharing Knowledge : Innovations and Remaining Challenges*, Operations Evaluation Department, World Bank.
Hirschman, A., 1967, *Development Projects Observed*, Brookings Institution.
Howitt, R., 1989, "Social Impact Assessment and Resource Development：Issues from the Australian Experience," *Australian Geographer* 20 (2)：153-166.
Hunter, D., 2003, "Using the World Bank Inspection Panel to Defend the Interests of Project-Affected People," *Chicago Journal of International Law* 4 (1)：201-11.
Iarossi, G., 2006, *The Power of Survey Design*, World Bank.
IEG, 2008, *Environmental Sustainability An Evaluation of World Bank Group Support*, World Bank.
Inspection Panel, 2009, *Accountability at the World Bank The Inspection Panel at 15 Years*, International Bank for Reconstruction and Development/International Development Association.
Jasanoff, S., 1992, "What Judge Should Know about Sociology of Science," *Jurimetrics Journal*, 32, Spring：345-359.
Jay, S. et al., 2007, "Environmental Impact Assessment：Retrospect and Prospect," *Environmental Impact Assessment Review* 27：287-300.
Kardam, N., 1993, "Development Approaches and the Role of Policy Advocacy：The Case of the World Bank," *World Development* Vol. 21 No. 11：1773-1786.
Kiewiet, D. R. et al., 1991, *The Logic of Delegation : Congressional Parties and the Appropriations Process*, University of Chicago Press.
Koenig, D., 2006, "Enhancing Local Development in Development-induced Displacement and Resettlement Projects," In De Wet, C., ed., *Development-Induced Displacement*, Berghahn Books.
Kula, W., 1986, *Measures and Men*, Princeton University Press.
Lasswell, D., 1970, "The Emerging Conception of the Policy Sciences," *Policy Sciences* 1：3-14.
Li, T. M., 2007, *The Will to Improve : Governmentality, Development, and the Practice of Politics*, Duke University Press.
Light, R. J. and Pillemer, D. B., 1984, *Summing Up The Science of Reviewing Research*,

Harvard University Press.

Lindblom, C. E. and Cohen, D. K., 1979, *Usable Knowledge Social Science and Social Problem Solving*, Yale University Press.

Listokin, D. et al., 1994, *Development Impact Assessment*, Urban Land Institute.

Lockie, S., 2001, "SIA in review : setting the agenda for impact assessment in the 21st century," *Impact Assessment and Project Appraisal* Vol. 10 No. 4 : 277-287.

Lockie, S., Momtaz, S. and Taylor, B., 1999, "Meaning and the Construction of Social Impacts : Water infrastructure development in Australia's Gladstone/Calliope region," *Rural Society* Vol. 9 No. 3 : 529-542.

Long, N., 2001, *Development Sociology : Actor Perspectives*, Routledge.

Mehta, L., 2001, "The World Bank and Its Emerging Knowledge Empire," *Human Organization* Vol. 60 No. 2 : 189-196.

Mills, C. W., 1956, *The Power Elite*, Oxford University Press Inc.

Mitchell, T., 2002, *Rule of Experts*, University of California Press.

Momtaz, S., 2003, "The practice of social impact assessment in a developing country : the case of environmental and social impact assessment of Khulna-Jessore Drainage Rehabilitation Project in Bangladesh," *Impact Assessment and Project Appraisal* Vol. 21 No. 2 : 125-132.

Morse, B. W. and Berger, T. R., 1992, *Sardar Sarovar : The report of the Independent Review*, Resource Futures International Inc.

Mosse, D., 1995, "Social analysis in participatory rural development," *PLA Notes* 24, IIED : 27-33

――, 2004, "Social Analysis as Product Development," In Salemink, O., van Harskamp, A. and Giri, A. K., eds., *The Development of Religion/The Religion of Development*, Eburon.

Nelkin, D., 1975, "The Political Impact of Technical Expertise," *Social Studies of Science* 5 : 35-54.

Nielson, D. L. and Tierney, M. J., 2003, "Delegation to International Organizations : Agency Theory and World Bank Environmental Reform," *International Organization* 57 : 241-276.

Norconsult, 1994, *Theun Hinboun Power Project Feasibility Study Volume 3 Environmental Impact Assessment Report*, May 1993/Revised April 1994.

Norplan, 1995, *Impact Studies for the Theun-Hinboun Hydropower Project, Laos, Draft Final Report*, 10 November 1995.

Operations Evaluation Department, 2003, *Implementation of Operational Directive 4. 20 on Indigenous Peoples : An Evaluation of Results*, Report No. 25754. April 10, 2003.

Orakhelashvili, A., 2005, "The World Bank Inspection Panel in Context : Institutional Aspects of the Accountability of International Organizations." *International Organizations Law Review* 2 (1) : 57-102.

Petts, J., 1999, "Environmental Impact Assessment―Overview of Purpose and Process," In Petts, J., ed., *Handbook of Environmental Impact Assessment Vol. 1*. Blackwell Science.

Pincus, J. R. and Winters, J. A., 2002, "Reinventing the World Bank," In Pincus, J. R. and Winters, J. A., eds., *Reinventing the World Bank*, Cornell University Press.

Rao, V. and Woolcock, M., 2007, "The Disciplinary Monopoly in Development Research at the World Bank," *Global Governance* 13：479-484.

Rees, C., 1999, "Improving the Effectiveness of Environmental Assessment in the World Bank," *Environmental Impact Assessment Review* 19：333-339.

Rich, B., 1995, *Mortgaging the Earth*, Beacon Press.

Richards, P., 1995, "Participatory rural appraisal：a quick-and-dirty critique," *PLA Notes* 24, IIED：13-16.

Rondinelli, D. A., 1983, *Development projects as policy experiments：An adaptive approach to development administration*, Methuen & Co.

Sadler, B., 1996, *Environmental Assessment in a Changing World：Evaluating Practice to Improve Performance. Canadian Environmental Assessment Agency and International Association for Impact Assessment*.

Sarfaty, G. A., 2005, "The World Bank and the Internalization of Indigenous Rights Norms," *The Yale Law Journal* Vol. 114 No. 7：1791-1818.

Schwarz, M. and Thompson, M., 1990, *Divided We Stand Redefining Politics, Technology and Social Choice*, Harvester Wheatsheaf.

Scott, J. C., 1998, *Seeing Like A State*, Yale University Press.

Shihata, I. F., 2000, *The World Bank Inspection Panel：In Practice*. Oxford University Press.

Simmel, G., 1903, *The Metropolis and Mental Life*,
http://www.blackwellpublishing.com/content/BPL_Images/Content_store/Sample_chapter/0631225137/Bridge.pdf（2009年3月5日ダウンロード）.

Stein, R. E. and Johnson, B., 1979, *Banking on the Biosphere?：Environmental Procedures and Practices of Nine Multilateral Development Agencies*, Lexington Books.

Stern, N. with Ferreira, F., 1997, "The World Bank as 'Intellectual Actor'," In Kapur, D., Lewis, J. P. and Webb, R., eds., *The World Bank：its first half century*, Brookings Institution Press.

Strachan, H. W., 1978, Side-Effects of Planning in the Aid Control System, *World Development* Vol. 6：467-478.

Susskind, L. R., Jain, R. K. and Martyniuk, A. O., 2001, *Better Environmental Policy Studies*, Island Press.

The Ecologist, 1996, *Damming the Theun River, The Ecologist* Vol. 26 No. 3, May/June 1996.

USAID, 2008, *Fiscal Year 2008 Agency Financial Report*.

Vanclay, F., 2006, "Principles for social impact assessment：A critical comparison between the international and US documents," *Environmental Impact Assessment Review* 26：3-14.

Wade, R. H., 1997, "Greening the Bank : The Struggle over the Environment, 1970-1995," In Kapur, D., Lewis, J. P. and Webb, R., eds., *The World Bank : its first half century*. Brookings Institution Press.
――, 2002, "US hegemony and the World Bank : the fight over people and ideas," *Review of International Political Economy* 9 : 2 Summer 2002 : 215-243.
Webber, D. J., 1992, "The Distribution and Use of Policy Knowledge in the Policy Process," In William, N. D. and Kelly, R. M., eds., *Advance in Policy Studies since 1950*, New Brunswick, NJ : Transaction Publishers : 383-418.
Weber, E. J., 1979, *Peasants into Frenchmen : The Modernization of Rural France, 1870-1914*, Stanford University Press.
Wolf, C. P., 1980, "Getting Social Impact Assessment into the Policy Arena," *Environmental Impact Assessment Review* 1 : 27-36.
Wolfensohn, J. D., 2001, *Memorandum to the Executive Directors Operational Policy on Involuntary Resettlement, Draft OP/BP4.12*. September 28, 2001.
Wood, C., 2003, *Environmental Impact Assessment : A Comparative Review*, 2nd edition, Longman Group.
Wood, C. and Jones, C. E., 1997, "The Effect of Environmental Assessment on UK Local Planning Authority Decisions," *Urban Studies* Vol. 34 No. 8 : 1237-1257.
World Bank, 1993, *Annual Review of Environmental Assessment*. February 1993.
――, 1996, *Resettlement and Development, The Bankwide Review of Projects Involving Involuntary Resettlement, 1986-1993*. March 1996.
――, 1999, *World Development Report 1998/99 Knowledge for Development*, Oxford University Press.
――, 2002, *Summary of Consultations with External Stakeholders regarding the World Bank Draft Indigenous Peoples Policy*. Updated October 7, 2002.
――, 2003, *Implementation of Operational Directive 4.20 on Indigenous peoples : An Evaluation of Results*. Operations Evaluation Department. April 10, 2003.
――, 2005, *Staff Response to Public Comments Revised Draft Policy on Indigenous Peoples (OP4.10) of December 1, 2004*. Environmentally and Socially Sustainable Development. April 6, 2005.
――, 2007, *A Guide to the World Bank Second Edition*.
――, 2008, *The World Bank Annual Report 2008 Year in Review*.
――, 2009, *Review of PHRD TA Grants Closed in Fiscal Year 2008*, April 2009.
World Bank & Government of Japan, 2007, *Japan Policy and Human Resources Development Fund : Annual Report 2006*.
――, 2008, *Japan Policy and Human Resources Development Fund : Annual Report 2007*.
Wynne, B., 1996, "Misunderstood Misunderstanding : Social Identities and Public Uptake of Science." In Irwin, A. and Wynne, B., eds., *Misunderstanding Science*, Cambridge University Press : 19-49.
Young, P. V., 1939, *Scientific Social Surveys and Research*, Prentice-Hall, INC : New

York.

アーユース「NGO プロジェクト評価法研究会」編, 1995, 小規模社会開発プロジェクト評価, 国際開発ジャーナル.
アリストテレス, 1971, ニコマコス倫理学（上）, 高田三郎訳, 岩波文庫.
宇井純, 2000, 「公害における知の効用」, 栗原彬他編, 越境する知 3 言説：切り裂く, 東京大学出版会.
ウェーバー, マックス, 1972, 社会学の根本概念, 清水幾太郎訳, 岩波文庫.
大谷信介, 2002, これでいいのか市民意識調査, ミネルヴァ書房.
重田園江, 2003, フーコーの穴 統計学と統治の現在, 木鐸社.
外務省, 2007, スキーム別評価：開発調査, 2007 年 3 月.
────, 2009, 2008 年度版政府開発援助（ODA）白書 参考資料集.
片平エンジニアリングインターナショナル＆オーバーシーズ・プロジェクト・マネージメント・コンサルタンツ, 2004, 円借款事業の住民移転に係る調査 最終報告書, 平成 15 年 9 月.
岸上伸啓, 2008, 先進国における援助事業への文化人類学（者）の活用についての現状と課題, 平成 20 年 7 月, 国際協力機構.
喜多野清一, 1948, 「社会調査の方法」, 東京社会科学研究所編, 社会学の方法と理論, 実業之日本社：162-208.
国際協力機構, 2004, 開発調査における環境社会配慮ガイドラインの運用のための基礎研究 研究会報告書, 2004 年 12 月.
────, 2005, 社会調査の事業への活用, 2005 年 12 月.
────, 2009, 開発調査実施済案件現状調査（フォローアップ調査）現状把握調査報告書, 2009 年 3 月.
国際協力総合研修所, 2005, 社会調査の事業への活用～使おう！ 社会調査～, 2005 年 12 月.
小林茂, 1981, 社会調査論, 文眞堂.
阪上孝, 2007, 「はかることの革命」, 阪上孝・後藤武編, 〈はかる〉科学, 中公新書.
佐藤健二, 2000, 「社会学の言説」, 栗原彬他編, 越境する知 3 言説：切り裂く, 東京大学出版会.
佐藤仁, 2005, 「開発はいかに学習するか──『意図せざる結果』を手がかりに」, 新崎盛暉・比嘉政夫・家中茂編, 地域の自立 シマの力 上, コモンズ.
────, 2009, 「環境問題と知のガバナンス──経験の無力化と暗黙知の回復」, 環境社会学研究 第 15 号：39-53.
佐藤俊樹, 2006, 「閾のありか──言説分析と『実証性』」, 佐藤俊樹・友枝敏雄編, 言説分析の可能性, 東信堂.
佐藤寛編, 1994, 援助の社会的影響, アジア経済研究所.
────, 2003, 参加型開発の再検討, アジア経済研究所.
佐藤幸男, 1998, 「地域研究・開発研究と近代国家論の『異床同夢』」, 地域研究論集 Vol. 1 No. 2：159-181.
島津康男, 1997, 市民からの環境アセスメント 参加と実践のみち, NHK ブックス.

末廣昭編, 2006, 「帝国」日本の学知 第6巻 地域研究としてのアジア, 岩波書店.
杉田敦, 2000, 権力, 岩波書店.
スミス, アダム, 2000, 国富論 1, 水田洋監訳, 杉山忠平訳, 岩波文庫.
盛山和夫, 2000, 権力, 東京大学出版会.
田中耕一, 2007, 「〈社会的なもの〉の危機と社会調査」, 田中耕一・荻野昌弘編, 社会調査と権力, 世界思想社.
谷岡一郎, 2000, 「社会調査」のウソ, 文春新書.
次原悦子, 2007, 「『ホワイトバンド運動』に寄せる思い」, 小林正弥・上村雄彦編, 世界の貧困問題をいかに解決できるか, 現代図書.
寺田明代, 2007, 「高齢者介護の計測と身体管理」, 田中耕一・荻野昌弘編, 社会調査と権力, 世界思想社.
東京電力, 2007, 検査データの改ざんに係わる追加の報告徴収についての報告, 平成19年3月1日.
戸田貞三, 1933, 社会調査, 時潮社.
中生勝美, 1999, 「地域研究と植民地人類学」, 地域研究論集 Vol.2 No.1：19-36.
中原勲平, 1957, 調査の科学, 日刊工業新聞社.
中村尚司, 1994, 人びとのアジア, 岩波新書.
西野桂子, 2004, 「生活と調査」, 佐藤寛・青山温子編, シリーズ国際開発 第3巻 生活と開発, 日本評論社.
橋本強司, 2008, 開発調査というしかけ, 創成社.
ハーバーマス, ユルゲン, 1985, コミュニケイション的行為の理論, 河上倫逸・M. フーブリヒト・平井俊彦訳, 未來社.
原科幸彦, 2000, 環境アセスメント, 放送大学教育振興会.
平松貞実, 2006, 社会調査で何が見えるか, 新曜社.
廣野喜幸・清野聡子・堂前雅史, 1999, 「生態工学は河川を救えるか」, 科学 69巻 3号.
フーコー, ミシェル, 1986, 知への意志, 渡辺守章訳, 新潮社.
——, 1996, 「主体と権力」, ヒューバート・L・ドレイファス＆ポール・ラビノウ, ミシェル・フーコー 構造主義と解釈学を超えて, 山形頼洋・鷲田清一他訳, 筑摩書房.
——, 2000, 「真理と裁判形態」, 蓮實重彦・渡辺守章監修/小林康夫・石田英敬・松浦寿輝編, ミシェル・フーコー思考集成V 1974-1975 権力/処罰, 筑摩書房.
——, 2007, 安全・領土・人口, 高桑和巳訳, 筑摩書房.
藤垣裕子, 2003, 専門知と公共性, 東京大学出版会.
ペティ, ウィリアム, 1955, 政治算術, 大内兵衛・松川七郎訳, 岩波文庫.
星野智, 2000, 現代権力論の構図, 情況出版.
堀博, 1996, メコン河——開発と環境, 古今書院.
松田芳郎編, 1980, 明治期府県の総括統計書解題, 一橋大学経済研究所, 日本経済統計文献センター.
松原望, 1996, わかりやすい統計学, 丸善.
松本悟, 1997, メコン河開発, 築地書館.
——, 2003, 「世界銀行インスペクションパネルは何をもたらしたのか」, 松本悟編, 被

害住民が問う開発援助の責任, 築地書館.
マートン, ロバート, 1961, 社会理論と社会構造, みすず書房.
マルクス, カール, 1969, 資本論（一）, エンゲルス編, 向坂逸郎訳, 岩波文庫.
ルークス, スティーブン, 1995, 現代権力論批判, 中島吉弘訳, 未來社.
ルーマン, ニクラス, 1986, 権力, 長岡克行訳, 勁草書房.
JICA, 2008, 新JICAの概要.
ODA評価有識者会議, 2007, スキーム別評価：開発調査, 2007年3月.

人名索引

ア 行

アリストテレス　16, 264, 295
宇井純　301
ウールコック, M.　285
ウェーバー, M.　35
ヴァンクレイ, F.　294
ウッド, C.　47

カ 行

岸上伸啓　272
喜多野精一　4, 5
キャッシュモア, M.　47
キャンベル, J.　40
クリアン, P.　48
コーヘン, D.　6
サスカイン, L.　55

サ 行

佐藤健二　23, 299
佐藤仁　17
ジャサノフ, S.　23
ジョーンズ, C.　47
ジンメル, G.　20, 21
スコット, J.　19, 20, 22
スターン, N.　274, 275, 291
スミス, A.　20, 21
盛山和夫　36

タ 行

ダール, R.　33, 34, 35, 298, 299
チェイス, A.　50, 51
チェルニア, M.　273, 280, 282
チェンバース, R.　18, 21, 38, 39, 40, 92
デーヴィス, G.　280
戸田貞三　4, 7

ナ 行

中村尚司　22
西野桂子　42

ハ 行

バージ, R.　294
パーソンズ, T.　35
バートレット, R.　48
ハーバーマス, J.　59
バクラック, P.　33, 34
橋本強司　42, 43, 44
パラッツ, M.　33, 34
ハワード, J.　8
パンヴェニスト, G.　39
ファーガソン, J.　6, 297
ファンク, R.　49
フーコー, M.　27, 28, 29, 35, 36, 52, 53, 299, 302
ブース, C.　8
フェルドマン, M.　6, 55, 56
フォックス, J.　287
藤垣裕子　22, 292
ブラウン, J.　50, 51
フレイレ, P.　40
ブロード, R.　277
ペティ, W.　28
ホウィット, R.　49, 50
ボランニー, M.　16
堀博　292

マ 行

マートン, R.　5
マクナマラ, R.　273, 282, 292
ミッチェル, T.　25, 26, 27
ミルズ, W.　35
モース, B.　95, 284
モス, D.　41, 285

ヤ 行

ヤング, P.　4

ラ 行

ライト, R.　58
ラオ, V.　285
ラスウェル, H.　54, 55

リー, T.　2
リー, J.　282
リンドブロム, C.　6
ルークス, S.　33, 34
ルーマン, N.　35
ロッキー, S.　50, 294
ロンディネリ, D.　39

事項索引

あ 行

アジア開発銀行（ADB）　9, 10, 11, 13, 14, 15, 16, 44, 63, 80, 104, 246, 265
厚い記述　21
アプローチペーパー　88
アボリジニ　49, 50, 51
アメリカ　45
アルゼンチン　130, 176, 202, 262, 268
アルバニア　111, 247
アルバン　21, 22
アンケート調査　92
案件形成促進調査　11
暗黙知　16, 17
異議申立　30
意思決定文書　173
一次元的権力観　33, 34, 298, 299
移転計画　77, 81
移転行動計画（RAP）　179
移転住民（の定義）　76, 80
インド　13, 95, 110, 140, 167, 171, 191, 196, 208, 247, 257, 258, 265, 284
ウガンダ　128, 168, 169, 170, 175, 260, 265
影響評価（研究）　37, 38, 45, 46, 54, 56
エクアドル　119, 167
エスノグラフィー　51, 303
エピステーメー　16, 295, 296, 302, 303
エリート支配論　35
円借款事業　11
エンパワーメント　31

か 行

ガーナ　154, 254, 258, 264, 268, 295
解釈可能性　263, 264, 265, 295
改善の罠　2, 5, 7, 57, 176, 246, 261, 303, 304
開発　17, 18, 29
開発援助（研究）　12, 37, 38, 41, 45, 48, 49, 54, 56
開発権移転（TDR）　141
開発コンサルタント　42, 43
開発資金協力　9
開発調査　43
開発計画調査型技術協力　11, 43
開発途上国　28, 37, 41, 65, 66, 67, 95, 104, 297, 298
外部遵守モニタリンググループ（ECMG）　130
科学技術社会論　22, 23
過去の移転活動の評価と行動計画（APRAP）　227, 228, 229, 230
カナダ　49
「可能な範囲」（での定量化）　125, 126, 172
カメルーン　133, 135, 175, 248, 262, 265, 268
カルタヘナ上下水道および環境管理プロジェクト　137-40, 254, 296
灌漑　112, 113, 189
環境アセスメント（政策）　31, 45, 46, 67, 68, 69, 70, 71, 72, 73, 74, 75, 83, 88, 90, 100, 101, 103, 104, 107-, 247, 257, 279, 281, 282
環境アセスメント報告書　72, 73, 214, 217
環境アラインメントシート（EAS）　124
環境影響アセスメント（EIA）　72
環境影響評価（研究）　46, 47, 48, 95, ⇒環境アセスメント
環境監査　157
環境社会影響調査　222, 223, 224
慣習的土地利用（所有）　197, 198, 225, 259
カンボジア　147, 169, 170, 176, 247, 265
機能　5
業務指令（OD）　87
業務政策（OP）　68, 87

業務マニュアル　66, 67
協力準備調査　11, 43
挙証責任の交替　245
銀行業務の環境的側面（OMS2.36）　70
銀行手続き（BP）　68, 87
グッドプラクティス（GP）　87
経験知　114, 168
経済回復と社会再統合プロジェクト（コンゴ民主共和国）　152-54, 176, 217, 238, 246
経済学者　31, 273, 277, 278
経済協力開発機構（OECD）　70
ケニア　116, 117, 265
見解書（世界銀行の）　31, 94, 101, 103, 104, 107-, 179-
研究評価報告書（「世界銀行の研究の評価 1998-2005」）　275, 276, 277
現行犯モデル　52
権力　6, 9, 33, 35, 36, 49, 50, 51, 137, 150, 157, 271, 294, 297, 298, 299, 303, 305
──の行使　6
合意された事実　94, 101, 220, 238, 243, 244, 251, 252, 253, 254, 265, 270
行為を導くこと（権力の行使）　36, 66
鉱山開発および環境抑制技術協力（エクアドル）　119-21, 167
公衆協議　88
高齢者介護（認定）　53, 54
国際影響評価学会（IAIA）　46
国際開発協会（IDA）　64, 74, 96
国際開発金融機関　9, 63
国際開発庁（DFID）　272
国際協力機構（JICA）　9, 10, 12, 43, 44, 45
国際協力銀行（JBIC）　11, 13, 43
国際顧問グループ（IAG）　124, 130, 131
国際通貨基金（IMF）　63
国際復興開発銀行（IBRD）　63, 64
国民総生産（GNP）　18, 19, 28
国連食糧農業機関（FAO）　112
国家環境政策法（NEPA/アメリカ）　37, 45, 46, 282
国家排水プログラムプロジェクト　144-47, 169, 171, 175, 186, 214-16, 242, 257

コロンビア　137, 254, 264, 265, 268, 296
コンゴ民主共和国　152, 176, 217, 246, 268
コンサルタント　90

さ　行

最終審査報告書（独立審査委員会の）　31, 94, 100, 101, 103, 104
参加型開発　40, 42
参加型学習と実践（PLA）　41
参加型調査　41, 42, 57
参加型農村調査（PRA）　40, 41, 44
三次元的権力観　33, 34
算出根拠　243, 245
事業化率　44
事業監理政策　100
事業融資審査　100
事後調査　12, 37, 123, 216, 230
事実確認　96, 97
システム論　35
事前調査　9, 10, 14, 15, 67, 83, 90, 91, 92, 106, 125, 144, 146, 150, 220, 243, 245, 255, 272, 300
実施可能性調査（F/S調査）　12, 39
実践的調査　4, 6, 7, 8, 53, 275, 300
実務的な合意　7
社会アセスメント　85
社会影響評価（研究）　46, 49, 50, 51
社会開発ネットワーク　281
社会改良　6, 7, 8, 9, 13, 31, 53, 60, 255, 269, 270, 271, 293, 299
「社会科学者」　80, 84, 273, 274, 278, 279, 280, 281, 282, 285, 286, 287, 288, 289, 290, 291, 295, 304
社会学者　31, 75, 199, 272
社会環境　71, 229
社会環境アセスメント　163, 164, 166, 180
社会環境調査（SEA）　161, 162
社会経済調査（被影響者が関与した）　199, 200, 247
社会調査　4, 7, 53
社会的なもの　53
借入国への配慮　⇒調査される側への配慮
住民移転計画　113, 114, 193, 197, 199, 221,

事項索引 321

227
住民移転に関する政策（OMS2.23） ⇒ OMS2.23
住民生計実態調査　81
受益者　190, 203
主体（主体化）　33, 34, 35, 36, 299
主たる職業　203, 204, 238, 258
出世コース　286
状況依存性　23, 24
情報処理モデル　48, 49
職業としての社会調査　6
助言委員会　72, 126, 127, 137, 146, 158, 165, 174, 175
助言型技術協力（ADTA）　10, 11
所与の条件　169, 238, 243, 252
迅速農村調査（RRA）　39
真理の歴史　52, 54
森林伐採権管理監督試験プロジェクト（カンボジア）　147, 169, 170, 186, 216-17, 241, 247
人類学者　31, 57, 75, 241, 271, 280, 287
「ずれ」　13
生計回復　200, 201, 255
生-権力　28, 29, 36, 54, 302
政策遵守審査　107-
政策の不遵守　30, 91, 92, 94, 95, 96, 101, 104, 106, 107-, 179-, 251
「成熟した」政策　68, 90, 100
西部貧困削減プロジェクト（中国）　112-15, 134, 140, 167, 169, 187-91, 237, 238, 241, 252, 259, 294
セーフガード（環境社会配慮）　13, 67, 88
世界銀行　9, 19, 11, 13, 30, 31, 44, 47, 60, 61, 63-, 107-, 179-, 251-, 271-, 295, 297, 298, 299, 300, 304
――（事務局，経営陣）　92
――開発経済副総裁局（DEC）　277, 285
――環境局　81
――環境持続可能な開発局（ESD）　281
――環境室　283
――環境社会持続可能な開発（ESSD）副総裁局　281, 286

――業務評価局　70, 81, 88, 89
――法務局　198
世界銀行融資案件における部族民（OMS2.34） ⇒OMS2. 34
世界保健機関（WHO）　140
石炭セクター環境および社会緩和プロジェクト（インド）　191-99, 241, 242, 243, 247, 257
赤道原則　47
石油開発およびパイプラインプロジェクト（カメルーン）　133-37, 170, 175, 241, 262
石油パイプラインプロジェクト（チャド）　121-28, 167, 172, 174, 186, 206-07, 260
世帯（概念）　208, 209, 210, 212, 213, 223, 224, 245, 258, 261, 279
1907年地籍図（エジプト）　26, 27
先住民族（政策）　31, 49, 67, 68, 71, 83, 84, 85, 88, 89, 90, 95, 100, 101, 103, 104, 105, 149, 179-, 268, 279, 280, 281
――（業務指令 OD4.20）　86, 88
――（OP4.10）　190
先住民族開発計画（IPDP または IPP）　86, 180, 206, 207, 216, 217, 218
先住民族団体　219, 220, 259
専門家　22, 23, 24, 31, 39, 31, 59, 65, 66, 72, 79, 85, 90, 104, 116, 127, 129, 137, 139, 146, 147, 156, 158, 199, 245, 248, 252, 262, 268, 270, 271, 274, 283, 293, 301, 304
――同士の対立（解釈の違い）　170, 244, 296, 301
――の経験知　168, 239, 245, 252, 288, 293, 296
ソーシャルキャピタル（社会関係資本）　287
組織のレゾンデートル　289, 290, 291, 300
存在をめぐる対立　248

た　行

第三者調査　12
代替案　125, 126, 139, 142, 156, 163, 172, 176
多元主義的権力観　33, 35

地域　278, 279, 281
地域開発行動計画　232, 233
地域技術協力（RETA）　10, 11
チェルノブイリ原子力発電所事故　23, 24
チコ川流域ダム計画（フィリピン）　84
「知識銀行」　60, 65, 261, 268
地図　25, 26, 27, 112
知のありかた　15, 16, 127, 139, 157, 174, 295
チャド　121, 133, 135, 167, 172, 174, 260, 265
中国　13, 24, 63, 88, 112, 113, 167, 169, 187, 237, 248, 252, 259
調査
　──（語義）　3
　──（本書の定義）　3
　──と救済　171
　──と対策（意思決定）の順序　167, 171, 177
　──の維持　7
　──の有無　263, 269
　──の活用　44
　──の機能　7, 130, 227
　──の実施・監督を遂行する能力　8
　──の存在　169, 170
　──のタイミング（実施時期）　170, 239, 242, 252, 254, 255, 269
　──の働き　52, 56, 114
　──の目隠し機能　269, 301
　──の論点　167, 172, 174, 176, 177, 237, 238, 239, 251, 252, 254, 269
調査機関のガバナンス　304
調査社会　1, 2
調査される側（借入国等）への配慮　169, 172, 177, 242, 269, 293, 298
調査報告書　57, 58, 60
調査方法　7
調査目的の不達成　7
使われない調査　5, 6, 10, 297, 300
テクネー　16, 296
東京電力　2
統計学　28
統合的海岸ゾーン管理浄化プロジェクト（アルバニア）　234-35, 239, 247
闘争　36
統治　24, 25, 28, 302
独立環境影響評価委員会（オランダ）　124
独立審査委員会　30, 31, 60, 66, 67, 68, 90, 91, 92, 93, 94, 95, 96, 97, 100, 101, 104, 106, 107-, 179-, 251-, 297, 298, 304
　──の審査プロセス　93, 101
土地行政プロジェクト（ホンジュラス）　219-20, 237, 238, 247, 259
土地に根ざした生計　83, 105, 247
度量衡　24
トルコ　13

な　行

ナイジェリア　154, 254, 258, 264, 268, 295
ナイジェリア石油セクターレート（OPTS）　226
内部評価報告書（ADBの）　13, 63, 80
ナルマダ川流域ダム（サルダル・サロバル・ダム）　95, 284, 286
二国間援助機関　9
西アフリカ・ガスパイプラインプロジェクト（ガーナ／ナイジェリア）　154-58, 164, 175, 220-27, 245, 247, 248, 254, 257, 258
二次元的権力観　33, 34
ネットワーク　278, 279, 281
ネパール　66

は　行

媒介効果　6, 33, 271-92, 299-301, 302, 304
「はかり」　15, 16, 17, 18, 19, 20, 21, 22, 23, 24, 25, 28, 29, 30, 31, 51, 59, 60, 114, 154, 168, 173, 195, 197, 238, 242, 243, 247, 252, 255, 258, 259, 260, 261, 269, 270, 271, 272, 276, 279, 288, 289, 290, 291, 292, 293, 294, 295, 300, 301, 303
パキスタン　144, 169, 170, 175, 186, 257
発電代替案評価（AGA）　128, 129, 130
パラグアイ　130, 176, 202, 204, 262, 268
ビクトリア湖環境管理プロジェクト　116-19, 167
非決定（を含む権力観）　33, 34

事項索引　323

非公式な制度　247
非自発的住民移転（政策）　13, 31, 67, 68, 71, 75, 76, 77, 80, 88, 90, 100, 101, 103, 104, 105, 107, 179-, 268, 279, 281
──（OP4.12）　83, 191
非自発的住民移転業務指令（OD4.30）
　⇒OD4.30
フィージビリティ調査　⇒実施可能性調査
フィリピン　13, 42, 43, 75, 85
ブジャガリ水力発電プロジェクト（第三次・第四次）　128-30, 158, 160, 170, 199-202, 243, 247
部族民　83, 84, 197
負の影響　13, 14, 63, 71
ブラジル　70, 75, 84
プロジェクト準備技術協力（PPTA）　10
プロジェクト審査　280
──文書（PAD）　159, 160, 211, 235
プロとしての判断　135, 136
フロネーシス　16, 295, 296, 302, 303, 304
文化的資源（物理的な）　71
ベースラインデータ　73, 81, 83, 117, 118, 119, 124, 125, 133, 134, 169, 180, 189, 198, 199, 205, 206, 224, 241, 243, 247, 255, 262, 265
ベトナム　13
法的権利の区別
補償　76, 77, 83, 142, 189, 195, 196, 197, 198, 200, 202, 203, 205, 210, 213, 220, 223, 227, 229, 239, 257, 259, 305
ホワイトバンド　18, 19
ホンジュラス　219, 237, 238, 247, 268

ま 行

マダガスカル　13
民間（ブジャガリ）発電プロジェクト（ウガンダ）　158-66, 168, 170, 175, 227-33, 239, 246, 260
無償資金協力の事前調査　11
ムンバイ都市運輸プロジェクト　140-44, 168, 171, 208-14, 238, 239, 241, 244, 245, 248, 258, 294
メタ分析　57, 58

モース調査団　95
問題志向性　55

や 行

ヤシレタダムプロジェクト（パラグアイ/アルゼンチン）　130-32, 140, 169, 176, 238, 245, 247, 262

ら 行

リサーチリテラシー　1
林産資源　194, 195
累積的影響評価　169, 170
ローカルノレッジ（現場知・経験知）　22

わ 行

ワッペンハンス報告書　96

A-Z

ADB　⇒アジア開発銀行
ADTA　⇒助言型技術協力（ADBの）
APRAP　⇒過去の移転活動の評価と行動計画
DEC　⇒世界銀行開発経済副総裁局
FPIC（Free Prior Informed Consent または Consultation）　85, 88, 89
GP　⇒グッドプラクティス
IAG　⇒国際顧問グループ
IBRD　⇒国際復興開発銀行
JBIC　⇒国際協力銀行
JICA　⇒国際協力機構
NGO　67, 70, 73, 74, 81, 84, 86, 88, 89, 93, 94, 212, 241, 283, 305
OD　⇒業務指令
OD4.30（非自発的住民移転業務指令）　80, 81
OECD-ECG（経済協力開発機構、輸出信用・信用保証部会）　46
OMS2.23（住民移転に関する政策）　79, 80, 81
OMS2.34（世界銀行融資案件における部族民）　84, 85, 86
OP　⇒業務政策
OP4.10（先住民族業務政策）　89

PAD　　⇒プロジェクト審査文書
PHRD プロジェクト準備グラント　　10
PPTA　　⇒プロジェクト準備技術協力
PRA　　⇒参加型農村調査

RETA　　⇒地域技術協力（ADB の）
RRA　　⇒迅速農村調査
SEA　　⇒社会環境調査

松本　悟（まつもと・さとる）

早稲田大学政治経済学部卒業，日本放送協会勤務を経て，豪シドニー大学大学院地球科学研究科修士課程，東京大学大学院新領域創成科学研究科国際協力学専攻修了，博士（学術）．特定NPO法人メコン・ウォッチ代表理事などを歴任．

現　在　法政大学国際文化学部准教授

主な著書に，『人々の資源論』（分担執筆，明石書店，2008），『環境アセスメント学の基礎』（分担執筆，恒星社厚生閣，2013），『NGOから見た世界銀行』（共編著，ミネルヴァ書房，2013），ほか．

調査と権力
世界銀行と「調査の失敗」

2014 年 11 月 28 日　初　版

［検印廃止］

著　者　松本　悟

発行所　一般財団法人　東京大学出版会

代表者　渡辺　浩

153-0041　東京都目黒区駒場 4-5-29
http://www.utp.or.jp/
電話 03-6407-1069　Fax 03-6407-1991
振替 00160-6-59964

印刷所　株式会社三秀舎
製本所　誠製本株式会社

© 2014 Satoru Matsumoto
ISBN 978-4-13-040268-2　Printed in Japan

[JCOPY]〈(社) 出版者著作権管理機構　委託出版物〉
本書の無断複写は著作権法上での例外を除き禁じられています．複写される場合は，そのつど事前に，(社) 出版者著作権管理機構（電話 03-3513-6969，FAX 03-3513-6979, e-mail: info@jcopy.or.jp）の許諾を得てください．

佐藤　仁著	稀少資源のポリティクス	A5判	4800円
佐藤　仁著	「持たざる国」の資源論	四六判	2800円
石　弘之編	環境学の技法	A5判	3200円
髙本保興編	国際協力学	A5判	2800円
バークレイ他著 篠原／白井監訳	環境経済学入門	四六判	2200円
小倉充夫著	開発と発展の社会学	A5判	3500円
W.アッシャー著 佐藤　仁訳	発展途上国の資源政治学	A5判	5700円
元田結花著	知的実践としての開発援助	A5判	5700円

ここに表示された価格は本体価格です．御購入の際には消費税が加算されますのでご了承下さい．